D1866312

Marianne Jehle-Wildberger

«Wo bleibt die Rechtsgleichheit?»

TVZ · VGS

Marianne Jehle-Wildberger

«Wo bleibt die Rechtsgleichheit?»

Dora Rittmeyer-Iselin (1902–1974) und ihr Einsatz für Flüchtlinge und Frauen

TVZ
Theologischer Verlag
Zürich

VGS
Verlagsgenossenschaft
St. Gallen

Autorin und Verlag danken der Ortsbürgergemeinde St. Gallen, der Gesellschaft Pro Vadiana, der Kulturförderung der Stadt St. Gallen, der Kulturförderung des Kantons St. Gallen, der Arnold Billwiller Stiftung und Dorothe Rittmeyer-Homberger für ihre freundliche finanzielle Unterstützung.

Der Theologische Verlag Zürich wird vom Bundesamt für Kultur mit einem Strukturbeitrag für die Jahre 2016–2018 unterstützt.

Bibliografische Informationen der Deutschen Nationalbibliothek
Die Deutsche Nationalbibliothek verzeichnet diese Publikation in der Deutschen Nationalbibliografie; detaillierte bibliografische Daten sind im Internet über http://dnb.dnb.de abrufbar.

Umschlaggestaltung
Simone Ackermann, Zürich
unter Verwendung einer Foto von Dora Rittmeyer und Sohn Heiner, ca. 1942
© Archiv Heiner und Dorothe Rittmeyer-Homberger, Zürich.

Druck
ROSCH-BUCH GmbH, Schesslitz

ISBN 978-3-290-18177-2: TVZ
ISBN 978-3-7291-1173-8: VGS
© 2018 Theologischer Verlag Zürich, www.tvz-verlag.ch
VGS Verlagsgenossenschaft St. Gallen, www.vgs-sg.ch

Alle Rechte, auch die des auszugsweisen Nachdrucks, der fotografischen und audiovisuellen Wiedergabe, der elektronischen Erfassung sowie der Übersetzung, bleiben vorbehalten.

Inhalt

Vorwort

Julia Dorothea Rittmeyer-Iselin, wie sie mit vollständigem Namen hiess, verkörperte wie kaum eine andere Schweizerin während 40 Jahren die nationale Frauenbewegung. Auf kluge und unpathetische Art diente sie der Sache der Frau bis in die höchsten Ämter. Die vorliegende Biografie ist deshalb mit zahlreichen Einblicken in die allgemeine Schweizer Frauengeschichte des 20. Jahrhunderts verbunden.

Wichtig war Dora Rittmeyer, wie sie in der Folge genannt wird, das langjährige Präsidium der Frauenzentrale St. Gallen. Sie kämpfte unerschrocken für soziale Reformen sowie für die berufliche und politische Gleichberechtigung der Frau. Die SAFFA 58[1] war eng mit ihrem Namen verknüpft. «*Wo bleibt die Rechtsgleichheit?*» fragte sie in der von ihr gestalteten Ausstellungshalle. Diese Frage sollte sie immer wieder neu stellen. Kurz nach dem Schock über die verlorene eidgenössische Abstimmung über das Frauenstimmrecht von 1959 übernahm sie das Präsidium des Bunds Schweizerischer Frauenorganisationen und verfocht weiterhin zäh die Interessen der Frauen. So geht das Konsumentinnenforum wesentlich auf sie zurück. Den Gipfel ihrer Karriere erreichte Dora Rittmeyer als Präsidentin der europäischen Frauenorganisation CECIF.[2] Über den Austausch mit Frauen anderer Länder freute sie sich sehr.

Für diese Ämter war sie prädestiniert dank Herkunft, Bildung, gesundem Menschenverstand und hoher Intelligenz, verbunden mit kommunikativem Talent, Empathie und politischem Gespür. Ein politisches Amt lag jedoch nicht drin. Sie starb 1974 zweiundsiebzigjährig – drei Jahre nach der erfolgreich verlaufenen zweiten Abstimmung über das Frauenstimmrecht.

Die dramatischen Ereignisse rund um das nationalsozialistische Deutschland bestimmten ihr Wirken in der Mitte ihres Lebens. Jahrelang engagierte sie sich mit grosser Energie für jüdische Flüchtlingskinder. Um die 600 wurden von ihr betreut, viele von ihnen persönlich. Hinsichtlich der damaligen restriktiven Flüchtlingspolitik war das nicht einfach. Von einer Mitkämpferin wurde sie als «klare und konsequente Frau» gewürdigt.[3]

Auch beherbergten Dora und ihr Mann Ludwig Rittmeyer während mehrerer Jahre einen jüdischen Flüchtlingsknaben. Ludwig Rittmeyer setzte sich wiederholt im Nationalrat für die Flüchtlinge ein. Im Rahmen ihrer Arbeit in Frauenverbänden behielt Dora Rittmeyer die Flüchtlinge auch nach dem Krieg im Blick. Die Flüchtlings- und Frauenarbeit leistete sie ehrenamtlich.

Die Musik begleitete Dora Rittmeyer ihr ganzes Leben hindurch. Als Tochter der grossbürgerlichen Basler Familie Iselin widmete sie dem Musizieren bereits in ihrer Jugend viel Zeit. Sie spielte Klavier und Geige, sang auch gern. Nach der Matura studierte sie Musikwissenschaft und erwarb den Doktortitel. Von ihrer Heirat an in St. Gallen lebend, hielt sie als eine der ersten Dozentinnen an der Handelshochschule (heute Universität) musikwissenschaftliche Vorlesungen, und das während vieler Jahre mit zunehmendem Erfolg. Regelmässig besprach sie Konzerte in der Tagespresse.

Laut ihrem Sohn Heiner wirkte Dora Rittmeyer nach aussen manchmal forsch, im Grunde genommen sei sie aber überaus sensibel gewesen und habe ein mitfühlendes Herz gehabt.[4] Ihrem Mann, dem Anwalt und Nationalrat Ludwig Rittmeyer, stand sie als ebenbürtige Partnerin zur Seite. Umgekehrt wurde sie von ihm zu ihrem vielfältigen ausserhäuslichen Engagement ermutigt und unterstützt. Ihren beiden Söhnen war sie eine liebevolle Mutter. Dass der ältere Sohn Dieter schwer erkrankte und im Alter von achteinhalb Jahren starb, stürzte sie in tiefe Trauer. Umso mehr widmete sie sich daraufhin ihren öffentlichen Aufgaben. Kraft schöpfte sie aus der Musik, aus der Familie und aus ihrem Glauben.

Beide Ehegatten standen für eine tolerante, menschenfreundliche, weltoffene Schweiz ein. Hinsichtlich der Frauenrechte gehört Dora Rittmeyer zu den wichtigsten Wegbereiterinnen der modernen Schweiz.[5]

Kindheits- und Jugendjahre

Dora Rittmeyer-Iselin wurde am 6. März 1902 als drittes Kind des Schappefabrikanten[6] Alfred Iselin und der Sophie geb. Vischer in Basel geboren.[7] Wie die Namen der Eltern und der Beruf des Vaters zeigen, gehörte das Elternpaar dem Kreis der grossbürgerlichen, politisch und religiös meist konservativen, alten evangelischen Basler Familien an.[8] Heiraten zwischen Angehörigen dieses Milieus waren häufig. Viele der Männer waren Fabrikanten, Bankiers, Juristen, Ärzte oder Pfarrer. Geschäftstüchtigkeit, Bildungsbeflissenheit, Kirchentreue, Verantwortungsbewusstsein, Gemeinsinn und soziales Engagement wurden gross geschrieben. Typischerweise hatte man zahlreiche Kinder. Zu einem guten Teil wohlhabend, pflegte man in diesen Familien einen puritanischen Lebensstil, gönnte sich beispielsweise höchstens am Sonntag ein Dessert. Man kleidete sich unauffällig, aber geschmackvoll. Die Damen sparten mit Schmuck. Zurückhaltung, oft auch eine gewisse Sprödigkeit, waren verbreitet. All dies sollte später auch auf die erwachsene Dora zutreffen.

Die Frömmigkeit in diesen Basler Familien war meistens pietistisch geprägt. Sonntäglicher Kirchenbesuch war die Norm. Männer und Frauen betätigten sich in karitativen, der Kirche nahe stehenden Organisationen. Es bestanden enge Beziehungen zur Basler Mission, zu von religiösen Kreisen gegründeten Spitälern und Heimen und zur Evangelischen Predigerschule, die von 1876 bis 1915 bestand und jungen Männern ohne Matura eine allgemeinbildende sowie solide theologische Ausbildung zum Pfarrerberuf bot.[9] Doras Vorfahre Isaak Iselin (1728–1782) war ein Mitbegründer der Helvetischen Gesellschaft und danach Gründer der Basler Gesellschaft zur Aufmunterung und Beförderung des Guten und Gemeinnützigen (heute Gesellschaft für das Gute und Gemeinnützige). Die Männer dieses Basler Milieus waren oft Patrons alten Stils. Sie pflegten einen bestimmten, aber freundlichen

Umgangston mit ihren Untergebenen. Grosszügig spendeten sie an wohltätige Institutionen, präsidierten diese oft, ohne es an die grosse Glocke zu hängen. Die Frauen machten Besuche bei Kranken, Witwen und Waisen und veranstalteten Bazare zu deren Gunsten.[10]

Der Grossvater Dora Iselins, Alfred Iselin sen., war bereits Schappefabrikant gewesen.[11] Zur Ausbildung in der damals neuen Fabrikationstechnik für die Seidenverarbeitung hatte er sich als junger Mann in Deutschland, Frankreich und in Manchester umgesehen. Die Schappefabrik in Niederschönthal, wie die Bahnstation Frenkendorf-Füllinsdorf damals hiess, geht im Wesentlichen auf ihn zurück. Dora Iselins Vater Alfred Iselin jun. (1863–1924) war seit 1886 Mitarbeiter, dann Teilhaber der Schappefabrik. Doch hielt der Grossvater die Fäden des Unternehmens bis zu seinem Tod 1904 in der Hand. Der Vater Doras scheint eine beeindruckende Persönlichkeit gewesen zu sein.[12] Er hatte das Gymnasium in Basel besucht, dann während zwei Jahren an der Faculté Technique in Lausanne studiert, worauf ihn sein Vater – vor Studienabschluss – ins Geschäft rief. Er ermöglichte ihm allerdings, während eines Zwischenjahrs in England sein Englisch zu verbessern, und die Seidenverarbeitung in diesem Land sowie danach auch in Italien kennen zu lernen. Auch sollte er im Ausland Geschäftskontakte anknüpfen.

1896 heiratete Alfred Iselin jun. die junge Sophie Vischer. Der Ehe entsprangen sieben Kinder, zwei Söhne und fünf Töchter.[13] Ulrich Iselin, der ältere der beiden Söhne, schreibt über seinen Vater: «Alfred Iselin, der, bei aller Bestimmtheit im Auftreten, die grosse Gabe besass, mit Höher- und Niedrigergestellten zu verkehren, ohne sich zu vergeben, war sowohl bei der Arbeiterschaft als auch bei den Angestellten sehr geschätzt und beliebt, und er wurde viel um Rat angegangen.»[14] Er hatte, so Ulrich Iselin, ein grosses Pflichtgefühl und einen fast unerschütterlichen Gottesglauben. Jeden Abend arbeitete er bis tief in die Nacht hinein. Neben der Geschäftsführung war er Oberst im Militär. Während des Ersten Weltkriegs leistete er monatelang Dienst. Daneben war er sozial tätig, engagierte sich für die Mädchenanstalt in Frenkendorf und war Präsident eines Erholungsheims.[15] Für die

Die Grosseltern Alfred und Julie Iselin-Merian, 1826–1904/1830–1908.

Familie, so immer noch der Sohn Ulrich, sei Alfred Iselin wenig Zeit geblieben.

1921 erkrankte Alfred Iselin an einer Brustfellentzündung, die sich zu einer Tuberkulose auswuchs. Er begab sich zur Kur nach Arosa, wo ihn seine 19-jährige Tochter Dora, wie sie meist genannt wurde, gelegentlich besuchte. Und hier lernte sie ihren späteren Ehemann Ludwig Rittmeyer kennen. Dieser weilte, ebenfalls wegen Tuberkulose, in demselben Kurhaus. Ludwig Rittmeyer genas – bis zur Hochzeit dauerte es allerdings noch acht Jahre.

Doras Mutter Sophie (eigentlich Emma Sophia, 1875–1956) war die Tochter Wilhelm Vischers (1833–1886), der Theologie und Geschichte studiert hatte und am Ende seiner Berufslaufbahn Professor für Schweizer Geschichte an der Universität Basel war.[16] Für seine wissenschaftlichen Verdienste erhielt er von ihr den Dr. iur. h. c. Dazu war er Mitglied des Grossen Rats und des Kirchenrats, den er 1883 aber verliess, nachdem der Bekenntniszwang, d. h. die Verbindlichkeit des Apostolikums, aufgegeben worden war. Das letzte Detail ist aussagekräftig: Doras Mutter stammte aus einer streng «gläubigen» Familie. Auch ihr selbst bedeutete das Christentum viel. Nach ihrer Heirat mit Alfred Iselin im Jahr 1896 stand sie einem grossen Haushalt vor. Die Pflege der jüngeren Kinder überliess sie zu einem guten Teil dem Kindermädchen. Nur die älteren Kinder kamen in engeren Kontakt zur Mutter.[17] Heiner Rittmeyer, Sohn von Dora Rittmeyer-Iselin, schreibt, seine Mutter habe vieles vom Wesen «dieser tapferen und beherrschten, aber grossherzigen, grundgütigen und auch von ihren Grosskindern geliebten Frau» übernommen.[18] Schon im Krieg, während der häufigen Abwesenheiten ihres Mannes Alfred im Militärdienst, vor allem aber nach seinem frühen Tod 1924, lastete die Verantwortung für die Familie auf der Mutter. Das machte diese selbstständig und auch etwas herrschsüchtig, was Dora nicht unkritisch wahrnahm.[19]

Die Familie Iselin wohnte von 1906 an im Haus «Zur weissen Rose» an der Gartenstrasse 95, unweit des Basler Bahnhofs.[20] Im Familienwappen der Iselins figuriert eine weisse Rose. Das Haus hatte 17 Zimmer, teils waren die Räume getäfert. An den Wänden der Wohnzimmer hingen Ahnenporträts. Der Esstisch liess sich

Die Familie Iselin 1910/1911 (Ausschnitt), von links nach rechts Hans-Jörg, Helene, Adèle, Dora (alle sitzend), Elisabeth stehend. Ulrich fehlt, Esther ist noch nicht geboren worden.

fast endlos ausziehen, so dass bis zu vierundzwanzig Personen Platz fanden. Der grösste Raum war der Wintergarten, die «weisse Halle», in welchem in der kalten Jahreszeit die Kübel mit den Orangen- und Zitronenbäumchen standen. Hinter dem Haus dehnte sich ein grosser Garten aus. An dessen Ende barg sich unter hohen Bäumen ein Pavillon im griechischen Stil. Neben dem erwähnten Kindermädchen gab es zwei weitere Dienstboten und eine Köchin.

Im Kreis ihrer sechs Geschwister fühlte sich Dora Iselin wohl. In unmittelbarer Nachbarschaft befand sich das Haus der Familie

Vischer, d.h. der Eltern ihrer Mutter, mit denen man engen Kontakt pflegte. Jahre später und bis in ihre alten Tage erzählte Dora Rittmeyer gerne von den «Familientagen» und den sonstigen Begegnungen mit den vielen Verwandten der väterlichen und mütterlichen Familien. Dabei muss es sehr fröhlich zu- und hergegangen sein, schon wegen der vielen Cousins und Cousinen.

Die Sommerferien verbrachte die Familie Iselin im nahe gelegenen Niederschönthal (Frenkendorf-Füllinsdorf), wo sich, wie erwähnt, die Textilfabrik des Vaters befand. Und zwar wohnte man im Haus «Zur Trotte». Schon Alfred Iselin sen. hatte das oben am Hang gelegene Gut erworben. Zu ihm gehörten Garten, Rebberge und Wiesland. Wie eine Enkelin schreibt, war die «Trotte» ein Kinderparadies.[21] Stets sei man von der «Grossmama» (Sophie Iselin-Vischer) am Bahnhof abgeholt worden. Sofort gingen die Kinder dann im «Kalthaus» nachschauen, ob dort schon Gravensteiner-Äpfel oder Brombeeren lagerten und ob es noch den Sandhaufen gab. Sie spielten Federball oder zogen sich mit einem Buch in das von Rosen bepflanzte Rondell zurück. Bei Regenwetter sass die Grossmama im Kinderspielzimmer bei den kleineren Kindern, die sich gerne mit der «Dittibadeanstalt»,[22] die über eine echte Dusche verfügte, vergnügten. Zum «Zvieri» gab es Brot mit von der Grossmama eigenhändig hergestellter Butter und Zieger oder Honig. Zum Frühstück lag stets ein Stücklein Speck auf dem Teller. Man habe aber erst essen dürfen, nachdem

Dora Iselin beim Theaterspielen.

die Grossmama aus der Bibel vorgelesen und alle zusammen ein Kirchenlied gesungen hätten. Auch die Dienstboten seien bei dieser Morgenandacht dabei gewesen. Die «Grossmama» habe, wie Enkelinnen erzählen, emsig wollene, «fürchterlich altmodische» Dreiecktücher für die Mädchen im Anstältli[23] unten in Frenkendorf gestrickt. – In Basel veranstaltete sie jeweils am Mittwoch Spielnachmittage für die Enkel.[24]

Die junge Dora begeisterte sich für die Musik. Diese Neigung teilte sie mit ihrem Vater. Überhaupt spielte in der Familie Iselin die Hausmusik eine grosse Rolle. Dora nahm Klavier-, Geigen- und Gesangsstunden. Oft musizierte sie zusammen mit Geschwis-

Die «Trotte». Ausschnitt aus einem Aquarell von Adèle Pestalozzi-Iselin, 1918.

tern oder mit Cousins und Cousinen. Sie war fähig, je nach Stück den Part des Klaviers, der Geige oder der Bratsche zu übernehmen. «Grosse Freude», so Dora Rittmeyers Sohn Heiner, «bereitete ihr [...] die Mitwirkung an Studienaufführungen aus der Opernliteratur. Das Kostüm des Lottchen aus Ditters von Dittersdorfs Singspiel ‹Das Lottchen am Hofe› liegt noch heute in einer Scharadenkiste aufbewahrt.»[25] Dora produzierte sich bei der zuletzt genannten familieninternen Aufführung als Sängerin. – Die Musikkultur im Haus Iselin hatte ein hohes Niveau.

Wie es im grossbürgerlichen Basler Milieu der Brauch war, besuchte Dora nicht die öffentliche Primarschule, sondern während vier Jahren die Mädchenschule von «Fräulein F. Diez».[26] Schulort war die Eulerstrasse 13, zu Fuss nur wenige Minuten von der Gartenstrasse entfernt. 1908, im Jahr des Schuleintrittes Doras, gab es in der Diez-Schule 43 Schülerinnen in vier Klassen – eine privilegierte Situation, wenn man bedenkt, dass öffentliche Primarschulklassen damals oft vierzig und mehr Schüler und Schülerinnen zählten. Der Lehrplan und die Lehrmittel waren dieselben wie an den öffentlichen Schulen.

Man würde erwarten, dass die intelligente Dora anschliessend an die seit 1899 bestehende Gymnasialabteilung der städtischen Töchterschule St. Leonhard geschickt worden wäre. Dem war nicht so. Vielleicht erschien das Mädchengymnasium den Eltern Dora Rittmeyers als zu akademisch und zu emanzipatorisch. Denn diesen Anstrich gab sich das Mädchengymnasium von Anfang an. Dora besuchte hingegen die in vornehmen Basler Kreisen hoch gelobte Privattöchterschule, die von der Pariserin J. Pauline Gutlé zusammen mit «Fräulein» Elisabeth Jachmann geführt wurde. Sie befand sich an der Leonhardstrasse, ab 1916 in der Aeschenvorstadt 22.[27] Die Gutlé-Schule war traditionell ausgerichtet, das Frauenbild, das sie vertrat, konservativ, aber gleichzeitig elitär: Die Schülerinnen sollten zu gebildeten gesprächsfähigen Partnerinnen ihrer zukünftigen Ehemänner und zu verantwortungsbewussten Müttern erzogen werden und lernen, einem grossen bürgerlichen Haushalt vorzustehen. Der Schulbesuch dauerte sechs Jahre. An seinem Ende mussten die Schülerinnen eine Prüfung ablegen.

Dora Iselin als Gutlé-Schülerin im Jahr 1917

Pauline Gutlé[28] hatte die Schule in Basel – nach einer Lehrtätigkeit in Neuilly bei Paris – im Jahr 1895 übernommen. Zu jenem Zeitpunkt zählte die Schule in sechs Klassen 46 Schülerinnen, alle evangelisch und alle in Basel wohnhaft. 1912, als Dora eintrat, waren es 93 Schülerinnen, darunter einige Katholikinnen, die von über zehn Lehrpersonen unterrichtet wurden. Darunter gab es Frauen, aber auch Männer, vereinzelte mit Doktortitel. In dieser Schule gab es nur wenig Absenzen und keine Austritte. Im Stundenplan figurierten neben den obligaten Fächern Religion, Deutsch und Mathematik auch Geschichte, Geografie, Chemie, Physik, Gesang, Zeichnen, Kunstgeschichte und Handarbeit. Auf Stufe 6 gab es eine Stunde Astronomie. Auch wurde – fakultativ – Latein angeboten. Man kann also von einem beinahe gymnasialen Niveau ausgehen. Was die französische und die englische Sprache betrifft, erhielten die Schülerinnen der Gutlé-Schule vielleicht sogar besseren Unterricht als am Gymnasium. Denn Französisch unterrichtete die Französin Pauline Gutlé selbst. Die auf einem ostpreussischen Gut aufgewachsene Elisabeth Jachmann war ausgebildete Lehrerin und hatte etliche Jahre als Erzieherin in England und Schottland gewirkt. In Basel unterrichtete sie Englisch und Deutsch. Beide Lehrerinnen legten neben der Sprachbeherrschung grossen Wert auf die Literaturgeschichte.

Als Pauline Gutlé 1921 starb, widmeten ihr die *Basler Nachrichten* einen ausführlichen Nachruf: Die geniale Leiterin habe ein enges Verhältnis zwischen Lehrpersonen und Schülerinnen gefördert und sei eine überragende geistige Persönlichkeit gewesen. Ob in Französisch-, Kunstgeschichte- oder Religionsstunden, habe sie die tiefsten Fragen des Lebens mit den Schülerinnen diskutiert. Stets habe sie ihnen die Freiheit ihrer Überzeugung gewährt, ihre Urteilskraft zu stärken versucht und sie zu exaktem Denken herausfordern wollen. Sie sei so durchdrungen gewesen von dem Gedanken Pascals, dass «Wissen ohne Gewissen der Ruin der Seele» sei, dass es ihr höchstes Bestreben gewesen sei, die ihr anvertrauten Töchter durch die Bildung des Herzens zu guten Menschen zu machen. Sie sei streng gewesen, aber von allen Schülerinnen innig verehrt worden. Der Journalist verschweigt nicht, dass es sich um eine Standesschule handelte. Beim Tod von Elisabeth Jachmann urteilten die *Basler Nachrichten*, sie und Gutlé hätten das kulturelle Leben Basels geprägt.[29] Jahrzehnte später stellte der Historiker und Diplomat Carl Jakob Burckhardt in einem Brief an den Schriftsteller Rudolf Alexander Schröder die Gutlé-Schule in leicht spöttischen, wohl aber recht treffenden Worten folgendermassen vor: Es sei «eine furchtbar feine Schule [gewesen], die nur von ‹Töchtern› aus der ‹Dalbe› [St. Alban] besucht wurde [...], und die Partnerin Mademoiselle Gutlés aus Paris-Kolmar war Fräulein Jachmann, Tochter des preussischen Admirals gleichen Namens». Dort sei «auf strengste selektioniert» worden, aber längst nicht bei allen Mädchen sei es gelungen, sie zu zivilisieren.[30]

Als erwachsene Frau sprach Dora Rittmeyer gelegentlich anerkennend von der Gutlé-Schule. Sie habe den «beiden Lehrerinnen Bleibendes zu verdanken, vor allem die meisterliche Beherrschung der deutschen und der französischen Sprache».[31] – Alle fünf Schwestern Iselin besuchten zuerst die Diez-Schule, die vier

Familie Iselin 1945, 70. Geburtstag von Grossmama Iselin-Vischer. Ludwig Rittmeyer ganz rechts, stehend hinter ihm Dora Rittmeyer, Heiner Rittmeyer links hinter dem Trachtenmädchen.

älteren auch die Gutlé-Schule. Die jüngste Schwester, Esther, war allerdings froh, dass ihr, als Folge des Todes von Pauline Gutlé, der Besuch dieser Schule erspart blieb. Und auch die andern Schwestern Doras erzählten offenbar nicht nur Positives über Pauline Gutlé. Sie muss bei der Umsetzung ihrer löblichen Erziehungsziele sehr streng gewesen sein. Esther besuchte das städtische Mädchengymnasium, verzichtete aber auf ein Universitätsstudium.[32] Die zweitjüngste Iselin-Tocher, Helene, machte auf Umwegen die Matura und begann anschliessend ein Studium der Theologie, das sie dann aber abbrach.[33]

Begeisterung für die Musik

Nach Abschluss der Gutlé-Schule im Jahr 1918 siedelte die nun 16-jährige Dora Iselin nach Genf über. Ein Welschlandjahr war bei Töchtern aus «gutem Hause» üblich. Sie sollten ihr Französisch perfektionieren und die als vorbildlich geltende französische Lebensart kennenlernen. Häufig betätigten sich diese «höheren Töchter» als Erzieherinnen. Doras ältere Schwester Elisabeth weilte bei einer Pfarrerfamilie. Bei wem Dora in Genf wohnte, ist nicht zu eruieren. Jedenfalls widmete sie sich dem Studium der Musik,[34] und zwar im Institut Jaques-Dalcroze.[35] Diese Musikschule bestand erst seit 1915, genoss aber bereits einen hervorragenden Ruf. Der Gründer, Emile Jaques-Dalcroze (1865–1950), war Komponist und Musikpädagoge.[36] Er gilt als der Erfinder der rhythmischen Gymnastik, dank welcher das Wesen der Musik besser erlebbar werden sollte. Dazu war er von der repetitiven arabischen Musik angeregt worden – eine Zeitlang hatte er als Dirigent in Algier gewirkt. Seine Musik- und Bewegungsschule beeinflusste die Heilpädagogik, den Ausdruckstanz und die Pantomime. Oberstes Ziel war es, die Musikalität im Menschen zu entwickeln. Jaques-Dalcroze erhielt für seine pionierhafte Arbeit verschiedene Auszeichnungen. Der jungen Dora Iselin tat sich eine wunderbare neue Welt auf.

Ab 1919 wieder in Basel, nahm sie erneut bei den Eltern Wohnsitz und bildete sich in Musik weiter. Eine ihrer Lehrerinnen war die international bekannte Violinistin Anna Hegner.[37] Doras Eltern scheuten offensichtlich keine Kosten, die Tochter bei den bestmöglichen Lehrkräften ausbilden zu lassen. Daneben besuchte sie während drei Semestern als Hörerin musikwissenschaftliche Vorlesungen an der Universität.[38] Bemerkenswert sind zwei Briefe,[39] die sie Ende 1920 und Anfang 1921 an den Psychiater John E. Staehelin[40] richtete. Den ersten schrieb sie ihm, als er sich soeben mit ihrer älteren Schwester Elisabeth verlobt hatte.

Basel, Gartenstrasse 95, 14. Dez. 1920

Lieber Herr Doctor

Sie wissen oder wissen auch nicht, dass ich schon lange Lisebeths geheimes Hangen und Bangen teilte. Darum freue ich mich nun doppelt, meine geliebte Schwester so riesig glücklich zu sehen; denn glücklich ist sie im Besitz Ihrer Liebe, das muss ich Ihnen zugestehen! […] Lisebeth ist eben in meinem Zimmer gewesen und hat mich so lange angestrahlt. […] ich gratuliere Ihnen von ganzem Herzen, dass Sie unsere Lisebeth errungen haben. […] Mit herzlichem Gruss, Ihre

Schwester […]»

«Schwägerin», fügte sie im Nachwort hinzu, wolle sie nicht heissen, sondern eben «Schwester». Der Brief zeugt von der engen Vertrautheit der beiden ältesten Schwestern Iselin. Der Brief wirkt jungmädchenhaft und vielleicht etwas schwämerisch. Doch John E. Staehelin scheint es Dora nicht übel genommen zu haben, im Gegenteil: Er schenkte der musikbegeisterten kleinen Schwägerin in spe einen Klavierauszug, und das wusste sie zu schätzen:

«Basel, Gartenstrasse 95, 18. III. 1921

Lieber John

Jetzt bekommst Du also auf diesem meinem allerschönsten Briefpapier eine offizielle Dankadresse. Ich habe nun den Ring des Nibelungen erhalten und möchte Dir […] für das grossartige Geschenk danken. Ich musste nun, um diesen Prachtbänden den gebührenden Ehrenplatz anweisen zu können, im Musikschränkchen [einiges] rauswerfen. Jetzt stehen Rheingold und Götterdämmerung einträchtig zwischen Figaros Hochzeit und Fidelio. Denn modernere Klavierauszüge als die von Mozart und Beethoven besitzen […] wir bis jetzt nicht. […] Letzten Montag hatten wir bis nach 11 Uhr Proben für das Bachchorkonzert. Es ist riesig interessant, unter [Könnern?] zu spielen.»

Vermutlich spielte sie an diesem Konzert Geige oder Bratsche. Was die Klavierauszüge betrifft, schrieb sie einige Jahre später: «Ich hatte während einiger Jahre Gelegenheit, ganz regelmässig vierhändig zu spielen, und erinnere mich mit grösstem Vergnügen daran, dass ich jeweilen vor jedem Sinfoniekonzert des Winters alle erhältlichen Werke vierhändig durchgespielt habe. Mit grösster Freude und besserem Verständnis habe ich seither nie mehr Konzerte besucht [...].»[41] Ihr Herz schlug auch für das Cello, wie sie als verheiratete Frau verriet: «Ich muss gestehen, so oft ich einem ganz guten Cellisten, etwa einem Casals [...] zuhöre, packt mich eine leidenschaftliche Reue, dieses Instrument nicht spielen zu können [...], nichts geht über eine Cantilene eines Cellos. Nichts bewegt mich mehr als der tiefe, leidenschaftliche Gesang dieses herrlichen Instrumentes.»[42] Es war kein Zufall, dass sie ihren Sohn Heiner Cellostunden nehmen liess.[43]

Dora Iselin erkannte aber, dass «eine künstlerische Laufbahn ausser Reichweite lag. Doch mit dem Schicksal einer Haustochter in damaliger Manier» wollte sie sich nicht zufriedengeben.[44] Sie war wohl die intellektuellste unter den fünf Schwestern.[45] Zunächst, vom Mai 1923 bis zum März 1924, besuchte sie das Institut Minerva in Basel und bestand in Zürich die kantonale Matura. Dann setzte sie sich mit ihrem ehrgeizigen Wunsch durch, ein Studium in Musikwissenschaft an der Universität Basel aufzunehmen. Das entsprach wohl nicht den Vorstellungen ihrer konservativen Eltern, doch sie fanden sich damit ab. Dora hatte sich offensichtlich zu einer selbstbewussten jungen Frau entwickelt. Ihre Schwestern bildeten sich nach der Schulzeit in Sprachen, Musik und manuellen Tätigkeiten weiter. Wie bereits erwähnt, begann die Schwester Helene zwar ein Studium in Theologie, brach es aber ab, als sie einen jungen Pfarrer heiratete, während die jüngste Schwester, Esther, die über die eidgenössische Matur verfügte, es nicht für nötig hielt zu studieren.[46] Übrigens betrug im Stichjahr 1928 der Anteil der Frauen an den Studierenden der Schweizer Universitäten erst 7,6 %.[47] Dora Iselin muss an der Universität – und speziell in ihrem Fach – eine exotische Erscheinung gewesen sein.

Neben Musikwissenschaft im Hauptfach studierte sie französische und italienische Philologie. Das Italienische vertauschte sie dann mit dem Englischen.[48] Das Sommersemester 1925 verbrachte sie in München, das letzte Semester in Berlin. Mehrheitlich absolvierte sie ihr Studium aber in Basel. Ihr Hauptlehrer in Musikwissenschaft, einer damals noch jungen Disziplin, war der in St. Gallen aufgewachsene Appenzeller Karl Nef.[49] Dessen wissenschaftliches Werk gilt als aussergewöhnlich reich.[50] In seiner «Einführung in die Musikgeschichte» spannt Nef den Bogen von der Musik der Vorgeschichte und des Altertums bis ins 20. Jahrhundert mit Gustav Mahler, Jan Sibelius, Arnold Schönberg, Carl Orff, Dimitri Schostakowitsch und Benjamin Britten.[51] Eines seiner Hauptinteressen war die Geschichte der Instrumente. Damals noch ungewohnt, setzte er sich für die Verwendung des Cembalos bei Musik des 17. und 18. Jahrhunderts ein. Es lag ihm an Stiltreue.[52]

Zwischen 1923 und 1928, dem Jahr der Dissertation Dora Iselins, hielt Nef Vorlesungen und Seminare u. a. zu: Die Chormusik des 16. Jahrhunderts; Richard Wagner, Oper und Drama; Musikinstrumente, ihr Bau und ihre Geschichte; Die Orgelmusik von den Anfängen bis zu Bach und Händel; Die Melodien des deutschschweizerischen reformierten Kirchengesangbuchs;

Die Studentin Dora Iselin.

Schweizerische Musikgeschichte; Haydn, Mozart und Beethoven; Lehrbücher von Quantz, Philipp Emanuel Bach und Leopold Mozart; Das deutsche Lied vom Minnesang bis zur Romantik; Die Musikpraxis im 17. Jahrhundert.[53] Dora Iselin besuchte wohl die meisten dieser Lehrveranstaltungen, mit Sicherheit aber die letzte, denn ihre Dissertation ist Biagio Marini gewidmet, einem italienischen Musiker des 17. Jahrhunderts.

«Biagio Marini, sein Leben und seine Instrumentalwerke»,[54] lautet der Titel der Dissertation. Dora rekonstruiert akribisch den Lebenslauf des Musikers und Komponisten und analysiert mit sichtlichem Vergnügen einige seiner Werke. Die Dissertation zeigt ihre Qualitäten als Wissenschaftlerin auf, zeugt aber auch von Begeisterungsfähigkeit und Beharrlichkeit, Charaktereigenschaften, die sie ihr Leben lang auszeichnen sollten. Doktorvater war Karl Nef;[55] Marini figuriert bereits in seiner «Einführung in die Musikgeschichte».[56] Vor Dora hatte sich aber – mit Ausnahme des Berliner Musikwissenschaftlers Alfred Einstein – kaum jemand eingehend mit Marini befasst.[57] Überhaupt stand die Erforschung der italienischen Musik des frühen 17. Jahrhunderts noch in den Kinderschuhen.

Biagio Marini
sein Leben und seine Instrumentalwerke.

INAUGURAL-DISSERTATION
zur
Erlangung der Doktorwürde
der philologisch-historischen Abteilung
der hohen philosophischen Fakultät der
Universität Basel

vorgelegt von

Dora J. Iselin

aus Basel

Die Dissertation über den italienischen Musiker Biagio Marini (1594–1663)

Für die Biografie Marinis recherchierte Dora monatlang in den Staatsarchiven von Brescia, Padua, Venedig, im Liceo Musicale in Bologna, im Museo Civico von Padua, in der Marciana und im Museo Civico in Venedig, klaubte Mosaikstein um Mosaikstein aus den alten Dokumenten.[58] Sie entdeckte Behaltenswertes und Bewegendes. Insbesondere war Marini für sie einer der besten Meister im Violinspiel, dazu einer der begabtesten Komponisten seiner Zeit. Diese Sicht hat sich heute durchgesetzt. Die wichtigsten Resultate ihrer Dissertation seien hier festgehalten. Zuerst die Biografie:

Biagio Marini wurde 1594 in Brescia geboren, damals ein Zentrum der Musik und des Geigenbaus.[59] Nach einer ersten Stelle in seiner Geburtsstadt arbeitete er während zwei Jahren in Venedig, und zwar unter Monteverdi.[60] Dann begab er sich in den Dienst von Grafen und Fürsten, zuerst bei den Farnese in Parma. Anschliessend verliess er Italien: Von 1623 an war er während vieler Jahre beim Wittelsbacher Pfalzgrafen Wolfgang Wilhelm in Neuburg an der Donau tätig.[61] Dass der mächtige Pfalzgraf evangelisch-reformiert, Marini katholisch war, scheint kein Hindernis gewesen zu sein, obwohl damals der Dreissigjährige Krieg tobte. Nachdem Marinis erste Frau gestorben war, schloss er eine zweite Ehe mit Helene Hanin, einer Schwäbin, von der er zwei Kinder hatte.[62] Dora Iselin stöberte eine Urkunde auf, die den Erwerb des Doferhofes durch die Hofkammer zu Neuburg als Lehen für den Hofkapellmeister Biagio Marini dokumentiert, was ihm ein komfortables Leben erlaubte.[63] Einmal liess man ihm, so ein anschauliches Detail, «von Ihrer Frstl. [Fürstlichen Hoheit] Fischen» einen halben Zentner Karpfen zukommen, ein anderes Mal ein Fass Nektarwein, auch vier Fuder Holz.[64] Mit dem Pfalzgrafen reiste Marini oft nach seinem Stammsitz in Düsseldorf und nach Brüssel. Dann verliess er Deutschland.[65]

Es folgt eine jahrelange Lücke in Dora Iselins Lebenslauf Marinis.[66] Darnach verortet sie ihn in Mailand. Sie berichtet von einer dritten Heirat: Nach dem Tod der zweiten Frau heiratete er die vornehme Mailänderin Marguerita Taega, bekam von ihr drei Kinder.[67] Später trat er als «Capellae Magistro» erneut in den Dienst des Pfalzgrafen.[68] Dann nahm er eine Stelle in Venedig an, 1649 war er wiederum in Mailand.[69] 1652 weilte er in Venedig. Der älter gewordene Marini, so Dora Iselin, habe sein Leben nun ohne feste Anstellung fristen können, was für einen damaligen Musiker aussergewöhnlich war. Auch habe er den stolzen Titel «Cavaliere Marini, nobile di Brescia» getragen.[70] Er verstarb 1663.[71]

Dora Iselins Biografie Marinis ist, bis auf unwichtige Nebensächlichkeiten, bis heute nicht überholt. Sie ermöglicht den Blick auf ein wechselvolles, oft schwieriges, letztlich aber äusserst erfolgreiches Künstlerleben.

Auf die Biografie Marinis folgt in der Dissertation die Analyse einiger seiner Werke, die für die sorgfältige Arbeitsweise Dora typisch ist. Sie hatte das Glück, dass ihr der Musikwissenschaftler Alfred Einstein[72] handschriftliche Partituren der Werke 1, 8 und 22 überliess und ihr «durch seinen nie versagenden Rat und Beistand in manchen schwierigen Punkten» half.[73] Sie ordnete Marinis Werke in die zeitgenössische oberitalienische und deutsche Musikwelt ein und bildete sich ein Urteil über einzelne Stücke. Die Analysen der drei ihr von Einstein überlassenen und eines weiteren Werks Marinis (Werk 4) bilden den wichtigsten Teil der Dissertation. Hier ein knapper Einblick in ihre Analyse:

> «Canto Primo [...] Affetti Musicali
> di Biagio Marini
> Musico della serenissima Signoria di Venetia»[74]

Beim op. 1 von 1617 handelt es sich um ein kammermusikalisches Werk aus 27 Stücken, darunter Canzoni, Sonatas, Arias, Balletti und Symfonias. Als Besetzung schlägt Marini zwei Violinen, dazu Cornetti und oder Basso oder Trombone oder Fagotto vor. Konsequent setzt er eine Melodiestimme über einen stützenden Bass.[75] In harmonischer Hinsicht, so Dora Iselin, gebe es ein «starkes Schwanken»[76] zwischen den alten dorischen Kirchentonarten und den modernen Tongeschlechtern Dur und Moll. Mit dem Tremolo der Geigen in zwei Stücken habe Marini etwas nie Dagewesenes erfunden – bisher habe man fälschlicherweise Monteverdi den Ruhm dafür zugestanden.[77] Eine der Melodien Marinis weise direkt auf Corelli hin.[78] Der Charakter der einzelnen Stücke wechsle von feierlich zu bewegt, von dunkel zu fröhlich, von tanzartig zu mystisch, von üppig zu schlicht. Schwierige geigentechnische Elemente wiesen auf seine grosse Virtuosität als Violonist hin.[79] – Der Erstling Marinis, urteilt Dora Iselin, stehe «auf einer ansehnlichen Höhe».[80]

Dem op. 3 Arie Madrigali et Correnti,[81] das Marini 1620 als «Maestro di Capella in Santa Eufomia» in Brescia komponierte, attestiert Dora Iselin einen wundervollen Fluss der Linie.[82] Sie lobt den punktierten Rhythmus, der pikant und sprühend wirke.[83] In der Romanesca, einem Solostück für Violine, werde das monodische Prinzip der Generalbassepoche und die Kunst des Violinspiels verschmolzen, woraus die Sonate eines Corelli, Bach und Händel entstanden sei.[84]

Sein op. 8, Sonate Symphonie,[85] von vermutlich 1626, widmete Marini der Infantin Isabella Clara Eugenia, Tochter Philipps II. von Spanien und der Elisabeth von Frankreich. Er habe die grosse Ehre gehabt, in Brüssel in Gegenwart der Prinzessin ein Streichorchester zu dirigieren. Das op. 8, urteilt Dora Iselin, sei von der deutschen Musik beeinflusst.[86]

Das vierte Werk, op. 22 von 1655, ist dem Kurfürsten Ferdinand Maria in Neuburg gewidmet, dessen Vater Marini während langer Jahre gedient hatte. Überaus geistvoll, so Dora Iselin, sei das Balletto quarto, der erste Teil umfasse nur zwei Takte, der zweite acht: «[…] was aber Marini an witzigen Einfällen in diesen wenigen Takten verpufft hat, ist erstaunlich.»[87] Er sei mit diesem Werk zur «edlen Kantabilität» Italiens zurückgekehrt.[88]

Dora Iselin weckt beim Leser der Dissertation Lust, Marinis Musik zu hören oder sogar zu spielen. Und sie läutete in der Tat eine eigentliche Marini-Renaissance ein. Nach dem Erscheinen ihrer Dissertation wurden Dutzende von Abhandlungen über Biagio Marini publiziert, die häufig auf ihrer Arbeit fussen. Heute gilt Marini als einer der grossen italienischen Musiker und Komponisten des 17. Jahrhunderts. In Neuburg an der Donau, wo er viele Jahre seines Lebens wirkte, wird seit 1999 zu seinen Ehren jährlich ein grosser musikalischer Anlass organisiert samt einem Wettbewerb für junge Musiker.[89]

Heirat mit Ludwig Rittmeyer und Familie

Aus Berlin schrieb Dora Iselin, sichtlich freudig erregt, am 13. Dezember 1928 an ihre Schwester Elisabeth und deren Ehemann John E. Staehelin:[90]

> Liebste Geschwister [Lisebeth und John],
>
> hiermit zeige ich Euch meine Verlobung mit Dr. L. Rittmeyer an!!!! [...] Ich habe blödsinnig viel zu tun, vor allem zu schreiben (!!!), und kann darum nur im Telegrammstil meinen sämtlichen Geschwistern von diesem wichtigen Ereignis Kenntnis geben. Ich will aber Euch sagen [...], dass Heier[91] wünscht, dass ich meinen Beruf weiter ausüben soll, so wie ich auch nach Neujahr noch für vier Monate nach Berlin gehen muss. Und das ist grenzenlos lang!!!! Es wird mir schwarz vor den Augen, wenn ich daran denke.
> Nun aber die dringende Bitte an Euch, ich möchte schrecklich gerne am 22. und am 23. Dez. zu Euch kommen und Heier bei euch treffen, kann ich das? Der Dank der Menschheit wäre Euch gewiss! Ich habe eigentlich so wenig an Eurem Einverständnis gezweifelt, dass ich die Sache mit Heier schon abgemacht habe, also ich hoffe sehr, Ihr desavouiert mich nicht.
> Ich habe leider keine Zeit, Euch länger zu schreiben. [...]. Sagt mir einmal, ob ihr Euch mit mir freut, und seid beide herzlich umarmt (das erlaubst Du doch Lisebeth, ich bin ja jetzt ungefährlich!)
>
> Von Eurer sehr glücklichen Schwester
> Dora
>
> Was liest John aus meinen vielen [Schreib-]Fehlern heraus?[92]

Ludwig Rittmeyer war durch seine Urgrossmutter mütterlichseits, die eine geborene Nef war, ein entfernter Verwandter von Karl

Nef, Dora Iselins Doktorvater, was sie sehr gefreut haben wird. Braut und Bräutigam kannten sich bereits seit 1921.[93]

Auffällig ist nicht nur, dass sich Dora Iselin bei der Wahl ihres Gatten nicht für einen Angehörigen des grossbürgerlichen Basler «Daigs» entschied, wie das beinahe die Regel war, sondern dass sie als Wissenschaftlerin überhaupt heiraten wollte. Noch 1938 waren zwei Drittel der berufstätigen Akademikerinnen ledig. Sie entschieden sich für die vollzeitliche Berufsausübung und damit gegen eine Heirat.[94] Das restliche Drittel kümmerte sich nach der Heirat ausschliesslich um Haus und Kinder. Dora Iselin aber wollte heiraten und Kinder haben und gleichzeitig ausser Haus arbeiten. Sie erklärte zudem, nicht haushalten zu wollen. An diesem Entschluss hielt sie in der Folge eisern fest. Dass Ludwig Rittmeyer damit einverstanden war und sogar wünschte, dass sie ihren Beruf als Musikwissenschaftlerin ausübe, deckt seine für damalige Begriffe aussergewöhnlich fortschrittliche Gesinnung auf. Dora Iselin und Ludwig Rittmeyer hatten das grosse Glück, in Margrit Lutz eine überaus tüchtige und verlässliche Haushälterin zu finden. Sie hielt ihnen die Treue, bis sie starben.

Aus Dora Iselins obenstehendem Brief geht hervor, dass sie zum damaligen Zeitpunkt in Berlin weilte, wo sie wohl noch letzte Recherchen für ihre Dissertation machte. Sie stand unter Zeitdruck. In Berlin befreundete sie sich mit dem ihr bereits bekannten Alfred Einstein.[95] Der Brief wirft erneut ein Licht auf das enge Verhältnis Dora Iselins zu ihrer älteren Schwester Lisebeth und zum Schwager John. Sie will sich mit ihrem Bräutigam, den sie zärtlich «Heier» nennt, bei ihnen treffen. Charakteristisch ist die Frage am Schluss des Briefs, ob Lisebeth und John sich ebenfalls freuten.

Die Hochzeit fand am 18. Juni 1929 statt.[96] Dora Iselin zog zu ihrem Ehemann in das Rittmeyer'sche Haus in St. Gallen. Hier blieb sie wohnen bis zu ihrem Tod. Ihr Baseldeutsch behielt sie bei, bezeichnete sich jetzt aber stets als St. Gallerin und nannte sich jetzt meistens Dora Rittmeyer.[97] – Ihr Mann, Ludwig Rittmeyer (jun.), war am 5. Juli 1897 als Sohn des Ludwig Rittmeyer (sen.) und der Fanny geb. Meyer in Herisau geboren worden.[98] Ein tiefer Schatten lag über seiner Kindheit, da sein Vater, ein Textilkauf-

Verlobungsfoto.

mann, fünf Wochen vor seiner Geburt im Alter von nur 36 Jahren gestorben war. Seine Mutter litt schwer an diesem Verlust.

Ludwig Rittmeyers Vorfahren stammten aus Lindau.[99] Bereits Ende des 18. Jahrhunderts pflegten sie geschäftliche Beziehungen zur Textilstadt St. Gallen. 1829 zog Jacob Bartholome Rittmeyer mit seiner Frau, einer St. Gallerin, und seinen dreizehn Kindern nach St. Gallen. 1835 wurde die Familie ins Bürgerrecht aufgenommen. Der älteste Sohn, Franz Elisäus (1819–1892), ein Grossonkel Ludwig Rittmeyers, entwickelte mithilfe eines Mechanikers eine an sich bereits erfundene, aber ineffiziente Stickmaschine zur Einsatzfähigkeit. Den manuellen Antrieb ersetzte Franz Elisäus Rittmeyer durch Wasserkraft. Im Quartier Bruggen baute er die erste Stickereifabrik der Stadt. In sechs Sälen standen 120 dieser effizienten Maschinen. Später kam noch eine zweite Fabrik im Sittertobel dazu. Ein Bruder von Franz Elisäus, der Kunstmaler Emil Rittmeyer (1820–1904), entwarf die Muster und Genreszenen. Die Stoffe fanden reissenden Absatz in Paris. Bald gab es

300 Arbeiter (im Stundenlohn angestellt), dazu Büroangestellte (mit Monatslohn) und zahlreiche Heimarbeiterinnen (im Akkord bezahlt).

Es war ein fortschrittliches Unternehmen: Eine eigene Gasfabrik sorgte für gute Beleuchtung. Bereits 1880 verfügte die Fabrik über ein internes Telefon. In einer Zeit, da es noch keine Fabrikgesetze gab, wurde eine Krankenkasse für die Arbeiter eingerichtet. Arbeiterhäuser, ein Spielplatz und sogar ein Schwimmbad wurden erbaut. Auch weihte man 1869 ein Internat für achtzig «Fabrikmädchen», also junge Arbeiterinnen, ein. Von 1879 bis 1892 wurde es hauptamtlich vom aus Basel stammenden Pfarrer Friedrich Samuel Burckhardt (1841–1893) geleitet. Die Mädchen erhielten Unterricht in Hauswirtschaft. Im Garten bauten sie Gemüse zum Eigenbedarf an; drei- bis viermal pro Woche erhielten sie Fleisch zum Mittagessen. Blieb ein Mädchen drei oder vier Jahre und kam ins heiratsfähige Alter, so verfügte es über genügend Ersparnisse für seine Aussteuer.[100]

Pfarrer Burckhardt hielt im Mädchenheim sowie im Untergeschoss der Fabrik Bibelstunden ab und alle vierzehn Tage einen Gottesdienst, vermutlich im evangelischen Schulhaus. Es war dies eine der Keimzellen der heutigen evangelischen Kirchgemeinde Straubenzell.[101] – Franz Elisäus Rittmeyer war ein Patron alter Schule, allerdings mit sozialem Gewissen. Seine religiöse Haltung war von der Erweckungsbewegung geprägt. Man kann von «christlichem Patriarchalismus» sprechen. Sozialismus und Gewerkschaftsbewegung lehnte er ab. – 1891 musste die Fabrik aufgegeben werden, nachdem in St. Gallen Konkurrenzunternehmen entstanden waren und die Stickerei in eine Krise geraten war. Trotz dieses Rückschlags war das Milieu der Rittmeyers demjenigen der Iselins vergleichbar.

Bartholome, einer der Brüder von Franz Elisäus, war der Grossvater von Dora Iselins Bräutigam. Die Witwe seines Sohnes Ludwig Rittmeyer sen. zog mit dem kleinen Ludwig und der fünf Jahre älteren Tochter Fanny[102] nach St. Gallen um. Von 1907 an wohnte die Familie, zu der sich auch Ludwigs geliebte Grossmutter Fanny Meyer-Schiess gesellte, an der Dufourstrasse 70. Das Haus aus dem späten 19. Jahrhundert mit mehreren Woh-

Haus der Familie Rittmeyer an der Dufourstrasse 70 in St. Gallen, Foto: Frank Jehle.

nungen steht am Rosenberg, daraus hat man eine wunderbare Aussicht auf den Alpstein. Der kleine Ludwig wuchs also in einem Frauenhaushalt auf. Von Mutter, Grossmutter und der älteren Schwester wurde er liebevoll betreut, musste sich allerdings gegen die drei Frauen «sehr behaupten».[103] Trost in der Trauer um ihren Mann fand die Mutter in der Evangelischen Gesellschaft, einer pietistischen Freikirche. Der kleine Ludwig war trotz des fehlenden Vaters «ein fröhliches, allem Schönen aufgeschlossenes Kind», lebhaft und ideenreich.[104] Die Nachbarskinder sahen Ludwig bei ihren Spielen im Freien als «Führer» an. Mit grosser Leichtigkeit durchlief er die Volksschule und das Realgymnasium der Kantonsschule. Unter dem Einfluss seines drei Jahre älteren Freundes Hans Fehrlin[105] trat er der Zofingia[106] bei. In diesem Kreis fand er gute Kollegen. Nach der Matura absolvierte er die Rekrutenschule und den Instruktions- und Aktivdienst. Im letzten Jahr des Ersten Weltkriegs fungierte er als Leutnant.[107]

Dann nahm Ludwig Rittmeyer das Studium beider Rechte an der Universität Zürich auf. Für das vierte Semester wechselte er nach Frankfurt am Main, für das fünfte nach Berlin: «War das Studium in Frankfurt mehr aufs Praktische eingestellt, so verfiel ich in Berlin, wohl für mein Leben, der Rechtsphilosophie Stammlers.»[108] Wegen Erkrankung an Tuberkulose musste er das Studium für drei Semester unterbrechen. Von Januar 1921 bis Januar 1922 weilte er zur Kur in Arosa. Hier begegnete er seinem ebenfalls kranken späteren Schwiegervater. Und hier war es, wo ihn Dora Rittmeyer anlässlich ihrer Besuche beim Vater kennenlernte.[109] Alfred Iselin erholte sich nicht. Er erlebte die Heirat des Paares nicht mehr. Ludwig Rittmeyer hingegen genas vollständig und nahm sein Studium in Zürich wieder auf. Wie Dora Rittmeyer hatte er Freude an der Musik, nahm Klavier- und Orgelstunden.

Als Student der Rechtswissenschaften beschäftigte er sich mit Fragen der Ethik in Bezug auf das Recht und auf die Politik. In seiner Dissertation[110] bei Professor Dr. August Egger,[111] vor allem aber beeinflusst von Rudolf Stammler, wandte er sich gegen die «Mentalreservation», d.h. gegen die «Lüge» beim Abschluss eines Rechtsgeschäfts.[112] Wille und Äusserung müssten übereinstimmen.[113] Es ging Rittmeyer um Ehrlichkeit und Wahrhaftigkeit. Nach Studienabschluss sah er sich in Advokaturbüros in Genf und Paris sowie in England und Italien um.[114] 1926 trat er in die Kanzlei des ehemaligen Bundesrats Arthur Hoffmann[115] in St. Gallen ein. Kurz darauf bestand er das Anwaltsexamen. 1933 gründete er eine eigene Kanzlei, die er bis zu seinem Tod 1963 führte. Er brillierte mit juristischem Wissen, aber auch mit menschlicher Anteilnahme.[116]

Schon in seiner Studienzeit, schrieb Dora Rittmeyer bei seinem Tod, habe Ludwig Rittmeyer rastlosen Arbeitseifer und bedingungslosen Einsatz für eine ihm wichtig erscheinende Aufgabe an den Tag gelegt. Er sei gründlich gewesen bei der Behandlung von Problemen und habe das von ihm als richtig Erkannte kompromisslos verfolgt. Daneben habe er ein geselliges Leben geführt, habe eine fröhliche, draufgängerische Art gehabt.[117] Scharfzüngig, witzig, fantasievoll sei er gewesen, von sprühendem Temperament.[118] Auch manuell war Ludwig Rittmeyer geschickt, wusste mit Hobel, Hammer und Zange umzugehen. In seiner Werkstatt im Keller des Hauses an der Dufourstrasse fertigte er Kinderspielzeug an. Seinen beiden kleinen Söhnen schreinerte er einen Kaufladen und Scheunen samt Kühen, Schweinen und Pferden. Auch restaurierte er Möbel und behob kleinere Schäden im Haushalt.[119] Finanzielle Sorgen brauchte sich das Ehepaar keine zu machen. Ludwig Rittmeyer war als Anwalt so erfolgreich, dass er ohne Probleme für den Unterhalt auch seiner Frau sorgen konnte, die von Anfang an ausserhäuslich tätig war, und das vorwiegend ehrenamtlich. Ludwig und Dora Rittmeyer führten, für die damalige Zeit ungewöhnlich, eine partnerschaftliche Ehe. Sie freuten sich beide von Herzen über ihre zwei Söhne, die bald geboren wurden.

Ludwig Rittmeyers Stellung zum christlichen Glauben und zur Kirche war ambivalent: Als Jugendlicher besuchte er den Religionsunterricht bei Wilhelm Schlatter, Pfarrer der Evangelischen Gesellschaft, der seine Mutter angehörte.[120] Wie Dora Rittmeyer schreibt, bekam er von diesem streng pietistischen Theologen nicht das, was er als kritischer junger Mensch suchte und gebraucht hätte. Doch habe er sich, auch dank der schlichten Frömmigkeit seiner Mutter, vom Religiösen nicht völlig gelöst. Er wurde «ein ewig ringender Mensch», «ein Mensch, den die Fragen nach den letzten Dingen nie losliessen, der sich zwar von allem, was nach religiösem Zwang aussah, mit Entschiedenheit abwandte, der der offiziellen Kirche mit Misstrauen gegenüberstand, der aber ein Gottsucher bis an sein Ende blieb».[121] Er war an Philosophie interessiert, liess sich nichts entgehen, was moderne Denker dachten, blieb dabei aber stets kritisch. Er war im Besitz einer reichen – auch theologischen – Bibliothek, las Karl Barth, Emil Brunner und Rudolf Bultmann, unterstrich wichtige Stellen und versah sie mit Randglossen.[122] Rittmeyer, der als Anwalt um die hellen und dunklen Seiten der menschlichen Existenz wusste, sei «ein Mahner gewesen, die Unerforschlichkeit Gottes ehrfürchtig zu bedenken», sagte der Pfarrer bei der Abdankung.[123]

Damit zurück zu Dora Rittmeyer: Ihr Gottvertrauen, dessen Basis in ihrer Jugend gelegt worden war, erwies sich als solid.

Religiöse Anfechtungen kannte sie offenbar kaum. Bei Tisch betete man.[124] Ein unreflektierter Glaube war aber nicht ihre Sache, da traf sie sich mit ihrem Mann. Doch bewahrte sie ihr Glaube nicht vor depressiven Phasen nach dem Tod des älteren Sohnes.[125] Ende 1929 schrieb sie über die Musik anlässlich von Weihnachten: «Erst da, wo sich um den Weihnachtsbaum alt und jung zum gemeinsamen Lied sammeln können, da haben wir die richtige Weihnachtsgemeinde, da kommt so ganz die Freude zum Ausdruck, die der Engel verkündet: ‹Ehre sei Gott in der Höhe und Friede auf Erden und den Menschen ein Wohlgefallen.›»[126] Und in einem weiteren Artikel von 1933 über «die musikalische Passion»:

> «Für mich persönlich ist die Art und Weise, wie Bach den Choral in seinen Passionen verwendet, das Schönste und Tiefste, was der Komponist in diesen unvergleichlichen Werken geschaffen hat. Stunden-, ja tagelang kann man sich da hineinversetzen und wird mit immer neuem Erstaunen wahrnehmen müssen, wie Bach den Choral zum Träger seiner innersten Gedanken gemacht hat. [...] Und wenn wir nun einmal mit gesteigerter Aufmerksamkeit verfolgen, wie diese Choräle sich in tiefsinnigster Weise dem Gang der Leidensgeschichte anpassen, wie immer an entscheidender Stelle derjenige Choralvers erklingt, der zu dieser und nur zu dieser gehört, dann ergreift uns eine grosse Ehrfurcht vor der tiefen Frömmigkeit Bachs, die sich mit einer so genauen Kenntnis seiner Bibel und seines Gesangbuchs verband.»[127]

Sie fügt bei, Bachs Passionen gehörten in die Kirche. Sie seien als «Gottesdienst» und nicht als Konzert zu hören.

In Dora und Ludwig Rittmeyer fanden sich zwei ausserordentlich begabte Persönlichkeiten zu einer innigen Lebensgemeinschaft. Ludwig war eher extravertiert, Dora eher introvertiert. Beide waren Intellektuelle. Abends liebten sie es zu lesen, Musik im Radio zu hören, eine Platte aufzulegen oder selbst zu musizieren. In späteren Jahren erwarb Ludwig Rittmeyer ein altes Toggenburger Hausörgelchen. Hinsichtlich der Virtuosität konnte er Dora Rittmeyer allerdings nicht das Wasser reichen[128] Selbstverständlich besuchten Ludwig und Dora zusammen Konzerte in der Tonhalle, wobei sie ihren Stammplatz auf der Empore hatten. Sie standen in ständigem Gespräch und regten sich gegenseitig an. Ihre Partnerschaft habe stark im Geistigen gewurzelt, so der Sohn Heiner.[129] Und: Sie hätten sich gegenseitig respektiert.[130]

Ludwig, so Dora Rittmeyer, habe es unendlich genossen, durch sie in einen grossen Familienkreis hineingestellt worden zu sein. Er sei seinen zahlreichen Neffen und Nichten in Basel ein überaus beliebter Onkel geworden. «Seine grosse Kinderliebe, seine Fähigkeit, auf die Gedankenwelt der Kinder einzugehen [...] machten ihn zu einem idealen Spielgefährten.»[131] «Onkel Lütz», wie Ludwig Rittmeyer in der Familie Iselin genannt wurde, habe den Kindern der Basler Verwandtschaft die verrücktesten Geschichten erzählt:[132]

> «Auf stundenlangen Wanderungen liess er seine Begleiter jede Müdigkeit durch frei erfundene, ins Endlose ausgedehnte Märchen und Geschichten vergessen. Seine Fabulierbegabung kannte keine Grenzen. Die Basler Verwandtschaft sei ihm als Ostschweizer am Anfang mit einer gewissen Reserviertheit begegnet, wogegen er, selbst von gemütvoller und impulsiver Art, diese zuweilen als kühl und spröde empfand, ihr aber gleichwohl Sympathie entgegengebracht habe, worin auch leiser Spott zum Ausdruck gekommen sei.»[133]

Ludwig Rittmeyer wünschte sich eine ganze Schar eigener Kinder. Auch Dora Rittmeyer wäre «bereit gewesen für viele Kinder».[134]

Umso tragischer war es, dass das erste Kind des Ehepaars, ein Mädchen, im April 1930 tot zu Welt kam. Es blieb, wie in solchen Fällen damals üblich, ohne Namen.[135] Doch gross war die Freude, als 1932 und 1935 zwei Knaben, Dietrich Alfred Sylvester, genannt Dieter, und Heinrich Bartholomäus, genannt Heiner, geboren wurden.[136] Beide Söhne kamen durch Kaiserschnitt zur Welt. Ein weiteres Kind war beim Stand der damaligen Medizin nicht möglich. Ludwig Rittmeyer war laut seiner Frau ein «liebevoller, zärtlicher Vater,[137] sie selbst laut Sohn Heiner «eine beispielhafte Mutter».[138] Wegen der häufigen Abwesenheit der Eltern kümmerte sich das Kindermädchen Trudi Lutz, eine Schwester

Dora Rittmeyer
mit ihrem ersten Sohn Dieter.

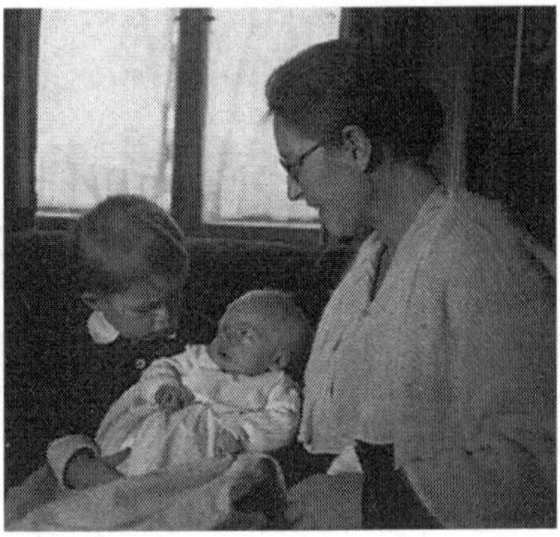

Dora Rittmeyer
mit Dieter und Heiner

Margrits, um die beiden Buben. Dora Rittmeyer liess es sich aber wenn immer möglich nicht nehmen, die beiden Buben selbst zu Bett zu bringen. Oft sang sie mit ihnen, und das besonders, wenn ihre Nichte Vreneli zu Besuch kam, was oft der Fall war.

Die Ferien verbrachten die Rittmeyers häufig in der «Trotte» im Baselbiet. Mehrmals weilten sie im Sommer auch in einem Hotel in Zuoz, ein anderes Mal in Pontresina. Ausgedehnte Wanderungen gehörten jeweils zum Programm. Einmal verbrachte die Familie die Sommerferien auf der Ryffelalp im Oberwallis, wo es Dora Rittmeyer wegen der steilen, felsigen Wanderwege aber nicht gefiel – sie war nicht schwindelfrei. Im Winter liessen die Eltern die beiden Knaben das Skifahren lernen. Dora Rittmeyer beherrschte es nur rudimentär, Ludwig Rittmeyer sehr gut. Doch einmal wurden die Buben, was sie nie vergassen, Zeugen eines bösen Sturzes des Vaters.[139]

Dora Rittmeyer betätigte sich, wie sie sich vorgenommen hatte, nie als Hausfrau, hatte dazu keine Zeit und auch keine Lust.[140] In Haushaltgeschäften war sie «ungewandt».[141] Margrit

Lutz war es, die putzte, wusch, plättete, einkaufte und kochte. Wie das damals in bürgerlichen Familien üblich war, ass sie nicht am Familientisch, sondern in der Küche. Doch wurde sie mit der Zeit zur engen Freundin Dora Rittmeyers. Hatte Margrit Lutz frei und besuchte ihre eigenen Freunde, so nahm das Ehepaar Rittmeyer im Hotel Walhalla beim Hauptbahnhof das Mittagessen ein.[142] Wie versprochen, förderte Ludwig Rittmeyer das ausserhäusliche Engagement seiner Frau auf Dauer.[143]

Musik als Berufung: Vorlesungen, Aufsätze und Kritiken

Dora Rittmeyer blieb ihrem Hochschullehrer Karl Nef auch nach ihrer Heirat verbunden. Als er 1933 seinen 60. Geburtstag feierte, schrieb sie als einzige Frau unter zwölf Autoren einen Beitrag zu seiner Festschrift, und zwar über das «Rebec», ein heute kaum mehr bekanntes Streichinstrument.[144] Sie verwendet bildliche und literarische Quellen, um dem Ursprung und der Geschichte des Rebec nachzugehen. Im Utrechter Psalter von 860 fand sie das Bild eines Mannes, der ein spatenförmiges Instrument hält und mit der rechten Hand den Bogen führt, vielleicht die Urform des Rebec.[145] Auch zitiert sie Otfried, der in seiner «Evangelienharmonie» von «lira joh fidula» schreibt.[146] Im 13. und 14. Jahrhundert,

Gerard David, «Die Jungfrau unter den Jungfrauen» von 1509 (Ausschnitt), Musée des Beaux-Arts, Rouen. Der Engel spielt ein Rebec.

so Dora Rittmeyer, werde in französischen Gedichten neben Fiedel und Geige auch eine «rubèle, rebèle oder ribebe» – also das Rebec – erwähnt, mit dem man zum Tanz aufspielte. Dieses habe, vermutet sie, seinen Ursprung in Nordafrika.[147] Im 17. Jahrhundert sei das Instrument kleiner geworden, so dass es der Tanzmeister in seine Hosentasche stecken konnte.[148] Als volkstümliches Instrument sei das Rebec oft verachtet worden. So heisse es in einer französischen Quelle des 18. Jahrhunderts: «‹Des gens sans capacité dont les talents sont bornés à l'amusement du peuple dans les rues […] ont la permission d'y jouer d'une espèce d'instrument à trois cordes seulement, et connu sous le nom de rebec.›»[149] Ihr selbst hingegen war das Rebec ausgesprochen sympathisch.[150]

Kaum in St. Gallen wohnhaft, begann Dora Rittmeyer Artikel für die Kulturzeitschrift *Die Garbe* zu schreiben. Herausgeber war Rudolf von Tavel.[151] Die Zeitschrift veröffentlichte Kurzerzählungen, wissenschaftliche Artikel, Kunstbetrachtungen und Gedichte. Es figurierten Themen aus Literatur, Biologie, Geografie, Geschichte und Religion. Beispielsweise wurden die Dichterin Annette von Droste-Hülshoff und die Malerin Sibylla Merian vorgestellt. Auch über Exotisches wie das japanische No-Theater wurde berichtet. Anspruchsvoll waren Beiträge wie etwa «Kunst und Idealismus». Auch wurden neue Bücher vorgestellt.

Dora Rittmeyer schrieb wissenschaftlich fundierte, jedoch allgemeinverständliche Artikel über Themen der Musik, so über die Verwendung historischer Musikinstrumente beim Spielen alter Musik. Ihr erster Artikel in *Die Garbe* ist der Wiederentdeckung des Cembalos gewidmet, in einem anderen begeistert sie sich für die Blockflöte. Kurz zu diesen beiden Artikeln: Das Cembalo, schreibt sie, das den meisten Musikliebhabern als veraltet gelte, sei trotz seines metallischen, kurzen und etwas trockenen Tons das richtige Instrument, um die Musik des 17. und 18. Jahrhunderts zu spielen. Vorteile seien der saubere und präzise Klang, das Nachklingen der tiefen Saiten und die Harmonie mit den Streichern. Die Musikausübung habe, so gut wie die Malerei, das Recht, in ihrer Zeit drin zu stehen.[152] Im Artikel «Lob der Flöte» begrüsst sie die Bestrebungen zur Wiederbelebung des Flauto dolce, d.h. der Blockflöte.[153] Im Orchester der Barockzeit habe sie einen unbestrittenen Platz gehabt, sei dann aber von den zunehmend eingesetzten, kräftiger klingenden Geigen übertönt worden:

> «Und doch ist gerade die Flöte ein Instrument, das dem Spieler unendlich viel Freude machen kann. [...] Um jedem Irrtum vorzubeugen, sei gleich erwähnt, dass die Flöte nun durchaus nicht etwa ein Instrument für musikalisch weniger begabte Menschen ist. [...] Vom Flötisten wird [...] eine grosse Fertigkeit, [...] viel rhythmisches Gefühl, Sinn für Phrasierung und grosse Anpassungsfähigkeit verlangt [...].»[154]

In einem Artikel wagte sie sich an die problematische Freundschaft von Nietzsche und Wagner heran: Wagner habe sich als *der* Meister verstanden, was zu Konflikten geführt habe. Doch hebt sie hervor, dass Cosima die «kongeniale Gattin» Wagners gewesen sei – was in Richtung ihres eigenen, damals beginnenden feministischen Engagements weist.[155] Kühn behauptet sie in ihrem Aufsatz über «Goethe und die Musik», das eigentliche Wesen der Musik sei dem Dichter «verborgen» gewesen.[156]

Aussergewöhnlich war, dass sie sich mit chinesischer Musik beschäftigte. Diese sei für europäische Ohren gewöhnungsbedürftig, doch beim näheren Zuhören entdecke man, dass ihr bestimmte Regeln zugrunde lägen: «Die Chinesen haben eine sehr gut fundierte Musiktheorie und haben viele Grundtatsachen der Akustik schon lange vor dem Abendland erkannt.»[157] Sei die Tonhöhe schon beim Sprechen des Chinesischen wichtig, so noch mehr bei der Musik. In China, betont sie, musizierten vor allem Frauen. Wichtige Instrumente seien die Laute sowie ein geigenähnliches Instrument und die Flöte. Das Schlagzeug sei unverzichtbar. Spiel, Tanz und Musik seien bei den Chinesen Schwesterkünste, wie es auch bei den alten Griechen der Fall gewesen sei. Konfuzius habe überdies gesagt, die Musik veredle die Sitten.[158]

Von 1932 an war Dora J. Rittmeyer-Iselin, wie sie sich jetzt offiziell nannte, als eine der ersten Frauen Lehrbeauftragte an der St. Galler Handelshochschule (heute Universität). Bereits seit 1930 beschäftigte die Hochschule zwei Frauen mit festem Lehrauftrag: Dr. Maria Schubiger für Englisch und Französisch und Eugenie Zollikofer-Laroche für Russisch. Nahezu 100 % der Studierenden waren damals männlich! Die Hochschule suchte mit öffentlichen Vorlesungen die Bevölkerung der Stadt und Umgebung zu erreichen. Im Sommersemester 1932 gab es neben Dora Rittmeyers Vorlesung zwölf weitere öffentliche Vorlesungszyklen, alle von Männern gehalten. Von besonderem Interesse waren wohl diejenigen über «Famous Women Novelists in English Literature», diejenige über Experimentalphysik und diejenige über den religiösen Sozialismus, gehalten vom St. Galler Pfarrer Jakobus Weidenmann.[159]

Dora Rittmeyers Vorträge wurden im liberalen *St. Galler Tagblatt* und in der CVP-nahen *Ostschweiz* jeweils ausführlich angekündigt.[160] Die Vorlesungen fanden in der architektonisch reizvollen Aula an der Notkerstrasse 20 statt. Oft setzte sie sich dabei an den Flügel (auch das Grammofon benutzte sie), um einzelne Passagen vorzuspielen und dann zu erläutern. Dank ihrer äusserst sorgfältigen Vorbereitungsarbeit und ihrem gewinnenden Vortragsstil wurde ihr Auditorium zunehmend grösser.

Ihre erste Vorlesung war Joseph Haydn und seiner Zeit gewidmet. Das Vortragsmanuskript ist nicht erhalten, jedoch ein Artikel über Haydn, der wie folgt beginnt: «Selten noch ist die musikalische Berichterstatterin der ‹*Garbe*› mit mehr Freude an ihre Arbeit gegangen als heute, da es gilt, einem ganz Grossen im Reiche der Kunst ein Gedenk- und Dankeswort zu schreiben.»[161] Sie habe einige Jahre zuvor die Aufführung von Haydns «Schöpfung» im Basler Münster zwei Mal besucht. Mit unerhörter Kraft und Eindringlichkeit habe das Konzert vom unvergänglichen Genie Haydns gezeugt.[162] Sie stimme Haydn zu, wenn er sage:

> «Oft wenn ich mit Hindernissen aller Art rang, wenn oft die Kräfte sanken und mir schwer wurde, in der angetretenen Laufbahn zu verharren, flüsterte mir ein geheimes Gefühl zu: Es gibt hienieden so wenige der frohen und zufriedenen Menschen, überall verfolgt sie Kummer und Sorge; vielleicht wird deine Arbeit bisweilen eine Quelle, aus welcher der Sorgenvolle auf einige Augenblicke seine Erholung schöpft.»[163]

Im Wintersemester 1933/34 las sie über J.S. Bach, Leben und Werke, in den beiden folgenden Jahren über W.A. Mozart und über Mozarts Instrumentalkompositionen. 1939/40 sprach sie über Beethovens Symphonien, 1940/41 über die Geschichte der Klaviermusik, 1941/42 über Mozart und unsere Zeit, 1944/45 über «Das Orchester»: Einführung in die Instrumentalkunde und 1946/47 über die Geschichte des Oratoriums mit besonderer Berücksichtigung von Händel und Haydn. Bach, Händel, Haydn und Mozart waren Dora Rittmeyers Lieblingskomponisten. 1951/52 weitete sie ihr Repertoire aus mit dem Thema «Die englische Musik des 17. Jahrhunderts», wobei sie mit dem Anglistik-Professor Rudolf Stamm[164] zusammenarbeitete. Die beiden Referierenden vermittelten einen Einblick in die Hochblüte der Virginalisten,[165] die als Vorläufer Bachs und Händels gelten.[166] 1953/54 sprach sie über die Romantiker Weber, Schumann und Mendelssohn-Bartholdy, gefolgt von einem Zyklus über die Entwicklung der Oper, bemerkenswerterweise anhand von Lichtbildern und von musikalischen Beispielen. Dabei zog sie den St.Galler Theaterdirektor Karl Gotthilf Kachler bei.[167] Im Wintersemester 1954 fand bei vollbesetzter Aula ein Vortragszyklus über Kulturformen des Barock statt, wobei sie als eine der Veranstalterinnen den europaweit bekannten Musikwissenschaftler Willibald Gurlitt[168] als Referenten einführte. Im Wintersemester 1955/56 war nochmals Mozart an der Reihe, 1956/57 der von ihr hoch geschätzte Johann Sebastian Bach.

Dora Rittmeyer hatte es als Dozentin nicht immer einfach. Wohl auch, weil sie eine Frau war, musste sie sich durchsetzen. In einem energischen Brief an das Rektorat im Sommer 1935 setzte sie sich zur Wehr, dass man «diktatorisch» und nicht «kollegial» mit ihr umgegangen sei. Am 27. Juli 1940 wurde sie «auf unbestimmte Zeit» zur Lektorin ernannt, nachdem ihr Lehrauftrag vorher jedes Jahr hatte erneuert werden müssen. Sie liebte diesen Auftrag sehr, und als sie ihn 1959 wegen ihres zeitraubenden Engagements zugunsten der Sache der Frau zurückgeben musste, tat sie dies «mit grösste[m] Bedauern». Als sie 1974 starb, sprach der damalige Rektor Hans Siegwart seine hohe Anerkennung und Wertschätzung gegenüber der Trauerfamilie aus:

> «Die Verstorbene war mit unserer Hochschule sehr verbunden […]. Ihre von grosser Sachkunde geprägten Lehrveranstaltungen wurden von den zahlreichen Zuhörern sehr geschätzt. An die der Hochschule und einer weiteren Öffentlichkeit geleisteten, vorzüglichen Dienste denken wir mit grosser Dankbarkeit zurück. Wir werden Frau Dr. Dora J. Rittmeyer-Iselin ein ehrendes Andenken bewahren.»

Im Universitätsarchiv befinden sich die Kopien mehrerer Dankesschreiben, die das Rektorat, wenn ein Vorlesungszyklus zu Ende gegangen war, an sie adressierte.

Oft betätigte sich Dora Rittmeyer noch nach der Beendigung des Lehrauftrags als Musikkritikerin am *St. Galler Tagblatt*. Einmal schrieb sie begeistert über ein Konzert der Zigeuner-Symphoniker aus Budapest:

> «Aus dem ersten Teil des Programms möchten wir als besonders schöne Leistung ‹Bolero› von M. Ravel erwähnen […]. Ein Tarogato-Solo mit Zymbelbegleitung liess träumerische, nachtstille Landschaft vor uns entstehen. Der Primas Arvad Karolyi sang auf seiner Geige Weisen aus der Puszta. […] Mit der ‹zweiten Rhapsodie› von Liszt erlangte das Konzert den Höhepunkt.»[169]

Dank der ungarischen Originalbesetzung seien «eigenartige Klangeffekte» zu hören gewesen. Wie es schon die Beschäftigung mit dem oft verachteten Rebec und mit der chinesischen Musik gezeigt hat, so dokumentiert auch dieses Beispiel die Offenheit Dora Rittmeyers für Musikkulturen jenseits des Mainstreams.

Ludwig Rittmeyer war während 33 Jahren Mitglied des Vorstands und als juristischer Berater eine tragende Säule des Konzertvereins der Stadt St. Gallen. Zu dessen 75-jährigen Geburtstag im Jahr 1952 liess der Verein Dora Rittmeyer die Festschrift verfassen.[170] Wichtigste Aufgabe sei, so Dora Rittmeyer, die Sicherung eines festen Orchesters. Abonnementskonzerte, Volkskonzerte und Kammermusik gehörten zum Konzept. Oft würden auswärtige Solisten beigezogen, so der Pianist Dinu Lipatti.[171] Bereits 1917 sei es gelungen, den grossen Othmar Schoeck als

Dirigenten zu gewinnen – er blieb fast 30 Jahre.[172] Als er in den frühen 1940er Jahren krank wurde, bemühte sich Ludwig Rittmeyer um Gastdirigenten.[173] Gelegentlich geäusserten Vorwürfen, das Programm sei zu stark auf die Klassik konzentriert, hält Dora Rittmeyer entgegen, dass Werke von Bela Bartok, Willy Burkhard, Benjamin Britten, Paul Hindemith, Arthur Honegger, Bohuslav Martinu, Arnold Schönberg und Igor Strawinsky aufgeführt worden seien.[174] Grosser Beliebtheit erfreuten sich Serenaden im Kreuzgang des Katharinenklosters sowie Tanzabende. Ihr «Traum», sagte sie gelegentlich, sei die Gründung einer St. Galler Musikschule – zu ihren Lebzeiten hat er sich nicht erfüllt.[175]

1964 publizierte Dora Rittmeyer einen Abriss über «Das Musikleben St. Gallens von der Gründung des Klosters um 719 bis zum Beginn des 20. Jahrhunderts».[176] St. Gallen gelte – neben Metz – als wichtigste Pflegestätte des gregorianischen Chorals nördlich der Alpen. Innovativ sei Notker Balbulus gewesen, der den Allelujamelismen Worte unterlegte, während Tuotilo der erste bekannte Verfasser von Tropen (Erweiterungen zu den festgelegten liturgischen Texten und Melodien) sei. Im damals bescheidenen Musikleben der Stadt St. Gallen habe es immerhin spätestens seit dem 15. Jahrhundert eine «Stadtpfeiferei» gegeben. Und Pfarrer Dominicus Zili, ein Anhänger der Reformation, habe 1533 das erste deutsche Kirchengesangbuch der Schweiz geschaffen, das – und das war neu – dem Gemeindegesang diente.[177] Für das 19. Jahrhundert erwähnt sie Ferdinand Hubers populäres Lied «Lueget vo Bärg und Tal».[178] Doch nicht Dora Rittmeyers Artikel an sich, der kaum neue Erkenntnisse beinhaltet, ist das Besondere, sondern dass sie ihn für die renommierte internationale Enzyklopädie «Die Musik in Geschichte und Gegenwart» schreiben konnte.

Kurz vor ihrem Tod verfasste Dora Rittmeyer einen Artikel über das kirchliche Musikleben der Stadt St. Gallen im späten 17. Jahrhundert.[179] Aufschlussreich sind dabei ihre Ausführungen über die «Geistliche Seelenmusik» von Christian Huber.[180] Aufgrund des Titelbildes von Huber beschreibt sie das «Collegium musicum»:

Titelbild der «Geistlichen Seelenmusik» von Christian Huber (1627–1697), St. Gallen 1694.

«Da sitzen um einen Tisch herum acht junge Männer: einer steht im Hintergrund und gibt vielleicht den Takt an. Von den vier Spielern bläst derjenige [hinten] links einen krummen Zinken, der nächste eine Trompete. Die beiden andern Musikanten streichen das Violoncelle und die Geige. Auf dem Tisch liegen eine Blockflöte und eine weitere Geige [...].»[181]

Die übrigen vier Männer singen. Dem «Collegium musicum» gehörten Pfarrer, Rechtsgelehrte, Mediziner und Professoren an. Man sang vierstimmig. Sopran und Alt wurden vermutlich durch Sänger besetzt, die das Falsettieren beherrschten oder dann durch Knaben. Das «Collegium» unterstützte im Gottesdienst den einstimmigen Gesang der Kirchgänger und musizierte vor und nach der Predigt, denn diese sollte «‹mit einer schönen Musica [...] öffentlich gezieret werden›».[182]

Erwähnung findet auch, dass St. Gallen das älteste Berufstheater der Schweiz besass. In der ersten Saison von 1801/02 seien in der nicht mehr gebrauchten fürstäbtischen Remise beim Karlstor an 103 Spielabenden sage und schreibe acht Singspiele und Opern und 87 Schau- und Lustspiele aufgeführt worden![183]

Dora und Ludwig Rittmeyer nahmen während Jahrzehnten eine Schlüsselstellung im Musikleben der Stadt St. Gallen ein. Ein Leben ohne Musik wäre ihnen beiden auch persönlich nicht denkbar gewesen.

Einstieg in die Frauenbewegung

Die Frauenbewegung

1931, kaum verheiratet und neu in St. Gallen, trat Dora Rittmeyer in den Vorstand der Frauenzentrale St. Gallen ein, der Dachorganisation der Frauenvereine des Kantons, und zwar sogleich als zweite Vorsitzende. Grund dafür war ihre kurz zuvor erfolgte Wahl zur Präsidentin der St. Galler Sektion des Schweizerischen Verbands der Akademikerinnen (SVA).[184] Anfang 1931 gegründet, gliederte sich die Sektion unverzüglich der Frauenzentrale an. 1936 legte Dora Rittmeyer das Präsidium beim Verband der Akademikerinnen nieder, übernahm dafür dasjenige des Lyceum Clubs St. Gallen. Gemeinsames Ziel des Clubs und der Akademikerinnen war die Förderung der geistigen und musischen Entwicklung der Frauen und damit ihrer Präsenz in der Gesellschaft. Auch spielte die Friedensförderung eine Rolle. Die Lyceinnen und die Akademikerinnen stammten meistens aus dem gebildeten Bürgertum.[185] Später, 1945, wurde Dora Rittmeyer Präsidentin der Frauenzentrale St. Gallen und 1959 schliesslich Präsidentin des Bunds Schweizerischer Frauenvereine (BSF). Sie durchlief also eine beeindruckende Karriere bis hin zur Spitze der schweizerischen Frauenverbände.[186]

Die vier von Dora Rittmeyer präsidierten Organisationen verkörperten einen wichtigen Teil der damaligen Frauenbewegung der Schweiz. Man pflegt zwischen «Alter Frauenbewegung» (von etwa 1870 an) und «Neuer Frauenbewegung» (von 1968 an) zu unterscheiden. Die «Alte Frauenbewegung» war progressiv, forderte gleiche Rechte für Mann und Frau in Staat und Gesellschaft und besonders das Frauenstimmrecht. Von der Depression im Jahr 1929 an gab es aber ein Rollback: Man kehrte tendenziell zum konservativen Frauenbild von vor 1870 zurück. Sogar Frauen waren plötzlich überzeugt, dass sie und die Männer grundverschiedene Wesen seien, und zwar nicht nur, was das Biologische betrifft, sondern auch hinsichtlich der «angeborenen» Wesenszüge.[187] Doch forderten sie das Frauenstimmrecht teilweise noch ein, oft mit der Begründung, die «kalte» Politik der Männer korrigieren zu wollen.[188]

In der «Neuen Frauenbewegung» ging es nicht mehr um politische Rechte, denn 1971 wurde das Frauenstimmrecht eingeführt. Hingegen forderten ihre Vertreterinnen in bunten, fröhlichen und lauten Strassendemonstrationen die Abschaffung der Rollentrennung in Beruf und Familie sowie der Doppelmoral in Sachen Sexualität. Sie protestierten gegen die häusliche Gewalt und plädierten für geschlechtsneutralen Sprachgebrauch. Die meist jungen Frauen verstanden sich explizit als Feministinnen.[189]

Die Frage stellt sich, ob Dora Rittmeyer in den vier von ihr präsidierten Vereinen – Akademikerinnen, Lyceum, Frauenzentrale und Bund Schweizerischer Frauenvereine – den ursprünglichen Schwung der «Alten Frauenbewegung» bewahrt oder verloren hat. Ihre Ehe war partnerschaftlich. Doch war sie, da fast ausschliesslich ehrenamtlich tätig, in finanzieller Hinsicht von ihrem Mann abhängig. Und das ärgerte sie, wie ihre Mitkämpferin Margrith Bigler-Eggenberger erzählt.[190]

An dieser Stelle seien einige Einzelheiten der Alten Frauenbewegung in Erinnerung gerufen: Bis etwa 1870 lebten die Frauen üblicherweise in Abhängigkeit von ihren Vätern und Ehemännern. Zwar gab es stets einzelne emanzipierte Frauen, und zwar schon vor der Aufklärung.[191] Doch wurden ab 1814, in der Restaurationszeit, konservative politische und gesellschaftliche Werte wiederbelebt.[192] Immerhin wurden nun flächendeckend Primarschulen erbaut, die auch den Mädchen offenstanden. Die Gymnasien, die Universitäten und die Politik waren den Frauen aber verschlossen.[193]

Gegen 1870 begannen sich einzelne Frauen zu profilieren, so die anglikanische Pfarrfrau Josephine Butler.[194] Sie verteidigte die Würde von Frauen, die sich aus wirtschaftlicher Not prostituierten, verlangte die Abschaffung der gegen sie erlassenen Gesetze und verurteilte die damit verbundene Doppelmoral der Freier.[195] Auch forderte sie die Verbesserung der sozialen Lage aller Frauen sowie den Zutritt zur Universität und zum Unterhaus. In Genf fand sie in Marie Goegg-Pouchoulin,[196] einer aufklärerisch gesinnten Frauenrechtlerin, eine Verbündete. Bereits 1868 hatte diese die Association internationale des femmes gegründet, die erste feministische Vereinigung des Kontinents.

In der Folge entstanden in der Schweiz mehrere, meist bürgerlich oder konfessionell dominierte Frauenorganisationen:[197] 1888 entstand der Schweizerische Gemeinnützige Frauenverein (SGF), 1890 der Schweizerische Arbeiterinnenverband (SAV), 1900 der relativ fortschrittliche, konfessionell neutrale Bund Schweizerischer Frauenvereine (BSF).[198] Dieser sollte, so der Plan, zum Dach aller bestehenden Frauenorganisationen der Schweiz werden, womit es aber harzte.[199] 1909 wurde zusätzlich der Schweizerische Verband für Frauenstimmrecht (SVF) gegründet.[200] Schliesslich kamen noch Ableger internationaler Frauenorganisationen hinzu: der Internationale Lyceum Club der Schweiz (LC) und der Schweizerische Verband der Akademikerinnen (SVA).

Der Lyceum Club wurde 1903 von der jungen Constance Smedley in London gegründet.[201] Sie erhoffte sich von der Kunst die Förderung von Frieden,[202] den Wandel der Gesellschaft und die Anerkennung der Frau. Künstlerinnen würden mehr erreichen als die Suffragetten, d.h. die radikalen englischen Feministinnen, war ihre Meinung.[203] 1912 entstand in Genf der Lyceum Club de Suisse, und zwar in Erinnerung an Mme de Staël[204] und an Marie Goegg-Pouchoulin. Man wollte sich «künstlerischen, literarischen, wissenschaftlichen und sozialen Fragen» widmen.[205] Die Genfer Lyceinnen unterstützten die Musikschule von Emile Jaques-Dalcroze – seine Frau war Lycein.[206] Möglicherweise kam die junge Dora Iselin bereits in ihrem Genfer Jahr mit dem Club in Berührung. Im Ersten Weltkrieg kümmerten sich die Lyceinnen um Gefangene und Flüchtlinge, nach seinem Ende unterhielten sie Beziehungen zum Völkerbund.[207] Der Club war ursprünglich ausgesprochen progressiv. Im Verlauf seiner Geschichte schwankte er zwischen Phasen eines dynamischen Feminismus und ruhigeren Abschnitten.[208]

Im angelsächsischen Raum schlossen sich 1919 amerikanische und englische Akademikerinnen zur International Federation of

University Women zusammen (IFUW).[209] Zu Beginn ging die Arbeit für den Weltfrieden und für die Berufsinteressen Hand in Hand. Bei der Gründung des Schweizerischen Verbands der Akademikerinnen im Jahr 1924 wurde neben dem Austausch im In- und Ausland die Förderung der wissenschaftlichen Arbeit von Frauen ins Auge gefasst.[210] Um 1930 betrug der Anteil von Studentinnen an Schweizer Universitäten 13 %. Die jungen Frauen sahen sich Vorurteilen hinsichtlich der Eignung zu akademischen Berufen ausgesetzt. Einmal im Beruf, waren ihre Löhne oft geringer als die der Männer. Zwei Drittel der damaligen Akademikerinnen waren ledig. Manche verzichteten zugunsten der Berufsausübung auf die Ehe. Waren sie verheiratet und arbeiteten ausser Haus, wurde ihnen häufig Doppelverdienertum vorgeworfen.[211] Der Verband deckte diese Widersprüche auf.[212] Diesem gehörte bald jede zweite Akademikerin an, darunter Ärztinnen, Mittelschullehrerinnen und Juristinnen.[213] Ein Höhepunkt war der Kongress der International Federation of University Women von 1929 in Genf. 500 Delegierte aus 33 Ländern nahmen daran teil.[214]

An der viel beachteten Schweizerischen Ausstellung für Frauenarbeit (SAFFA) von 1928 in Bern[215] beteiligten sich sowohl die Akademikerinnen als auch die Lyceinnen. Letztere veranstalteten Konzerte, Vorträge und Theateraufführungen. Architektin der avantgardistischen Bauten der Ausstellung war die Lycein Lux Guyer.[216] Die Akademikerinnen gestalteten eine Ausstellung über Frauen in der Forschung und organisierten Vorträge über akademische Berufe. Auch brachten sie die Doppelbelastung durch Beruf und Familie zur Sprache und setzten sich für die Gleichstellung der Frau in den Wissenschaften ein. Sowohl die Akademikerinnen als auch die Lyceinnen betonten, dass ihre Institution auf egalitärer Basis stehe.[217] Beim Umzug zum Ausstellungsgelände der SAFFA zogen mehrere «Damen»,[218] in die damals modischen sackähnlichen Gewänder und Topfhüte gekleidet, einen Karren, auf dem eine riesige Schnecke thronte. Daran hing das Spruchband «Die Fortschritte des Frauenstimmrechts in der Schweiz».[219] Die SAFFA 1928 kann als Höhepunkt des Aufbruchs der Schweizer Frauen vor und nach dem Ersten Weltkrieg bezeichnet werden.

Schnecke als Symbol: Frauen beklagen beim Einzug ins Ausstellungsgelände der SAFFA 1928 in Bern das Tempo auf dem Weg zu ihrem Stimmrecht.

Als Dora Rittmeyer Anfang 1931 in die Frauenbewegung einstieg, musste sie also nicht bei Null anfangen.[220] Unter ihren Vorgängerinnen im Kanton St. Gallen ist die vielseitige Künstlerin Hedwig Scherrer[221] zu nennen und die mit ihr befreundete Ärztin Dr. Frida Imboden-Kaiser.[222] Die zuletzt Genannte setzte sich neben der Frauenförderung für den Mutterschutz und das Stillen und gegen den Alkoholmissbrauch ein. Denn als Assistenzärztin an der psychiatrischen Klinik Burghölzli in Zürich hatte sie prägende Erfahrungen mit Suchtkranken gemacht.

Auch Frauenvereine gab es im Kanton seit langem. Der früheste war der 1820 von Anna Schlatter-Bernet gegründete Frauenmissionsverein, gefolgt vom Weiblichen Krankenverein, dann um 1887 vom Arbeiterinnenverein und 1914 von der Zentralen Frauenhilfe, die nach dem Ersten Weltkrieg in Frauenzentrale St. Gallen umbenannt wurde. –Dora Rittmeyer konnte auf einiges aufbauen, als sie in die Frauenbewegung einstieg.

Präsidentin der St. Galler Sektion der Akademikerinnen (1931–1936)

Zunächst übernahm Dora Rittmeyer die Leitung der am 29. Januar 1931 gegründeten St. Galler Sektion der Akademikerinnen. Soeben hatte der Aufbruch der Frauen wegen der Depression einen massiven Dämpfer erlitten. Unter den ersten Opfern der Arbeitslosigkeit befanden sich Frauen mit Universitätsabschluss. Aus taktischen Gründen empfahl der Verband jetzt z. B. den Mädchen Laborantin statt Wissenschaftlerin zu werden.[223] Und den Medizinstudentinnen riet man, Frauen- oder Kinderärztin werden, da dies am ehesten akzeptiert werde.[224] Der Anteil der Studentinnen an den Schweizer Universitäten sank von 13 % auf 11 %.[225] Der Zeitpunkt, an dem Dora Rittmeyer das Präsidium übernahm, war also schwierig. Der Anstoss zur Gründung der St. Galler Sektion kam nicht von ihr, sondern von der jungen Juristin Frieda Gsell-Trümpi, die soeben von Zürich nach St. Gallen umgezogen war.[226] Das Präsidium wollte sie aber nicht übernehmen. Dora Rittmeyer schreibt:

> «Da von den ‹echten› St. Gallerinnen auch niemand bereit war, die Verantwortung für das neugeborene Kind zu übernehmen, fiel die Wahl schliesslich auf die Schreibende, die, zwar mit einem St. Galler verheiratet, doch noch sehr neu in St. Galler Belangen und vor allem vereinstechnisch ein absoluter Neuling war. Zum grossen Glück hatte sich Frau Dr. Gsell zur Sekretärin wählen lassen, und es ist ihr zu verdanken, dass die Vereinsgeschäfte ordnungsgemäss abgewickelt wurden, bis sich die Präsidentin in die ihr neue Aufgabe eingearbeitet hatte. […] Immer zeigen sich die ‹echten› St. Galler Akademikerinnen ausserordentlich grosszügig und weitherzig ihren von aussen her zugezogenen Kolleginnen gegenüber. Die St. Galler Sektion war von Anfang an interkantonal und international zusammengesetzt. Schon bei der Gründung waren die Schweizerinnen aus anderen Kantonen fast in der Mehrzahl, aber auch Ausländerinnen […] gehörten zu den Mitgliedern. Wir hatten gebürtige Russinnen, eine Bulgarin, eine Dänin, einige Deutsche, eine Tschechoslowakin, eine Ungarin unter uns, und wir fühlten uns durch gleiche Interessen und gleiche Anliegen verbunden.»[227]

Während die Sektion Basel der Akademikerinnen im Jahr 1931 82 Mitglieder zählte, Bern 60, Genf 112, Neuenburg 30, Waadt 51 und Zürich 135, so zählte St. Gallen sofort 24, 1932 bereits 30.[228] Zu den Mitgliedern der ersten Stunde gehörten die erwähnte Ärztin Frida Imboden-Kaiser und die Germanistin Elsa Nüesch,[229] die als erste Frau hauptamtlich an der Kantonsschule unterrichtete.

Dora Rittmeyer stellte ihre Tatkraft unter Beweis, indem sie 1933 der Zentralpräsidentin der Akademikerinnen die Schaffung eines schweizerischen Stipendiums vorschlug.[230] Auch wurden unter ihr Stipendien auf kantonaler Ebene ausgeschrieben. Und sie vermittelte Stellenangebote an verschiedene Mitglieder.[231] Zum Zweck der Weiterbildung liess sie eine Lesemappe zirkulieren. Jeden Monat gab es einen Vortrags- und Diskussionsabend, meistens mit eigenen Kräften gestaltet. So führte Elsa Nüesch die mehrheitlich zugezogenen Akademikerinnen durch die Stiftsbibliothek und referierte über die Geschichte des Klosters. Frieda Gsell-Trümpi sprach über «Die Rechtsstellung der Frau nach dem ZGB». Ein anderes Mal trug sie eine «Enquète über die Frau in höheren Berufen» vor. Ein weiteres Mitglied referierte über «Die Stellung der Frau als Juristin in der Schweiz», noch ein anderes über «Die Frau im Urteil moderner Denker». Eine diplomierte Agronomin sprach über «Die Frau als Landwirtin», und am 27. April 1934 referierte die Präsidentin Dora Rittmeyer selbst über «Die Frau und die Demokratie». Angesichts des Totalitarismus in Italien und in Deutschland und rechtsextremer Gruppen in der Schweiz war das ein politisches und zugleich feministisches Bekenntnis.[232]

Offensichtlich waren die Akademikerinnen, da beruflich exponiert, besonders sensibilisiert auf Fragen der Gleichstellung und fragten hartnäckig: «Wo bleibt die Rechtsgleichheit?» Sie machten folgende Vorstösse an die Behörden:[233]

- Eingabe der Sektion St. Gallen im Jahr 1931, unterstützt von der sankt-gallischen Frauenzentrale, für die Einführung des passiven Frauenstimmrechts in Schulfragen.
- Eingabe der Sektion St. Gallen im Jahr 1932, unterstützt von der St. Galler Frauenzentrale, an den Grossen Rat für die Wählbarkeit der Frauen in die Schulbehörden.[234]

- Eingabe der Sektion St. Gallen im Jahr 1937 an den Schulvorstand, in der sie fordern, dass die durch Rücktritt einer Lehrerin frei gewordene Stelle an der Höheren Töchterschule erneut durch eine Frau besetzt werde.[235]

Alle drei Anliegen wurden verworfen. Das dritte war noch vor Dora Rittmeyers Rücktritt von Verein der Akademikerinnen von 1936 geplant worden.[236] – Ludwig Rittmeyer, seit 1935 Nationalrat, reichte 1936, gewiss zu Dora Rittmeyers Freude, eine Motion zur Frauenerwerbsarbeit ein.[237] Auch über die Abrüstung, 1932 ein heiss umstrittenes Thema des Völkerbunds, wurde von den Akademikerinnen diskutiert. Sie führten dazu einen Anlass für Jugendliche durch:

> «Das grosse Ereignis des Frühlings war der von uns organisierte Abrüstungsvortrag für die St. Galler Jugend, der am 30. Mai, nachmittags 4 Uhr, in der St. Laurenzenkirche stattfand. Als Redner war Prof. Bovet aus Lausanne gewonnen worden. Die Schüler und Schülerinnen der oberen Schulen, Talhof, Bürgli, Kantonsschule, Verkehrsschule und Institut Schmidt, füllten die Kirche bis zum letzten Platz.»[238]

Wenn das kein hochpolitischer Anlass war! Ein Letztes: Bereits 1933 flohen jüdische Akademikerinnen aus Deutschland. 1934 sprach sich die International Federation of University Women in Budapest gegen die Verfolgung von Menschen wegen ihrer Rasse aus. Daraufhin, 1935, wurde in Deutschland der Akademikerinnenverband verboten.[239] – In demselben Jahr übernahm Dora Rittmeyer das Präsidium des Hilfswerks für jüdische Flüchtlingskinder in St. Gallen.

Präsidium des Lyceum Clubs St. Gallen (1936–1942)

Dora Rittmeyer war bereits seit 1931 Mitglied des Vorstands der sankt-gallischen Sektion des Lyceum Clubs, die 1925 entstanden war. 1936 wurde sie deren Präsidentin. Dass sie das Präsidium der

Akademikerinnen zugunsten des Präsidiums der Lyceinnen fallen liess, kann nicht völlig überraschen. Als Musikerin und Musikwissenschaftlerin stand sie den Künsten und der Literatur besonders nahe. Einige Lyceinnen waren, wie sie selbst, gleichzeitig auch Mitglieder der Akademikerinnen. Als sie das neue Präsidium antrat, zählte der Club 79 Mitglieder. Jede Woche fand ein Anlass statt, welcher der Literatur, der bildenden Kunst, der Musik oder dem Gartenbau gewidmet war. Unter Dora Rittmeyers Regie hatte es schon vor ihrer Präsidialzeit musikalische Anlässe gegeben, die oft mit eigenen Kräften bestritten wurden. Sie selbst spielte jeweils die Geige, während ihre Jahrgängerin Idel (Idelette) Heene-Rietmann den Gesangspart übernahm. Die beiden jungen musikbegeisterten Frauen wurden zu lebenslangen engen Freundinnen. Ein spezieller Anlass hatte schon 1935, also vor Doras Wahl, stattgefunden:

> «Das Jahr begann vielversprechend mit unserem intimen Theaterabend [...] dank des reizenden Lustspieles, das Dr. Dora Rittmeyer als Initiantin und Milly Feurer zusammen verfasst hatten [...]. ‹Der Wolf im Schafspelz› hatte sich unserem Raume und den Kulissenverhältnissen ganz reizend angepasst, wir entdeckten Talente, wo wir gar keine vermutet hatten, und den Dank dafür sang Idel Heene-Rietmann, am Flügel von Vera Suter begleitet, lustig parodierend. Der Abend, an welchem gewiss die Hälfte der Mitglieder aktiv beteiligt war mit Spielen, Singen, Helfen und Stiften, verlief zur allgemeinen Zufriedenheit.»[240]

Doch kam es bei Dora Rittmeyers Wahl zur Präsidentin des Lyceum Clubs an der Hauptversammlung Ende 1936 zu Turbulenzen. Ein Jahr später schrieb sie:

> «Der Wechsel des Präsidiums hat letztes Jahr unerwartet hohe Wellen geworfen, und ich habe den Eindruck, es haben sich immer noch nicht die letzten kleinen Ausläufer dieses Sturmes zur Ruhe gelegt.»[241]

Vermutlich hatten die «Wellen» einen persönlichen – und einen politischen – Grund: Die Lycein Elsa Mettler-Specker, seit 1921 Präsidentin der sankt-gallischen Frauenzentrale, trat kurz nach

Dora Rittmeyers Wahl zur Präsidentin aus dem Lyceum Club aus. Umgekehrt war Dora Rittmeyer bereits ein Jahr zuvor, 1935, aus dem Vorstand der Frauenzentrale ausgeschieden, nachdem es dort zu Auseinandersetzungen zwischen ihr und Elsa Mettler gekommen war. Es war die Zeit des Nationalsozialismus. Elsa Mettler gab sich nach aussen apolitisch, war im Grund ihres Herzens aber deutschfreundlich gesinnt.[242] Dora Rittmeyer hingegen engagierte sich für jüdische Flüchtlingskinder, was als Parteinahme gegen das judenfeindliche Deutschland interpretiert werden konnte.[243] Zudem bekämpfte Ludwig Rittmeyer, Mitglied der sankt-gallischen FDP und seit 1935 Nationalrat, als einer der Ersten die politisch extrem rechts stehenden Fronten.[244] Elsa Mettlers Gatte, Arnold Mettler, ursprünglich Mitglied der FDP, gehörte der Frontenbewegung an.[245] All das spielte bei den «hohen Wellen» mit. Zu beachten ist jedoch, dass die grosse Mehrheit der Lyceinnen für Dora Rittmeyer stimmte.

Herausragendes Ereignis in ihrem ersten Präsidialjahr war der internationale Kongress der Lyceinnen von 1937 in London, den sie zusammen mit sieben weiteren Frauen besuchte. Im Übrigen hört sich das Programm des Clubs dieses Jahres verlockend an: Die Literarische Sektion liess Madame Gagnebin, Präsidentin der Sektion Neuenburg, über «Journeaux et Journalistes de la Suisse Romande» sprechen; die Germanistin Elsa Nüesch[246] hielt einen «formvollendeten» Vortrag über die Schönheit der Sprache. Freude wird es Dora Rittmeyer bereitet haben, dass zwei Künstlerinnen adventliche Musik darboten, und zwar auf historischen Instrumenten. Sie selbst interpretierte an einem Nachmittag zusammen mit Idel Heene-Rietmann, Vera Suter und einer weiteren Musikerin alte Musik. Ein anderes Mal führte ein Ausflug zum Kunstschnitzer Wilhelm Lehmann in Niederbüren.[247] Ein Vortrag über neue Forschungen zur Schädlingsbekämpfung stiess auf grosses Interesse. Auch wurde der sankt-gallische Normalarbeitsvertrag für Hausangestellte besprochen, obwohl es noch keine Sektion «Soziales» gab.

Das Vereinsjahr 1938 verlief, so schien es zunächst, im gewohnten Rahmen. Elsa Nüesch hielt wie immer ihre vorweihnachtliche Bücherbesprechung. Eine Referentin sprach über «Psychologische und kulturhistorische Streiflichter zum Mutterrecht der alten Welt» – ein feministisches Thema. Die Weihnachtsfeier stand unter dem Motto «Wie die Weihnachtszeit vor mehr als hundert Jahren in der Schweiz gefeiert wurde», wobei man mit alten Requisiten eine heimelige Ambiance schuf. Der Kunstmaler Hans Stettbacher referierte über den «Wandel der Frauenmode vom Jahre 1000 bis heute». Aufschlussreich war der Vortrag der polnischen Dichterin Casimiera Illakowitz über die «Psychologie der Grösse».

Doch dann, nach Hitlers Überfall auf die Tschechoslowakei im Herbst 1938, wurde der schweizerische Lyceum Club von den politischen Ereignissen im Nachbarland eingeholt, von denen man sich fernzuhalten versucht hatte. 27 Lyceinnen, darunter Dora Rittmeyers Schwägerin Fanny Rittmeyer, trafen sich zur Beratung in Bern, obwohl Politik im engeren Sinn im Club nicht zulässig war. Fanny Rittmeyer forderte, offenbar mit lauer Zustimmung, dass man den jüdischen Emigranten in ihrem «schwarzen Elend» beistehe.[248] Zu diesem Zeitpunkt hatte sich Dora Rittmeyer bereits seit längerem um jüdische Flüchtlingskinder gekümmert.[249] An der Hauptversammlung des Clubs St. Gallen vom 15. November 1938, einige Wochen nach dem Treffen Hitlers, Mussolinis, Daladiers und Chamberlains in München und wenige Tage nach dem gegen die Juden gerichteten Novemberpogrom, der sogenannten «Reichskristallnacht», in Deutschland,[250] begann Dora Rittmeyer ihre Rede mit ernsten Worten. Der befürchtete Weltkrieg sei nicht ausgebrochen, doch

> «[...] noch drohen schwere, unheilschwangere Wolken am Himmel, und wir wollen uns daher alle nicht in ruhiger Sorglosigkeit allzu sicher wähnen [...]. Der beste Schutz in solch unsicheren Zeiten ist bestimmt für uns die innere Einigkeit, und ich sehe darum die Hauptaufgabe für uns Frauen in solch schweren Zeiten darin, dass wir für Einigkeit sorgen. Wir wollen nicht grosssprecherisch die Aufgaben immer draussen suchen, sondern bei uns selbst anfangen, in diesem konkreten Falle in unserem kleinen beschränkten Kreise, im Lyceum. [...] seien wir wirklich *Mitglieder*, die wissen, dass kein Glied unnütz oder unwichtig ist, [...] dass es heisst: ‹Wo ein Glied leidet, leiden alle Glieder mit.›»[251]

Mit einem Bibelzitat ruft Dora Rittmeyer zur Einigkeit unter den Lyceinnen auf, unausgesprochen aber auch zur Solidarität mit den Opfern der Repression in Deutschland!

In ihrem sechsten und letzten Jahresbericht, den sie an der Hauptversammlung vom 10. November 1942 vorlegte, dankt Dora Rittmeyer für die Gabe der Lyceinnen an die beiden Familienfürsorgerinnen der Frauenzentrale St. Gallen[252] und lobt die «werktätige Liebe für fremde Not». Sie sei ein Beweis für die Existenzberechtigung des Clubs:

> «Wir könnten es nicht mehr verantworten, zu unserer eigenen Erbauung, Erhebung und Zerstreuung zusammenzukommen, wenn wir unsere Ohren und unsere Herzen verschliessen würden vor den Hilferufen [...].»[253]

Besonders verdankenswert, so Dora Rittmeyer, sei die Hilfe der St. Galler Lyceinnen von 200 Franken an bedrängte Lyceumschwestern und ihre Kinder im von den Deutschen besetzten Griechenland.

Anschliessend pickte sie «einige Rosinen aus dem Kuchen» des vergangenen Jahresprogramms heraus. Ein Glanzpunkt sei der Auftritt Elsie Attenhofers gewesen, welche mit ihrem goldenen Humor, bezwingenden Charme und grossen Können alle Zuhörerinnen mitgerissen habe. Elsie Attenhofer war Mitglied des gegenüber dem Nationalsozialismus kritisch eingestellten Cabarets Cornichon in Zürich, ihr Mann, der Germanist Karl Schmid, Professor an der Eidgenössischen Technischen Hochschule, ein bekannter Kritiker des Faschismus. Der Auftritt der Kabarettistin war nicht nur unterhaltsam, sondern hatte auch eine politische Note.

Sodann dankte Dora Rittmeyer in dieser ihrer letzten Rede als Präsidentin des Lyceum Clubs für das Vertrauen, das ihr die Lyceinnen erwiesen hätten, verschwieg aber nicht, dass ihre Amtsführung nicht allen Wünschen entsprochen habe, denn sie habe bei all ihrem Streben nach Objektivität und Überparteilichkeit ein persönliches Moment enthalten:

> «Sie waren nachsichtig mit meinen Fehlern, aber sie waren auch streng und leicht zu Kritik geneigt, wo ich glaubte, richtig zu han-

deln […]. Ich muss aber leider sagen, dass ich unendlich viel Kritik zu hören bekam, die nur das Gemachte ablehnte, in keiner Weise aber etwas Besseres an dessen Stelle zu setzen vermochte. Dies möchte ich meiner Nachfolgerin ersparen […]. […] Und zum Schluss noch das Eine: Wir leben in Kriegszeiten. Kriegszeiten sind Notzeiten, und mir will scheinen, noch nie hat es in der Welt so viel Jammer, Elend, Schrecken und hilfloses Entsetzen gegeben wie heute. Sollten wir, die wir es noch so unverdient, so geradezu beängstigend gut haben, nicht viel mehr an die Entbehrungen, an die Leiden unserer Mitmenschen denken, als wir dies tun? […] Wie könnten wir uns über wirkliche oder vermeintliche Fehler, die im Lyceum gemacht werden, […] derart kränken, wenn wir an das ganz grosse Unrecht denken, das Millionen von Menschen heute unschuldig erleiden müssen! Unsere Zeit ist gross, ist schrecklich, ist epochemachend, zeigen wir uns dieser Zeit würdig, sehen wir auf das Grosse, auf das Entscheidende. Seien wir uns klar darüber, dass auch unser Land in einer ganz grossen Entscheidung steht, und dass es auf uns, auf jedes Einzelne unter uns, ankommt, ob wir in diesem Endkampf bestehen oder ob wir untergehen.»[254]

Vor allem zwei Angriffsflächen wird Dora Rittmeyer zumindest einem kleinen Teil der Lyceinnen geboten haben: Trotz des damaligen Backlashs in Fragen der Frauenrechte wird sie ihre emanzipatorischen Ideen im Club nicht verleugnet haben.[255] Das Zweite war ihr nicht überall gern gesehener Einsatz für jüdische Flüchtlingskinder.[256] Die dort anfallende Arbeit vervielfachte sich 1942 und beanspruchte Dora Rittmeyer in hohem Masse. Denn soeben hatte die Deportation von Jüdinnen und Juden samt Kindern in die Vernichtungslager in Osteuropa begonnen, was eine Flüchtlingswelle Richtung Schweiz auslöste. Es gelang zahlreichen begleiteten sowie unbegleiteten jüdischen Kindern, auf mühsamen und gefährlichen Wegen die Schweiz zu erreichen. Es war Dora Rittmeyer ein tiefes Anliegen, sich um diese Kinder zu kümmern, was nun aber viel Zeit kostete. Das war wohl der entscheidende Grund für ihren Rücktritt als Präsidentin des Clubs.[257]

Dora Rittmeyers humanitäres Engagement hatte indirekt eine politische Dimension, auch wenn sie sich mit politischen Äusserungen in der Öffentlichkeit zurückhielt, oder besser gesagt, auf Weisung von oben zurückhalten musste:[258] Angesichts des Kriegs war die Situation der von faschistischen Mächten eingekreisten Schweiz überaus heikel. Die eidgenössischen Behörden hatten die Zensur eingeführt. Dass Dora Rittmeyer gegen den Nationalsozialismus war, konnte trotz ihrer Vorsicht nicht verborgen bleiben. Zudem: Ihr Mann engagierte sich, wie gesagt, gegen die mit Hitler liebäugelnden schweizerischen Fronten und – wie seine Frau – für die Flüchtlinge. Die unerschrockene Haltung des Ehepaars weckte vielerorts Angst, offensichtlich auch bei einigen Lyceinnen. Noch stand – Ende 1942 – der Sieg über Deutschland nicht fest.

Dora Rittmeyers gleichaltrige Freundin Idel Heene-Rietmann erinnerte sich noch im hohen Alter, dass die Atmosphäre im Vorstand des Clubs damals angespannt gewesen sei. Es habe keine Einheit geherrscht, was vor allem mit den damaligen schwierigen Zeitumständen zu tun gehabt habe. Dora Rittmeyer habe gewusst, was «richtig» sei, und es dann auch gemacht, und das hätten nicht alle Frauen geschätzt. Sie sei eben «überlegen» gewesen, und das hätten – mit Idel Heene-Rietmanns Wortwahl – nicht alle Frauen «goutiert».[259]

Im Auge zu behalten ist, dass Dora und Ludwig Rittmeyer in dieser politisch angespannten Zeit persönlich ein trauriges Ereignis zu verarbeiten hatten: Ihr Sohn Dieter starb 1941 mit nur achteinhalb Jahren. Er erlag am 14. Juni 1941 einer tuberkulösen Hirnhautentzündung. Dora Rittmeyer, selbst gesundheitlich angeschlagen – sie litt häufig unter Erkältungen und unter Migräne –, war mit den beiden Söhnen aus dem rauen St.Gallen nach Muralto gereist, wohl in der Hoffnung auf Besserung der Krankheit Dieters im milden Tessiner Klima. Doch verschlimmerte sie sich. Es gab noch keine Antibiotika. Sein Tod war für beide ein Schock, den sie für den Rest ihres Lebens nie ganz überwinden konnten. Beide stürzten sich mehr denn je in die Arbeit. Kritik aus dem Kreis des Lyceum Clubs ertrug Dora Rittmeyer, wie ihre Schlussrede zeigt, vor allem wegen der persönlichen Umstände nur schlecht. Umgekehrt war sie sehr dankbar für das Mitfühlen ihrer nächsten Freundinnen im Club.

Einsatz für jüdische Flüchtlingskinder

Der Politiker und Nazigegner Ludwig Rittmeyer

Beim Thema Nationalsozialismus und Flüchtlinge sei zuerst Dora Rittmeyers Ehemann genannt. Schon vor seiner Eheschliessung hatte er sich in der Freisinnig-Demokratischen Partei (FDP) seiner Vaterstadt engagiert. Er muss ein brillanter Redner und leidenschaftlicher «Debatter» gewesen sein.[260] Laut seiner Frau Dora wusste er das Publikum zu packen und sowohl Gebildete als auch Männer des Volks in ihrer Sprache anzusprechen.[261] 1930 wurde er Präsident der freisinnigen Partei der Stadt. Diese hatte einen «linken» Flügel, dessen Wurzeln auf das Ende des Ersten Weltkriegs zurückgingen. Manche Freisinnige beklagten damals die «schwache Sozialpolitik» der Partei.[262] Nach Ausbruch der grossen Depression 1929 organisierten junge Freisinnige Hilfsaktionen für Arbeitslose und traten für weltweite Rüstungsbeschränkung ein.

Von 1929 bis 1934 war der St. Galler Politiker Ernst Löpfe-Benz, ein «klärender Geist»,[263] Präsident der kantonalen FDP. Von 1931 bis 1945 sass er im Ständerat. Er war der Herausgeber der humoristisch-satirischen Zeitschrift *Nebelspalter*, in der zur Zeit des Nationalsozialismus mithilfe genialer Karikaturen von Carl Böckli (Bö), Jakob Nef und anderen sowie mit prägnanten Texten für Freiheit und Menschenwürde gefochten wurde. Löpfe-Benz verstand es, seine Parteifreunde im Kanton St. Gallen in der Gegnerschaft zum Faschismus und Rassenhass weitgehend zu einigen. Am Parteitag 1933 in Wattwil sagte er: «Ein neuer Zug geht durch die Politik. Wir begrüssen ihn, lehnen aber faschistische und marxistische Sonderbestrebungen ab.»[264]

Im Ständerat engagierte sich Löpfe-Benz bereits lange vor Kriegsbeginn gegen die offizielle Flüchtlingspolitik. Dr. Heinrich Rothmund, Chef der Eidgenössischen Fremdenpolizei, versuchte Anfang 1938 sich ihm gegenüber zu rechtfertigen:

> «Wie Sie sehen werden, sind wir doch nicht so entsetzliche Unmenschen! Aber dass wir uns nicht auf der Nase herumtanzen lassen, ganz besonders nicht von den Ostjuden, die das bekanntlich immer wieder versuchen, weil ihnen der gerade Weg krumm vorkommt, darin dürfte sich unsere Auffassung wohl gänzlich mit derjenigen unseres Schweizervolkes decken.»[265]

Der neunzehn Jahre jüngere Ludwig Rittmeyer sah in Löpfe-Benz ein Vorbild. Im Mai 1933 übernahm Rittmeyer mit dessen Segen die Leitung der soeben gegründeten Jungliberalen Bewegung der Schweiz. Am Kongress dieser Bewegung vom 16. Juli 1933 in Luzern sprach er vor 500 Teilnehmern über die «Totalrevision der Bundesverfassung».[266] Die Jungliberalen verurteilten die – wie sie sagten – Starrheit, die innere Leblosigkeit und den Dogmatismus der Mutterpartei.[267]

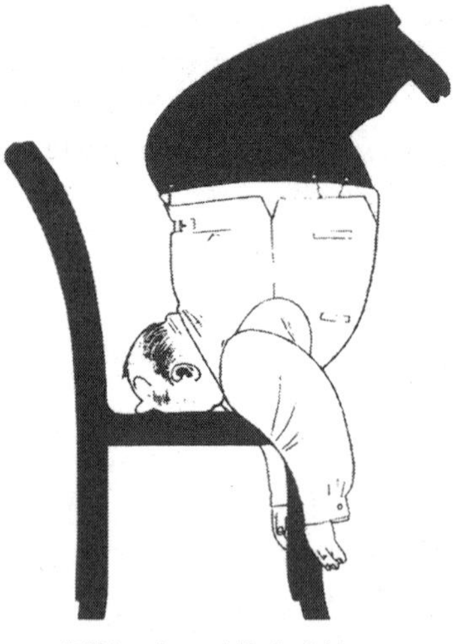

Frühturn-Rezept für Redaktoren:
eingeführt seit dem Verbot der «S. Z. am Sonntag»

Man nimmt einen Stuhl
Und hockt uf s Muul!

Wes Brot ich ess',
Des Lied ich sing'!

Karikaturen gegen die Anpassung an Nazideutschland im Nebelspalter von Ernst Löpfe-Benz.

Sie schlugen die Gründung eines Wirtschaftsrats vor, forderten eine mutige Friedenspolitik und ein Überdenken der Rolle der Frau in der Öffentlichkeit,[268] suchten eine Synthese der liberalen, sozialen und nationalen Idee und riefen zu einer landesweiten Konzentration zur Mitte auf.[269] Dass Ludwig Rittmeyer vor diesem Hintergrund die Fronten ablehnte, ergibt sich von selbst. Und das hatte für ihn persönlich eine böse Folge: Er wurde tätlich angegriffen.[270]

> «Die bekannteste der Gruppen, welche seit Adolf Hitlers Aufstieg das Vaterland nur noch von links bedroht wähnten, war die ‹Nationale Front›. Zu ihrer ersten öffentlichen Versammlung lud sie die St. Galler auf Samstag, den 17. Juni 1933 in den ‹Schützengarten› ein. Nach Angaben der Polizei wohnten mehr als zweitausend Leute dem Anlass bei, vor allem Frontisten, aber auch zahlreiche Sozialdemokraten und Jungliberale. Es kam zu einem Tumult, der in einer Schlägerei endete: Als nach zwei [frontistischen] Zürcher Rednern der jungliberale St. Galler Dr. Ludwig Rittmeyer eine Diskussion beginnen wollte, wurde er vom Saalschutz, den die Veranstalter ebenfalls aus Zürich hatten kommen lassen – dreissig Burschen in weissen Hemden und mit einheitlicher Krawatte –, gewaltsam daran gehindert.»[271]

Ludwig Rittmeyer.

Ende 1933 schrieb Ludwig Rittmeyer an die Adresse schwankend gewordener Bürgerlicher: «Sind es nicht Menschen, die die Diktaturen schaffen, sollten es nicht auch Menschen sein, die sich ihrer erwehren? Darum fort mit der Schicksalsergebenheit und auf zur Tat.»[272] Mit Blick auf Deutschland, Italien und die Sowjetunion warnte er:

> «Es ist aber eines Schweizers unwürdig, einen Führer zu ersehnen [...] und damit das Volk vom Herrn zum Knecht [zu erniedrigen]. Wer diesen Führer ruft, der ruft den Untergang der Schweiz, denn mit diesem Führer ist es um unser Land getan.»[273]

Auch ein kleiner Staat könne stark sein, nach innen und nach aussen. Die Demokratie sei zu festigen, damit der Schweiz die Diktatur «auf ewig fremd» bleibe.[274] – Damals gab es viele deutsche Staatsbürger in der Schweiz. 1935 machten sie in St. Gallen über 6000 Personen aus, welche der deutsche, dem Regime ergebene Konsul eifrig um sich zu scharen bemüht war.[275]

Anlass der deutschen Kolonie im St. Galler Schützengarten zum Tag der Arbeit 1940, in: Die Ostschweiz am Sonntag vom 12. Juli 2015, S. 14.

Der Erfolg der von Rittmeyer präsidierten Jungliberalen blieb beschränkt. Der Versuch, der Gefahr des Totalitarismus mit der Revision der Bundesverfassung zu begegnen, stiess in der Mutterpartei nicht auf Gegenliebe. Trotzdem näherte sich Ludwig Rittmeyer dieser wieder an, ohne aber auf seine Ansichten zu verzichten. 1935 wurde er in den Nationalrat gewählt. Mit Feuereifer, so Dora Rittmeyer, habe er sich in die neue Aufgabe gestürzt. Alle dort behandelten Fragen hätten ihn interessiert. Den Umgang mit gleichgesinnten Kollegen aus der ganzen Schweiz habe er sehr geschätzt.[276] 1942 übernahm er zudem das Präsidium der kantonalen Freisinnigen Partei.[277] Er wurde zu einem der profiliertesten Politiker der Schweiz.

Dora Rittmeyer – Ersatzmutter jüdischer Flüchtlingskinder

Hinsichtlich der Ablehnung des Nationalsozialismus und der Unterstützung jüdischer Flüchtlinge zogen Ludwig und Dora Rittmeyer am gleichen Strick.[278] Im Rahmen des Schweizerischen Hilfswerks für Emigrantenkinder (SHEK) engagierte sich Dora Rittmeyer von 1935 an für jüdische Kinder, die zu Opfern der nationalsozialistischen Rassenpolitik wurden. Sie war noch jung – 33 –, dazu Mutter von zwei kleinen Kindern. Und sie war mutig. Denn hinsichtlich der Flüchtlinge gingen die Wogen in der Schweiz hoch. In Zürich kam es zu Strassenkrawallen von Frontisten gegen Flüchtlinge und ihre schweizerischen Verteidiger.

Laut der damaligen schweizerischen Flüchtlingspolitik wurde zwischen Militär- und Zivilflüchtlingen unterschieden. Militärische Flüchtlinge – Deserteure und Kriegsgefangene – waren aufzunehmen, wie es auch das Völkerrecht vorsah. Nach Kriegsausbruch liess man deshalb militärische Flüchtlinge problemlos in die Schweiz einreisen, so viele Polen. Anders war es bei den zivilen Flüchtlingen. Zur Zeit des Nationalsozialismus waren die diesbezüglichen Vorgaben weltweit und auch in der Schweiz äusserst rigid. Es wurde zwischen «politischen» und «nichtpolitischen» zivilen Flüchtlinge unterschieden. Zwischen 1933 und 1945 wurden in der Schweiz nur 644 Menschen, durchwegs gefährdete

Opponenten Hitlers, als politische Flüchtlinge anerkannt. Die Juden galten nicht als politisch Verfolgte, obwohl es in Deutschland schon 1933 Übergriffe auf sie gab. Sie hatten «kein Recht» auf Aufnahme.[279]

Gelangten «Unpolitische», also Juden, in die Schweiz, erhielten sie allenfalls eine kurzfristige Aufenthaltsbewilligung zur Organisation der Weiterreise in ein Drittland. Die Schweiz galt lediglich als «Transitland». Erwerbstätigkeit war ihnen ohnehin verboten. Eine staatliche Unterstützung gab es nicht. Bei der Aufnahme und dem Umgang mit den «Unpolitischen» hatten die Kantone bis 1942 immerhin einen kleinen Spielraum. Die Flüchtlingspolitik des Kantons St. Gallens war von einer «antisemitisch bestimmten Abwehrhaltung» geprägt, die vor allem die Kosten für die Schutzsuchenden scheute.[280] Es fand keine offizielle Flüchtlingsdebatte statt.[281] In Teilen der Bevölkerung, speziell bei den Fronten, waren judenfeindliche Tendenzen verbreitet.[282]

So waren es hauptsächlich private Hilfswerke, die bis zum Kriegsausbruch und teils noch darüber hinaus für «nichtpolitische» Flüchtlinge sorgten. In Deutschland gab es 1933 neben den ungefähr 600 000 Juden auch Hunderttausende «Judenchristen», d. h. Christen mit jüdischen Vorfahren. Sie wurden von den Nationalsozialisten ebenfalls als «Nichtarier» etikettiert und ähnlich ausgegrenzt wie die Juden. – Der Schweizerische Israelitische Gemeindebund richtete sofort nach dem Machtantritt Hitlers ein Komitee für deutsche jüdische Flüchtlinge ein, ab 1934 im Rahmen des Verbands Schweizerischer Israelitischer Armenpflegen. Die 19 000 Schweizer Juden kümmerten sich vorbildlich um jüdische Flüchtlinge und brachten die im schweizerischen Vergleich mit Abstand grössten finanziellen Opfer.[283] An zweiter Stelle folgt das Schweizerische Hilfswerk für Emigrantenkinder (SHEK). Es brachte bis 1947 acht Millionen Schweizer Franken zusammen.[284] In heutigem Geldwert wäre das ungefähr das Zehnfache.

Der Exodus von Juden und «Judenchristen» aus Deutschland begann bereits Anfang 1933. Viele begaben sich nach Paris, wo seit langem zahlreiche Juden lebten. Schon im Verlauf des Jahres verschlechterte sich die Lage der Neuankömmlinge, da sie oft aller ihrer Mittel beraubt worden waren. Ihre Kinder litten. Deshalb entstand an Ort das Comité d'aide aux enfants émigrés. Die Fürsorgerin Hanna Eisfelder, selbst Flüchtling, eröffnete und leitete im Rahmen des Comités ein Kinderheim in Maisons-Laffitte bei Paris. Die Basler Gymnasiallehrerin Georgine Gerhard erfuhr davon und wurde die treibende Kraft zur Gründung des Schweizerischen Hilfswerks für Emigrantenkinder: Im Mai 1934 rief sie die Basler Hilfe für Emigrantenkinder ins Leben.[285] Etwa gleichzeitig baute die Sozialdemokratin Regina Kägi-Fuchsmann, auch sie Gymnasiallehrerin, die Proletarische Kinderhilfe auf.[286]

In Zürich hatte Nettie Sutro-Katzenstein bereits 1933 ein Unterstützungskomitee für die Flüchtlinge in Paris ins Leben gerufen.[287] Sie und Georgine Gerhard taten sich zusammen und gründeten 1935 das Schweizerische Hilfswerk für Emigrantenkinder mit Sitz in Zürich. Nettie Sutro-Katzenstein übernahm die Leitung. Der Romand Georges Bloch wurde Quästor, die Zürcherin Ellen Seeburger-Vogel Präsidentin.[288] Neben Basel entstanden in Zürich und in zehn weiteren Kantonen kantonale Sektionen.

Da dieses Hilfswerk im Leben Dora Rittmeyers eine zentrale Rolle spielte, hier grundlegende Informationen: Es war politisch und religiös neutral: Überall beteiligten sich Juden und Christen beider Konfessionen und Angehörige verschiedener Parteien, Männer und Frauen, daran. Dieses Konzept war aussergewöhnlich, denn es herrschte damals die Vorstellung, dass Juden für jüdische, Sozialdemokraten für sozialdemokratische, Katholiken für katholische Flüchtlinge zu sorgen hätten. – Die Arbeit des Kinderhilfswerks, an der sich Hunderte beteiligten,[289] wurde ehrenamtlich geleistet. Es machte es sich zum Ziel, «[…] den heimatlosen Kindern des politisch aufgewühlten Europa ohne Unterschied von Konfession und Weltanschauung materiell und fürsorgerisch» beizustehen,[290] und es verstand sich als rein humanitär.

Zunächst ging es um Kinder, die mit ihren Familien aus Deutschland geflohen und in Paris gestrandet waren.[291] Diese wurden von Frankreich relativ unkompliziert aufgenommen, wegen Geldmangels – es herrschte die Depression – vom Staat aber praktisch ihrem Schicksal überlassen. Zudem wurden 1935 Gesetze erlassen, welche die Lage der Flüchtlinge dramatisch verschlechterten.[292] Dazu kam, dass die meisten privaten französischen Hilfswerke vor dem Kollaps standen. Schon im September 1934 mussten sie die Abgabe von Milchbons an die Flüchtlingskinder, zudem den Kindergarten, das Tagesheim und die Schulspeisung, aufgeben.[293] «Tausende von mittellosen Emigrantenfamilien hausen in Paris, in einem Aussenquartier, das den stolzen Namen ‹Belleville› führt, wie zum Hohne auf die engen Gassen, auf die alten verfallenen Häuser, die dort stehen. [...] Arme Menschen, oft aus guten Verhältnissen stammend, die gerne arbeiten möchten, aber nicht dürfen, weil sie die Erlaubnis dazu nicht bekommen.»[294] 80 % der Emigranten in Paris waren jüdische oder «judenchristliche» Flüchtlinge; kleinere Gruppen stammten aus dem stalinistischen Russland, andere aus Italien und Spanien.[295] Viele Kinder waren untergewichtig und kränklich.

Deshalb gründete die jüdische Fürsorgerin Hanna Eisfelder in Paris 1934 zusätzlich zum Comité d'aide aux enfants émigrés die Assistance médicale aux enfants d'émigrés, die sich bald zur allgemeinen medizinischen sowie sozialen Hilfsstelle für die Flüchtlinge entwickelte. Der aus Berlin stammende jüdische Kinderarzt Dr. Salomon[296] kümmerte sich in der Assistance médicale um die Kinder. Er berichtet: «Der Gesamteindruck der Kinder ist ungünstig. Man ist betroffen, wenn man in unserer Sprechstunde einmal ein frisches, munteres Kind sieht. Meist steht man depressiven, blassen Geschöpfen gegenüber, in deren Gesichtern und gehemmtem Wesen sich die materielle und seelische Trostlosigkeit ihres Milieus widerspiegelt.»[297]

Hier hakte das Schweizer Hilfswerk ein. Es unterstützte den Arzt und die Assistance médicale sowie auch eine russische Hilfsstelle. Dabei arbeitete es mit den Quäkern zusammen, denen Georgine Gerhard nahe stand. Neben der Hilfe vor Ort organisierte das Hilfswerk Erholungsurlaube für geschwächte Kinder in der Schweiz. Und es sorgte – 1935 – für mehrere schwer kranke Kinder. Eines von ihnen, das an Knochentuberkulose litt, wurde in einer Klinik in Leysin untergebracht, ein anderes mit schwerem Asthma in einer anderen Höhenklinik. Auch wurden mehrere untergewichtige Säuglinge in Pflege genommen.[298] 1936 waren es um die 100 Kinder mit stark geschwächter Gesundheit, die zu vielmonatigen Erholungsurlauben in der Schweiz weilten.[299]

Bereits 1934 waren zudem einzelne, von der Assistance médicale ausgewählte, vordergründig gesunde, aber unterernährte und traumatisierte Kinder für Ferien in die Schweiz geholt worden. 1935 platzierte das Schweizer Hilfswerk 543 jüdische, «judenchristliche» sowie mehrere russische Kinder für zwei bis drei Monate bei Pflegeeltern oder in Heimen in der Schweiz. 1936 waren es 948 Ferienkinder.[300] Bis zum Kriegsausbruch kamen insgesamt 4892 Kinder in den Genuss solcher Ferien.[301] Doch längst nicht alle gesundheitlich angeschlagenen Kinder hatten die Chance, in die Schweiz zu reisen. Für sie organisierte die Pariser Assistance médicale ein Sommerheim mit grossem Garten in der Nähe von Paris, das ebenfalls vom Schweizer Hilfswerk unterstützt wurde. Besucher des Heims berichteten, die Kinder hätten glücklich auf sie gewirkt. Sie hätten Kinderlieder, sogar französische, gesungen, so «Joli tambour». In den Schulen in Paris, die sie besuchen durften, fielen sie durch schlechte körperliche Verfassung, aber durch grossen Lernwillen auf.[302]

In der Anfangszeit seines Bestehens sorgte das Hilfswerk zudem für 45 Kinder von politischen, also anerkannten, nichtjüdischen Flüchtlingen in der Schweiz. Auch betätigte es sich anfänglich noch politisch. Denn es machte die Erfahrung, dass es im Rahmen des Erlaubten eine gewisse Flexibilität gab. Es lernte, den kleinen Spielraum auszunützen, ohne sich direkt mit der restriktiven schweizerischen Flüchtlingspolitik anzulegen.[303] So wurden die Ferienaufenthalte in der Schweiz offiziell bewilligt. Zwei weitere Vorstösse scheiterten allerdings: In einem Memorandum vom Mai 1935 an den Völkerbundsrat forderte das Hilfswerk rasche Hilfe für die Flüchtlinge und ihre «unglücklichen Kinder» – ohne Erfolg. Sein Vorschlag, einen Flüchtlingspass einzuführen, wurde erst nach dem Krieg verwirklicht.[304]

Zusammen mit dem Verband Schweizerischer Israelitischer Armenpflegen, der Schweizerischen Flüchtlingshilfe, der Caritas, der evangelisch geprägten Zentralstelle für kirchliche Hilfsaktionen sowie einigen weiteren Hilfswerken beteiligte sich das Kinderhilfswerk im Juli 1935 an einer Eingabe an den Bundesrat, in welcher provisorische Aufenthaltsbewilligungen, Arbeitsbewilligungen, Verbot der Abschiebungen und staatliche Subventionen zugunsten der privaten Flüchtlingshilfswerke gefordert wurden. Georgine Gerhard und einige Vertreter anderer Hilfswerke wurden kurz darauf von den Bundesräten Baumann und Motta empfangen. «Die Aufnahme war ziemlich kühl.»[305] Auf keinen der Wünsche wurde eingetreten.[306] Ernüchtert verzichtete das Kinderhilfswerk von da an auf politische Interventionen.[307] Das bedeutete aber auch eine Chance: Man liess das Kinderhilfswerk mehr oder weniger gewähren. Hinsichtlich der rechtlichen Besserstellung der Flüchtlinge war in der ganzen Zeit der Nazi-Herrschaft ohnehin praktisch nichts zu erreichen.[308]

Doch jetzt zum Zweig St. Gallen: Die St. Galler Hilfe für Emigrantenkinder wurde im Mai 1935 als kantonale Sektion gegründet.[309] Es war wohl Dora Rittmeyer, die den entscheidenden Anstoss dazu gab.[310] Jedenfalls übernahm sie das Präsidium der Sektion – der einzigen der Ostschweiz, die u. a. auch den Thurgau und die beiden Appenzell abdeckte. Da das Hilfswerk föderalistisch strukturiert war, verfügte sie über viel Eigenverantwortung. Zudem war sie Beisitzerin im Vorstand der Zentralstelle in Zürich.[311] Kaum jemand habe den Emigrantenkindern so unermüdlich zur Verfügung gestanden wie «die klare und konsequente Frau des St. Galler Rechtsanwalts und Nationalrats», urteilt Nettie Sutro-Katzenstein.[312] An der Jahresversammlung und an den Herbstversammlungen des gesamtschweizerischen Kinderhilfswerks habe ihr Rat angesichts der vielen auftauchenden Fragen und Probleme eine grosse Hilfe bedeutet.[313]

Am 5. Juli 1935 schrieb Dora Rittmeyer in der Tageszeitung *Die Ostschweiz*, das Elend der Flüchtlingskinder wachse mit jedem Tag. Neue Hilfsquellen zu erschliessen, sei deshalb eine dringende menschliche Pflicht, welcher die St. Galler Hilfe für Emigrantenkinder nachkommen wolle. Sie hoffe, trotz der Krisenzeit willige, gebefreudige Herzen zu finden.[314] In der St. Galler Sektion bestand der Arbeitsausschuss aus folgenden konfessionell und politisch unterschiedlichen Persönlichkeiten: neben Dora Rittmeyer die Sekretärin Laura Wenger-Wirth, sowie Olga Adler-Reichenbach,[315] Anna Bürke, der Arzt Adolf Löpfe-Wyler, Christine Rohner-Häne, Friedrich Saxer (Präsident des städtischen Lehrervereins), Fides Scherrer, Ida Schlesinger[316] und Jakobus

St. Galler Hilfe für Emigrantenkinder

Die große Not der Flüchtlingskinder hat in verschiedenen Schweizerstädten und erst kürzlich auch in St. Gallen zur Bildung von Arbeitsgemeinschaften geführt, die als lokale Sektionen dem schweizerischen Hilfswerk „Comité suisse d'aide aux enfants d'émigrés" angeschlossen sind. Während das Elend der bedauernswerten Kinder mit jedem Tage wächst, sind die zu seiner Bekämpfung nötigen Geldmittel mehr und mehr im Schwinden begriffen. Neue Hilfsquellen zu erschließen, ist deshalb eine dringende menschliche Pflicht, welcher die St. Galler Hilfe für Emigrantenkinder nachkommen möchte. Sie hofft, trotz der Krisenzeit willige, gebefreudige Herzen zu finden bei all denen, die noch so glücklich sind, helfen zu können.

Es ist in erster Linie ein orientierender Vortrag in Aussicht genommen, eine größere Aktion wird auf den Herbstanfang folgen. Die eingegangenen Spenden sollen außer den Flüchtlingskindern in der Schweiz den weit über tausend hilfsbedürftigen Kindern in Paris zukommen. Für eine zweckentsprechende Verwendung ohne Unterschied der Nationalität, Rasse oder Konfession sorgen die dort bestehenden Organisationen: die vom Comité suisse mitbegründete „Assistance médicale", das Quäkerhilfswerk und das russische Rote Kreuz (alte Organisation).

Das Elend der heimatlosen Kinder muß jedem zu Herzen gehen, dem die eigene Heimat etwas bedeutet, und die Dankbarkeit dafür, daß unsere Kinder bis jetzt vor einem ähnlichen Schicksal bewahrt blieben, sollte uns ein Opfer leicht machen. Die St. Galler Hilfe zählt deshalb auf die Unterstützung weitester Kreise. (Postcheckkonto IX. 7195).

St. Galler Hilfe für Emigrantenkinder
Arbeitsausschuß:

Dr. Dora J. Rittmeyer-Iselin, Präsidentin
L. Wenger-Wirth. Schriftführerin und Kassierin
Frau O. Adler-Reichenbach
Anna Bürke
Dr. med. Ad. Löpfe
Christine Rohner-Häne
F. Saxer, Präs. des städt. Lehrervereins
Frau Ida Schlesinger
Dr. Jakobus Weidenmann, Pfarrer.

Diesen Aufruf unterstützen:

Dr. E. Bächler, Museumsvorstand
F. Baumgartner-Wetter
Erziehungsrat A. Brunner
Dr. Carl Doka, Redaktor
Nationalrat Dr. Duft
Prof. H. Edelmann
P. Guler, Vorsteher
Pfr. H. Gut
E. Hauser, Kantonsrichter
Frau E. Hausknecht
Pfr. W. Heim
Frau M. Huber-Weigmann
Stadtrat Dr. Keel
Regierungsrat Valentin Keel
Redaktor Dr. Kramer
Regierungsrat Dr. Maechler
Stadtammann Dr. Naegeli
Elsa Reber, Präs. des Lehrerinnenvereins
Dr. L. Rittmeyer
Pfr. R. Rotach
Dr. A. Scheiwiler, Bischof von St. Gallen
Redaktor Steinmann
H. Tschudy, Buchdrucker
L. Wohnlich
Rektor H. E. Zellweger
Dr. med. Richard Zollikofer, Chefarzt.

Artikel Dora Rittmeyers mit Liste derjenigen Persönlichkeiten, die die St. Galler Hilfe für Emigrantenkinder unterstützen, in: Die Ostschweiz vom 5. Juli 1935.

Weidenmann, Pfarrer im Linsebühl und Kollege Dora Rittmeyers an der Handelshochschule.[317] Wie in der restlichen Schweiz, so machten auch in St. Gallen mehrheitlich Frauen im Komitee mit. Es gehörte seit 1935 zur Taktik des Hilfswerks, sich auf karitative Tätigkeit zu beschränken, sich nach aussen zurückzuhaltend zu geben, jedoch kirchlich, politisch und gesellschaftlich einflussreiche Männer für die Sache zu gewinnen.[318]

Was St. Gallen betrifft, ging die Rechnung auf: Prominente St. Galler Persönlichkeiten unterschrieben die erste Werbeschrift von 1935. Von besonderer Bedeutung war, dass – neben dem katholischen Nationalrat Dr. Johannes Duft – der Bischof von St. Gallen, Alois Scheiwiler, zu den Unterzeichnern der ersten und nachfolgender Werbeschriften gehörte. Denn die Initiative zum Hilfswerk war von evangelischer und jüdischer Seite gekommen.[319] Auch zahlte es sich aus, dass das Ehepaar Rittmeyer in

Stadt und Kanton St. Gallen gut vernetzt war. Bei der ersten Aktion kamen 6328.80 Franken an Spenden zusammen.[320] Leider starb der christlich-soziale Bischof Alois Scheiwiler im Jahr 1938. Sein Nachfolger auf dem Bischofsstuhl gehörte nicht zu den Unterzeichnern weiterer Spendenaufrufe.

St. Galler Hilfe für Emigrantenkinder

Sektion des «Schweizer Hilfswerk für Emigrantenkinder»

Titelseite des Tätigkeitsberichts des SHEK 1935/1936.

Im ersten Tätigkeitsbericht der St. Galler Hilfe für Emigrantenkinder von 1935/36 schreibt Dora Rittmeyer, die Sektion leiste Hilfe an fünf – politische – Emigrantenfamilien mit zehn Kindern in der Schweiz. Mutig kritisiert sie die «scharfen Niederlassungsbestimmungen»,[321] die es diesen Familien fast verunmöglichten, sich hier aufzuhalten, spricht von der Sorge um Legitimationspapiere und Aufenthaltsbewilligungen. Auch habe die Sektion für 46 kränkliche Kinder aus Paris gesorgt, die sich zweimonatige Ferien in St. Gallen und Umgebung verbracht hätten.[322] Und sie unterstütze die Assistance médicale aux enfants d'émigrés in Paris, die überaus wichtig sei:

> «Zunächst als Kinderpoliklinik gedacht, hat sich die Assistance médicale dank der vortrefflichen, hingebenden Arbeit ihrer Leiterin, Dr. Hanna Eisfelder, einer jungen deutschen emigrierten Fürsorgerin, allmählich zur Zentralhilfestellung für alle Emigrantenkinder in Paris entwickelt. [...] Mit allen ihren erdrückenden Sorgen kommen die Eltern der betreuten Kinder, die oft von jeglichen Mitteln entblösst sind, zu den Leitern der Assistance. Denn es fehlt den Leuten an allem, an Essen, an geeigneten Wohnungen, an Geld für die Miete, vor allem aber an der Sicherheit und Stabilität der Verhältnisse. Viele Familien verfügen nur über einen einzigen Raum, der bei 53 % nicht einmal eine Kochgelegenheit enthält. In einem solchen Raum leben die Eltern mit ihren 1 bis 8 Kindern, schlafen auf 1 bis 2 Matratzen oder Strohsäcken oder gar auf dem Boden und sind in ständiger Gefahr, geistig und körperlich zugrunde zu gehen. Eine Arbeitserlaubnis zu erhalten, ist heute fast unmöglich. Vielen, die in der ersten Zeit noch eine Beschäftigungsmöglichkeit hatten, ist die Carte de travail nun entzogen worden.»[323]

Die Assistance médicale in Paris richtete ein Kindertagesheim ein für die Kinder, die mangels Ausweispapieren nicht in die Schweiz reisen durften. Auch führte sie eine Schulspeisung durch und organisierte die Ferientransporte in die Schweiz. Das St. Galler Hilfswerk beteiligte sich an diesen Projekten in Paris, schickte zur Bestreitung der Schulspeisung 1000 Franken, was für eine tägliche warme Mahlzeit für 500 Kinder während eines Monats reichte, und

Titelseite des Tätigkeitsberichts des SHEK 1936/1937.

unterstützte die Assistance médicale mit monatlich 100 Franken.[324] Dazu kamen die Reiseauslagen für die Ferienkinder und die Pensionskosten für Kinder, die wegen ihres schlechten Gesundheitszustands in Sanatorien untergebracht waren. Man benötigte viel Geld. Dora Rittmeyer war froh, in Willy Hürlimann-Furrer einen ausgewiesenen Fachmann als Kassier zu gewinnen. Der Aufruf zu Spenden war aber ihre Sache. Konkret schlug sie vor, Suppentage durchzuführen, gebrauchte Kinderkleider und Schuhe zu stiften oder ein Ferienkind aufzunehmen. Und sie erwähnt den Vortrag von Hanna Eisfelder, Mitarbeiterin der Assistance médicale in Paris, den sie am 3. Dezember 1935 an der Handelshochschule organisiert hatte, was die Gebefreudigkeit selbstverständlich verstärkte.

Ein Jahr später schreibt sie:

> «Wer einmal die bleichen, unterernährten und oft verschüchterten, freudlosen Kinder bei ihrer Ankunft in der Schweiz gesehen hat und die gleichen Kinder nach zwei bis drei Monaten Schweizer Aufenthalt rosig und mit runden Backen, fröhlich und lebendig

nach Paris zurückfahren sah, der wird mit uns der Meinung sein, dass einige Wochen Aufenthalt in gesunden, geordneten Verhältnissen, bei guter Kost und liebevoller Pflege, die beste und wirksamste Hilfe ist, die man diesen bedauernswerten Kindern angedeihen lassen kann.»[325]

Dass das Finden und Betreuen der Gasteltern viel Zeit verschlang, erwähnt sie nicht. Jedoch verschweigt sie nicht, dass es Probleme gab. So habe ein deutscher Junge wegen des schlechten Gesundheitszustands seiner Eltern nicht in die Schweiz reisen können. Wenigstens könne man die Familie in Paris mit Geld unterstützen. Oder sie berichtet von einer russischen Flüchtlingsfrau in Paris, die ein Kind wegen Unterernährung verlor. Nun klammere sie sich an ihr zweites Kind, ihr letztes, das einen Aufenthalt in der Schweiz dringend nötig habe, und wolle sich nicht von ihm trennen. Deshalb hätten die Pflegeeltern vom letzten Jahr die Mutter ebenfalls eingeladen. Sie könne aber nicht von Paris fort, weil sie nach langem Suchen eine bescheidene Arbeit gefunden habe.[326] Auch gebe es, so Dora Rittmeyer, bei der Abreise der Kinder in Pariser Bahnhöfen oft dramatische Szenen, dafür aber Freude bei ihrer Rückkehr.

Schwierigkeiten gab es, wie bereits angedeutet, auch mit Emigrantenfamilien in der Schweiz. So lebte eine sechsköpfige Familie, gebildete Leute und einst gut situiert, in grösster Armut in der Nähe der Stadt St. Gallen. Die geplante Weiterreise nach Übersee

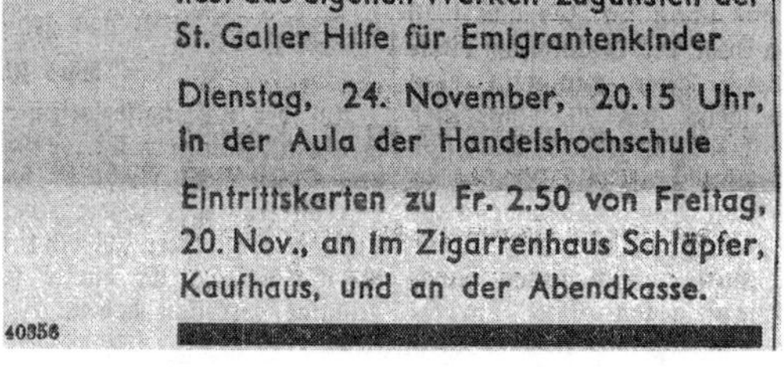

Inserat im St. Galler Tagblatt vom 24. November 1936.

sei, so Dora Rittmeyer, wegen des schlechten Gesundheitszustands der Eltern ausgeschlossen.[327]

Mit Genugtuung berichtet sie, der Schriftsteller Thomas Mann, der u. a. wegen seiner jüdischstämmigen (evangelischen) Frau Katia aus Deutschland emigriert war, habe in St. Gallen eine Lesung gehalten. 500 Franken brachte der Anlass ein! Erneut war auch wieder Hanna Eisfelder aus Paris samt zwei Mitarbeiterinnen zu einem Vortrag in St. Gallen. Und eine Lehrerin von St. Georgen, Klara Müller, führte mit ihren Kindern ein Frühlingsspiel auf. Eine schöne Kollekte für das Hilfswerk resultierte daraus.[328]

Im Herbst 1935 wurden in Deutschland die berüchtigten «Nürnberger Gesetze» erlassen, die die Juden und auch die sogenannten «Judenchristen» schwer diskriminierten. Jetzt begaben sich Scharen von ihnen auf die Flucht. Daraufhin sandte Pfarrer Adolf Keller,[329] der sich in Genf um solche Flüchtlinge kümmerte, die Bitte um Hilfe an den Kirchenrat der Evangelisch-reformierten Kirche des Kantons St. Gallens, worauf dieser 1936 die Kirchgemeinden zu einer Kollekte für die «nichtarischen» Flüchtlinge aufforderte, welche aller Mittel entblösst in der Welt herumirrten.[330] Es kamen 3555.86 Franken zusammen.[331] 1000 Franken davon sandte der Kirchenrat an das Hilfswerk Kellers. Den Rest stellte er der sankt-gallischen Sektion des Kinderhilfswerks unter der Führung Dora Rittmeyers und damit jüdischen Kindern zur Verfügung. Sie war dem Kirchenrat gut bekannt, beteiligte sie sich doch stets an karitativen Aktionen der evangelischen Kirche, so an Bazaren der Basler Mission. Noch immer ging der Grossteil des Geldes nach Paris. 1937 waren es aber doch bereits 35 Kinder, die zu Ferien in die Ostschweiz kamen, oft dieselben wie schon im Vorjahr und zu denselben Pflegeltern.

Im Jahr 1938 verschärfte sich die Situation erneut. Erstens erfolgte im März der Anschluss Österreichs, was die zahlreichen Wiener Juden in äusserste Bedrängnis brachte. Viele von ihnen versuchten via Schweiz in Drittländer auszureisen, was zunächst erlaubt, dann gestoppt wurde. Dank Einreisepapieren, die vom St. Galler Polizeihauptmann Paul Grüninger manipuliert wurden, konnten aber gegen tausend Juden doch noch einreisen. Grüninger wurde deswegen, teilweise unter falschen Anschuldigungen, am

3. April 1939 als Polizeihauptmann abgesetzt. Zweitens wurden die Pässe deutscher Juden und Jüdinnen vom September 1938 an mit einem J gekennzeichnet, was den Schweizer Behörden nicht unwillkommen war. Und drittens kam es wenige Wochen später in Deutschland zum Pogrom: In der «Reichskristallnacht» vom 9. November 1938 wurden Dutzende von Synagogen und Geschäften zerstört und Tausende von Juden misshandelt oder verhaftet, vor allem Männer. Die jüdischen Kinder wurden aus der öffentlichen Schule ausgeschlossen. Das jüdische Waisenhaus in Frankfurt am Main, eine der letzten noch existierenden Institutionen der dortigen Gemeinde, wurde von Ganz- und Halbwaisen überflutet. Von dort gelangte die Bitte an Hilfsorganisationen in Holland, England, Frankreich und in den USA sowie an das Schweizerische Hilfswerk für Emigrantenkinder, solche Kinder aufzunehmen.[332]

Die neue Entwicklung fand Niederschlag im Tätigkeitsbericht Dora Rittmeyers von 1938/39. Die Massenflucht aus Wien im August und die Zwangsauswanderung im November hätten zu einem «unerhörten Ansturm» von Flüchtenden und damit «zu einer riesigen Belastung» für die schweizerischen Hilfswerke geführt.[333] Als Antwort auf den Hilfeschrei aus Frankfurt plante das Kinderhilfswerk die sogenannte 300-Kinder-Aktion.[334] An deren Gelingen hatte Dora Rittmeyer einen entscheidenden Anteil. Sie sandte den folgenden eindringlichen Appell, den sie mit Georgine Gerhard abgestimmt hatte, an den für den Vollzug der Flüchtlingspolitik zuständigen, als intransigent bekannten Chefbeamten in Bern:

Dufourstrasse 70, 18. Nov. 1938

Herrn Dr. Rothmund
Chef der eidgenössischen Fremdenpolizei
Bern

Sehr geehrter Herr Doktor,

täglich treffen neue Schreckensnachrichten aus Deutschland bei uns ein, die Not der Juden, die schon unvorstellbar schien, wächst ins Unendliche. Was uns aber ganz besonders angreift und unser besonderes Mitleid wachruft, das sind die Nachrichten über hei-

matlose Kinder, deren Eltern entweder im Konzentrationslager sind oder vielleicht sogar nicht mehr am Leben sind, und die nun heimatlos in den Strassen herum irren. Das Schicksal dieser vollkommen unschuldigen Opfer einer unmenschlichen Gesetzgebung lässt uns keine Ruhe, und wir können nicht anders, als an unsre Behörden die dringende, die flehende Bitte zu richten, hier nun von ihrem sonst sehr wohl verständlichen und volkswirtschaftlich begründeten Verhalten abzugehen, die Grenzen für die jüdische Einwanderung zu verschliessen. Wir zweifeln nicht daran, dass es möglich wäre, 200–300 jüdische Kinder in der Schweiz aufzunehmen, ihnen wenigstens so lange ein Asyl zu gewähren, bis eine dauernde Heimstatt in einem andern Lande für sie gefunden ist. Wir wissen aus eigener Erfahrung, dass es keine Mühe sein würde, für diese Kinder genügend Pflegefamilien in der Schweiz zu finden. Die Hilfsbereitschaft in allen Bevölkerungskreisen ist gross, und sie zeigt mir, wie tief im Schweizervolk der Sinn für die alte Tradition des Asylrechts verankert ist.
In der Hoffnung, dass eine Lösung dieses brennenden Problems gefunden wird, und in der festen Zuversicht, dass der Wille zur Hilfe auch bei den Behörden vorhanden ist, grüssen ich Sie mit vorzüglicher Hochachtung

Die Präsidentin der St. Galler Hilfe für Emigrantenkinder:
Dora Rittmeyer-Iselin[335]

Heinrich Rothmund, antwortete postwendend:

Bern, den 19. November 1938

Frau Dr. Dora J. Rittmeyer-Iselin
Präsidentin der St. Galler Hilfe für Emigrantenkinder
St. Gallen
Dufourstr. 70

Sehr geehrte Frau Doktor

In Beantwortung Ihres Schreibens vom 18. November beehre ich mich, Ihnen den Durchschlag meines Schreibens an Frl. Gerhard zu übersenden, die sich, wie auch die Zentralstelle des schweizerischen Hilfswerkes für Emigrantenkinder in Zürich wegen der Hereinnahme von verlassenen Kindern aus Deutschland ebenfalls an uns gewandt hatte. Sie entnehmen diesem Schreiben, dass wir im Einvernehmen mit unserem Departement unsere grundsätzliche Zustimmung erteilt haben. Über die Modalitäten der Durchführung wollen Sie sich mit der Zentralstelle in Zürich in Verbindung setzen, die ihrerseits die Verbindung mit der eidgenössischen Fremdenpolizei hat.

Mit vorzüglicher Hochachtung

H. Rothmund[336]

Dies die dürren, aber immerhin positiven Worte Rothmunds! In der im Brief erwähnten Antwort an Georgine Gerhard,[337] die ihm ebenfalls geschrieben hatte, äusserte er die Meinung, die Zahl der sich bereits in der Schweiz aufhaltenden Emigranten aus Deutschland, die auf eine Möglichkeit der Weiterreise in ein definitives Einwanderungsland warteten, sei «sehr gross». Die Fremdenpolizei könne deshalb weitere Einreisebewilligungen nur erteilen, wenn Garantien für die Weiterreise bestünden. «Für die Kinder, die Sie hereinnehmen möchten, wären solche Garantien nicht vorhanden. Wir geben uns aber Rechenschaft darüber, dass offenbar Verhältnisse eingetreten sind, die eine möglichst rasche Hereinnahme solcher Kinder aus Deutschland gebieten, weil sie verlassen sind.» Weil die Zentralstelle des Schweizerischen Hilfswerks für Emigrantenkinder und der Präsident der Schweizerischen Israelitischen Armenpflegen, Silvain Guggenheim, versprochen hätten, das Menschenmögliche für die Weiterwanderung der Kinder zu tun, könne man sich «grundsätzlich» bereit erklären, die «Bewilligung zur vorübergehenden Einreise» zu erteilen. Voraussetzung sei, dass jeder Fall sorgfältig geprüft, eine Notlage vorhanden und ein regulärer deutscher Pass oder ein regulärer Kinderausweis vorhanden sei. Die Zahl 300 dürfe nicht überschritten werden.

Die Bewilligung der 300-Kinder-Aktion ist wesentlich Dora Rittmeyer zu verdanken, denn sie kannte Heinrich Rothmund persönlich, wohnte er doch in ihrer Nachbarschaft in St. Gallen und wagte es offensichtlich nicht, sie zu enttäuschen.[338] Allerdings:

Ludwig und Dora Rittmeyer äusserten sich im familiären Kreis sehr kritisch über ihren Nachbarn.[339] Dora Rittmeyers Formulierung «von ihrem sonst sehr wohl verständlichen und volkswirtschaftlich begründeten Verhalten» im Brief an Rothmund muss als Captatio Benevolentiae und nicht als ihre wirkliche Meinung gewertet werden.

Die Durchführung der Aktion musste heiss erstritten werden, was man bereits aufgrund des Briefs Rothmunds an Georgine Gerhard erahnen kann. Die deutschen Behörden schienen zwar gewillt zu sein, die Kinder loszuwerden. Doch liess die Ausstellung der notwendigen Papiere in vielen Fällen auf sich warten oder erfolgte gar nicht. Die Verhandlungen mit den Behörden von Bund und Kantonen gestalteten sich äusserst schwierig. Eine Weiterreise der Kinder, wie das Rothmund im Einklang mit der schweizerischen Politik verlangt hatte, konnte das Hilfswerk bei der zunehmenden Abwehrhaltung der infrage kommenden Staaten nicht garantieren.[340]

Dass sich die Aktion als politisch neutral gab, mehrheitlich von Frauen geleitet wurde – und deshalb bei vielen Politikern als harmlos galt –, vor allem aber, dass es um «unschuldige» Kinder ging, gab offenbar den Ausschlag zur Realisierung des Projekts.[341] Die 300-Kinder-Aktion blieb aber eine Ausnahme: Es gab in der Schweiz während der ganzen Zeit des Dritten Reichs keine vergleichbare Initiative. – Wie verzweifelt die Lage von jüdischen Kindern in Deutschland war, zeigt ein Brief des in Bremgarten wohnhaften Theodor Heymann an Dora Rittmeyer, der eine Nichte aus Bayern, deren Vater verhaftet worden war, bei sich aufnehmen wollte:

> «Das elfjährige Töchterchen Grete Heymann, geb. 25. Aug. 1927 in Fürth, deutsche Staatsangehörige, hat bisher die jüdische Schule besucht. Durch die Inhaftierung der jüdischen Lehrkräfte hat der Schulbetrieb aufgehört. In einer allgemeinen Schule kann sie als Nichtarierin nicht unterkommen. Durch die vielen Unannehmlichkeiten der letzten Wochen ist das an und für sich sehr sensibel veranlagte Kind so verschüchtert, dass für seinen Gesundheitszustand Gefahr besteht. Es ist deshalb menschliche Pflicht, das Kind so

rasch als möglich aus Deutschland herauszubringen. Der Unterzeichnete verpflichtet sich, das Kind in seine Familiengemeinschaft aufzunehmen und für dasselbe restlos zu sorgen [...].»[342]

Für Dora Rittmeyer und ihr Team vergrösserte sich die Arbeitslast massiv wegen des Ansturms verzweifelter Eltern oder Verwandter, die sie «anflehten, ihre Kinder in die 300-Kinder-Aktion einzubeziehen».[343] Sie richtete deshalb eine regelmässige Sprechstunde ein. Sie musste sich die schweren Sorgen anhören und dann wegen der zahlenmässigen Begrenzung oft gegen das eigene Gefühl «Nein» sagen – eine massive psychische Belastung! Das Volumen wuchs so stark an, dass eine bezahlte Hilfskraft angestellt werden musste.

Die ersten Kinder der Aktion trafen Anfang 1939 in der Schweiz ein, die meisten aus dem Waisenhaus in Frankfurt. Etwas später folgten Kinder aus grenznahen Regionen. Bis Ende Juni 1939 reisten 241 jüdische und «judenchristliche» Kinder ein (von denen einige sofort in Drittstaaten weiterreisten). In einem einzigen Fall konnte Dora Rittmeyer – mit 550 Franken – einer Familie mit zwei Kindern zur Weiterwanderung verhelfen.[344]

Von den gegen hundert Kindern, die Anfang 1939 in die Ostschweiz gelangten, wurden 38 verschiedenen Alters in einem separaten Haus des Kinderheims Wartheim im appenzellischen Heiden untergebracht. Sich um sie zu kümmern, war Aufgabe der St. Galler Sektion in Zusammenarbeit mit dem Israelitischen Frauenverein Zürich.

Da das Schicksal eines der Kinder gut dokumentiert ist, sei relativ ausführlich darüber referiert, auch wenn nicht alle Einzelheiten Dora Rittmeyer persönlich betreffen. Die zehnjährige Karola Ruth Siegel aus Frankfurt, ein Einzelkind, kam im Rahmen der Aktion in die Schweiz. Ihr Vater wurde kurz darauf vorübergehend inhaftiert. Das Mädchen hatte starkes Heimweh, wurde zur Bettnässerin. Eine der Leiterinnen, selbst jüdischer Flüchtling und offenbar schwer traumatisiert, zwang Karola, den Eltern von diesem Missgeschick zu schreiben. (Die Reaktion der Eltern auf diese Mitteilung ist nicht bekannt. Doch sandten sie der Tochter häufig Briefe.) Da die Kinder auch sonst oft von dieser Frau angeschrien wurden, ersetzte man sie durch eine geeignetere Betreue-

Karola Siegel im Dezember 1938, kurz vor ihrer Ausreise in die Schweiz …

rin.[345] In den Anfangsmonaten wurden die Flüchtlingskinder beim Putzen und bei der Betreuung von Schweizer Kleinkindern im Wartheim eingesetzt. Sie nahmen sie auf, wuschen und fütterten sie. Daneben blieb Zeit, im Haus und im Freien zu spielen. Im Mai 1939 begann der hausinterne Schulunterricht durch den gütigen jüdischen Lehrer Friedrich Mandel. Auch gab es jetzt Ausflüge an den Bodensee oder in die Berge, im Winter auch zum Skifahren. Die grösseren jüdischen Knaben durften die Sekundarschule im Dorf besuchen, nicht aber die Mädchen, was Karola empörte, hatte sie in Frankfurt doch bereits das Gymnasium besucht. Sie lieh sich Schulbücher von einem der Knaben aus und studierte sie heimlich in der Nacht. Wo blieb da die Rechtsgleichheit? Dazu kam die Ungewissheit über das Schicksal ihrer Eltern, von denen ab 1941 Lebenszeichen ausblieben. Nach dem Ende der obligatorischen Schulzeit absolvierte Karola intern eine Haushaltslehre. Genügen konnte ihr das nicht.[346] Weiteres über Karola später.

Ihre beiden eigenen kleinen Söhne, Dieter und Heiner, schreibt Dora Rittmeyer, hätten «ihre Mutter mit vielen Flüchtlingskindern teilen» müssen.[347] Sie kümmerte sich oft persönlich um diese und wurde so im wahrsten Sinn des Worts zu deren Ersatzmutter.

... und nach ihrer Ankunft im Wartheim in Heiden (AR).

Der Zweite Weltkrieg und die Deportationen von 1942

Nach dem Einmarsch von Hitlers Truppen in Polen am 1. September 1939 wurde dem Bundesrat von der Bundesversammlung ein Vollmachtenregime übertragen. Er machte reichlich Gebrauch von den erweiterten Kompetenzen. Erste Priorität hatte das Überleben des Landes. Dazu gehörten die Pressezensur und die Flüchtlingspolitik. Thomas Maissen schreibt in seiner «Geschichte der Schweiz» von antisemitischer Prägung der Flüchtlingspolitik.[348] Aus dem Parlament regte sich wenig Widerspruch gegen die bundesrätlichen Anordnungen.[349]

Bei Kriegsbeginn ergab sich für das Schweizerische Hilfswerk für Emigrantenkinder eine neue Situation. Dutzende von Ferienkindern hatte das Hilfswerk St. Gallen im Sommer 1939 noch betreut, von denen einige bei Kriegsausbruch sofort zu ihren Eltern nach Paris reisten. Neue Ferientransporte waren nicht mehr möglich. Die Schweizer Grenze wurde hermetisch geschlossen. Für die bereits in der Schweiz lebenden Emigranten wurden die fremdenpolizeilichen Vorschriften verschärft. Im März 1940 richtete man Arbeitslager ein. Das bedeutete für Dora Rittmeyer, dass «die Erledigung jedes einzelnen Falles mehr und mehr Arbeit verursachte».[350] Noch immer galt die Schweiz lediglich als Transitland. Doch Reisen in ein anderes Land wurden jetzt noch kostspieliger. Dazu kamen bürokratische Hindernisse der Zielländer.

Auch funktionierte der Schiffsverkehr nach Übersee nach der Besetzung Nordfrankreichs im Mai 1940 nur noch beschränkt.

Zu Dora Rittmeyers Leidwesen konnte das Hilfswerk seit Anfang 1940 die Assistance médicale in Paris nicht mehr unterstützen: «Über das Schicksal unserer früheren Schützlinge in Frankreich wissen wir sozusagen nichts. […] Ihre Interessen sind nun aber aus unseren Händen in diejenigen der SAK [Schweizerische Arbeitsgemeinschaft für kriegsgeschädigte Kinder] übergegangen.»[351] Die private Schweizerische Arbeitsgemeinschaft für kriegsgeschädigte Kinder wurde Anfang 1940 gegründet und zur Dachorganisation der schweizerischen Kinderhilfe erklärt. Das Hilfswerk für Emigrantenkinder trat ihr wohl oder übel bei, beharrte aber auf der weiteren Betreuung der sich bereits in der Schweiz befindenden Flüchtlingskinder. Zumindest hatte Dora Rittmeyer jetzt etwas mehr Zeit für ihre Familie, denn das Arbeitsfeld ihres Hilfswerks war jetzt plötzlich verkleinert; es sah sich auf ein «Inseldasein» reduziert.[352] Die Arbeitsgemeinschaft übernahm jetzt die ganze Arbeit ausserhalb der Schweiz, so «Kinderzüge» aus Frankreich. Diese kamen nicht mehr jüdischen, sondern vorwiegend christlichen kriegsgeschädigten Kindern zugute. Zudem betreute die Arbeitsgemeinschaft in der Vichy-Republik in Südfrankreich, wohin sich nach der Besetzung Nordfrankreichs viele Juden aus Paris gerettet hatten, jüdische Kinder in den Interniertenlagern, u.a. in Gurs und in Rivesaltes, sowie in der «Kinderkolonie» im Schloss La Hille. Das war äusserst verdienstvoll und hätte die Kräfte des Hilfswerks für Emigrantenkinder wohl überfordert.[353]

Im ersten Kriegsjahr betreute die St. Galler Sektion noch 33 Kinder, die meisten aus der 300-Kinder-Aktion. Davon lebten 21 mit den Eltern oder wenigstens der Mutter zusammen, zwölf waren an Privatplätzen oder in Kinderheimen untergebracht. Einige dieser Schützlinge hatten die obligatorische Schulzeit hinter sich. Zum Leidwesen Dora Rittmeyers gelang es in keinem einzigen Fall, die Bewilligung für eine Lehrstelle zu erhalten. Doch setzte es Dora Rittmeyer durch, dass die Jugendlichen eine weiterführende Schule besuchen konnten.[354]

Ihr Arbeitsausschuss bestand zu diesem Zeitpunkt aus dreizehn Personen. Die Gattin des Rabbiners, Ida Schlesinger, war

1939 nach Argentinien ausgewandert. Sie wurde durch ein anderes Mitglied der israelitischen Kultusgemeinde ersetzt. Nur noch drei Männer sassen jetzt im Ausschuss. Man überliess die karitative Arbeit mehr und mehr den Frauen, wohl auch als Folge von Einsätzen im Militär. Allerdings gehörten immer noch zahlreiche Männer zu den «Freunden» des Hilfswerks.[355]

Dem Jahresbericht 1940/1941 entnimmt man, dass Fanny Rittmeyer, die Schwägerin Dora Rittmeyers, Einsitz im Arbeitsausschuss nahm. Nur noch 24 Kinder wurden jetzt betreut. Es gab aber zeitraubende Kleinarbeit bei Umplatzierungen. Zu Dora Rittmeyers Genugtuung konnten jetzt drei Mädchen Haushaltungskurse besuchen – darunter Karola Siegel – und zwei Knaben einige Monate in einem Jugendarbeitslager verbringen.[356] Ein Jahr später meldet sie erfreut, dass jetzt grundsätzlich allen Jugendlichen der Antritt einer Lehre gestattet sei. Zwei junge Männer konnten eine Lehre als Mechaniker beginnen.[357] Dora Rittmeyers Lobbying trug Früchte!

Was Ludwig Rittmeyer betraf, so setzte er sich zusammen mit mehreren sozialdemokratischen und einzelnen bürgerlichen Nationalräten in Bern für eine grosszügigere Asylpolitik ein.[358] Zu ihnen gehörten die beiden St. Galler Nationalräte Johannes Huber (SP) und Johannes Duft (KK) – und selbstverständlich Ständerat Ernst Löpfe-Benz. Bereits kurz nach Ausbruch des Zweiten Weltkriegs hatte Rittmeyer im Nationalrat für die Aufnahme von Flüchtlingen plädiert, auch wenn keine Garantie zur Weiterreise bestehe.[359] Seine Arbeitslast wuchs damals fast ins Unermessliche. Zusätzlich zu seiner Tätigkeit als Anwalt und als Nationalrat erfolgte seine Beförderung zum Polizei- und Rechtsoffizier im Territorialstab 7. In dieser Funktion wurde er konkret mit jüdischen Flüchtlingen konfrontiert.[360] Nach der Besetzung Hollands, Belgiens und Nordfrankreichs durch Deutschland im Mai 1940 war den Juden der Fluchtweg nach Westen versperrt. Einzelne versuchten über den Bodensee in die Schweiz zu fliehen. Der sogenannte Bergier-Bericht führt folgenden Fall auf:

> «Zu den im Thurgau weggewiesenen Jüdinnen und Juden gehörte das Ehepaar Ruth und Lothar H. Die beiden hatten Berlin im

> Herbst 1941 verlassen und waren mit einem Gummiboot über den Bodensee in die Schweiz gerudert. Der zuständige Offizier der Heerespolizei, der freisinnige Nationalrat Ludwig Rittmeyer, weigerte sich, das Ehepaar wegzuweisen, weil – wie er seinen Entscheid begründete – ‹die gegenwärtige Praxis zum Himmel schreit und eine Schande für uns ist›. Gegen seinen Willen wurden Ruth und Lothar H. wenige Tage nach ihrer Einreise nach Deutschland ausgeschafft. Rittmeyers Vorgesetzte, die Offiziere der Polizeisektion des Armeekommandos, hatten die Wegweisung mit Zustimmung der Polizeiabteilung des EJPD durchgesetzt.»[361]

In der Schweiz hatten sich bei Kriegsbeginn schätzungsweise lediglich 5000 jüdische resp. «judenchristliche» Flüchtlinge aufgehalten. Viele, die die Schweiz in den Jahren zuvor erreicht hatten, so nach dem Anschluss Österreichs, waren in andere Länder weitergezogen. Nach Kriegsbeginn gelang nur noch Einzelnen die Flucht in die Schweiz. Laut Bergier-Bericht trafen schon ab Ende 1941 von Schweizer Vertretern in Köln, Rom und Bukarest Berichte über Deportationen und Massentötungen von Juden in Bern ein.[362] Auch Schweizer Militärbehörden, Hilfswerke und einige in der Schweiz lebende Ausländer lieferten Informationen. Gerhart M. Riegner, Direktor des Jüdischen Weltkongresses in Genf,[363] gab vom 8. August 1942 an detaillierte Angaben über die Vernichtungslager weiter. In Bern fragte man sich: Sind diese Berichte glaubwürdig? Oder handelt es sich um Gräuelpropaganda gegen das deutsche Volk, wie sie im Ersten Weltkrieg vorgekommen war? Auch stand im Sommer 1942, als die Deportationen in grossem Stil begannen, der Ausgang des Kriegs noch nicht fest. Angst vor einem Einmarsch der Deutschen ging um. Das mag ein Stück weit erklären, weshalb man nicht auf diese Informationen einging.[364]

Tausende von Juden suchten im Spätsommer 1942 aus dem besetzten Nordfrankreich, aus Belgien und den Niederlanden sowie aus den berüchtigten Interniertenlagern in der deutschfreundlichen Vichy-Republik der Deportation durch Flucht in die Schweiz zu entgehen. Das gelang in vielen Fällen, und das oft mithilfe der evangelischen Organisation CIMADE[365] oder katholischer Ordensleute. Doch dann, am 4. August, beschloss der Bundesrat, die Rückweisung strenger anzuwenden. Die drei Bundesratsparteien FDP, BGB und KK sicherten ihm Unterstützung zu.[366] Heinrich Rothmund, Chef der eidgenössischen Fremdenpolizei, erklärte am 13. August 1942, die Rückweisung der Flüchtlinge sei aus sicherheitspolitischen Gründen und zur Sicherung der Lebensmittelversorgung der Schweiz notwendig. Auch seien die Juden keine politischen Flüchtlinge.[367] (Nach Kriegsende sollte er seine damalige harte Haltung bereuen.[368]) Auch militärische Stellen drängten damals auf eine schärfere Praxis. Selbst Flüchtlinge, die sich bereits einige Tage in der Schweiz befunden hatten, wurden nun unzimperlich über die Grenze zurück nach Frankreich geschafft. Kaum jemand gelangte noch in die Schweiz.

Die in der Flüchtlingshilfe engagierte Appenzellerin Gertrud Kurz-Hohl sowie Alphons Koechlin, Präsident des Schweizerischen Evangelischen Kirchenbunds, Marius Besson, Bischof von Genf, Lausanne und Freiburg, und der bedeutende katholische Theologe Charles Journet riefen energisch zu mehr Grosszügigkeit gegenüber den Flüchtlingen auf. Der Bundesrat liess sich erweichen und beschloss am 25. August 1942 eine Lockerung der Grenzsperre. Jetzt gelangten erneut einige tausend Flüchtlinge in die Schweiz – worauf der Bundesrat bereits am 17. September des gleichen Jahres die Grenze erneut schloss.

Am 21. September verteidigte Bundesrat von Steiger[369] im Nationalrat die Massnahmen des Gesamtbundesrates. Seine Rede gipfelte in den Worten: «Der massenweise, teilweise gewerbsmässig geförderte illegale Grenzübertritt von Flüchtlingen [...] bildet eine Gefahr für die innere Sicherheit», und: Die Schweiz brauche «die Kritik nicht zu scheuen». Mit keinem Wort bedauerte er die bedrohliche Situation der Flüchtlinge.[370]

Tags darauf, am 22. September 1942, kam es zur grossen Debatte im Nationalrat. Etliche Redner der KK, BGB und FDP betonten, die Asyltradition der Schweiz aufrecht erhalten zu wollen, doch jetzt sei der Ansturm der Flüchtlinge zu gross. Nur neun Nationalräte meldeten entschlossen Kritik an der bundesrätlichen Flüchtlingspolitik an, neben mehreren Sozialdemokraten[371] der Basler Liberale Albert Oeri[372] und der St. Galler Freisinnige Ludwig Rittmeyer. Seine lange Rede ist im vorliegenden Buch als

Anhang in vollem Wortlaut wiedergegeben. An dieser Stelle werden einige Kernsätze zitiert:

> «Herr Bundesrat v. Steiger hat gestern erklärt, dass bei der Abwägung der Flüchtlingsfrage nicht der Verstand allein und nicht das Gefühl allein sprechen dürfe. Ich bin sicher mit Herrn Bundesrat v. Steiger einverstanden, [...]. Aber es gibt viele Fälle, wo letzten Endes das Argument pro und das Argument contra, also der Verstand, zu keinem Schluss und Ergebnis kommen kann. Dann, in dieser letzten Entscheidung, wie sie auch in dieser Emigrantenfrage getroffen werden muss, hat nicht nur ein Gefühl, sondern *das Gewissen* zu sprechen.[373] [...] Wir können sie [die Flüchtlinge] nicht zurückweisen, weil sie ihr Leben verlieren würden und wir dafür mitverantwortlich wären. [...] Ich bin der Auffassung, [...] *dass wir vor der Geschichte nicht werden standhalten können* [...]. [...] Ich kann deshalb den Bericht des Bundesrates nicht genehmigen.»[374]

Ludwig Rittmeyers Rede bedeutete einen Generalangriff auf die offizielle Flüchtlingspolitik. Die Juden, sagte er ohne Umschweife,

Ludwig Rittmeyer am Rednerpult im Nationalrat.

sind vom Tod bedroht. Die *NZZ* und das *St. Galler Tagblatt* brachten Berichte über die Debatte und referierten dabei auffallend ausführlich Rittmeyers Rede.[375] Beide erwähnten das Wort «Gewissen», und beide berichteten, dass nach Rittmeyers Meinung bei den Flüchtlingen schon bisher Fehler gemacht worden seien. Beide Zeitungen verzichteten darauf, den sachlich gehaltenen Berichten einen redaktionellen Kommentar anzufügen.

Rittmeyer und seine Gesinnungsfreunde konnten sich nicht durchsetzen. Was ihn persönlich betraf, so eckte er mit seiner Rede im rechten politischen Lager an, auch in seiner eigenen Partei. Das Schweizer Volk sei, wie er in der Rede sagte, offener gegenüber den Flüchtlingen als die Politiker, fürchtete dann aber, den Mund an diesem Punkt etwas zu voll genommen zu haben. Als die Schweizerische Zentralstelle für Flüchtlingshilfe Ende Oktober 1942, wenige Wochen nach seiner Rede, eine Sammlung in der ganzen Schweiz veranstaltete, betrachtete er das als eine Art «Volksabstimmung».[376] Es kamen 1315000 Franken zusammen, eine für die damalige Zeit überaus beachtenswerte Summe! Rittmeyer hatte mit seiner optimistischen Einschätzung des Schweizer Volkes Recht bekommen.

Dora Rittmeyer und Sohn Heiner, ca. 1942.

Das Ehepaar Rittmeyer mit ihrem nun einzigen Sohn Heiner gönnte sich zwar gelegentlich Ferien in den Bergen. Nach den relativ ruhigen ersten drei Kriegsjahren kamen jetzt aber turbulente Zeiten auf sie zu: Wie erwähnt, begannen im Hochsommer 1942 die Deportationen von Juden und «Judenchristen» in die Vernichtungslager. Unter denen, die entkommen, sich in tagelangen Fussmärschen bis zur Schweizer Grenze durchschlagen und, wenn sie Glück hatten, unter dem Stacheldraht durchkriechen konnten und aufgenommen wurden, befanden sich sowohl alleinstehende als auch begleitete Kinder.[377] Dora Rittmeyer enthielt sich in den Tätigkeitsberichten der Kriegsjahre weitgehend der Kritik an der offiziellen Flüchtlingspolitik – unfreiwillig, es herrschte Pressezensur![378] Immerhin wagte sie 1942 im – gedruckten – Tätigkeitsbericht über dieses Jahr zu schreiben:

> «‹Die Zahl der von uns regelmässig unterstützten Kinder beträgt zur Zeit 24.› Also stand [es] in unserem letztjährigen Tätigkeitsbericht. Heute sind 68 Kinder unserer Fürsorge unterstellt. 68 statt 24, was steht alles hinter diesen Zahlen! Die Deportationen aus Holland, Belgien und Frankreich, das Elend in den überfüllten Flüchtlingslagern und den Gefängnissen, die abenteuerlichen Fluchten durch Wälder und über oft fast weglose Gebirge, die Rettung durch das Überschreiten der Schweizergrenze und leider manchmal auch die namenlose Verzweiflung bei der Rückweisung an der rettenden Grenze.»[379]

Manchmal wurden selbst einzeln fliehende Kinder und Jugendliche zurückgewiesen. Die Behörden in Bern sprachen sich 1942 sogar mit besonderer Härte gegen ihre Aufnahme aus, weil sie, da elternlos, ja wohl auf Dauer in der Schweiz bleiben würden. Und noch immer galt die Devise, die Schweiz sei lediglich Transitland. Dora Rittmeyer stellte aber erfreut fest, dass es unter den Tausenden von Menschen, die Zuflucht in der Schweiz gefunden hatten, es insgesamt weit über tausend Kinder gebe. Diese wurden, falls sie erwachsene Angehörige hatten, mit diesen zusammen in militärischen Auffanglagern untergebracht.

Kinder ohne Eltern oder sonstige Angehörige wurden zum Teil den Heimen Langenbruck, Heiden oder Ascona zugewiesen, welche Dora Rittmeyers Hilfswerk führte.[380] Und ihr Hilfswerk bekam nun vom Bund den offiziellen Auftrag, sich um die einzeln geflohenen Kinder (bis 16 Jahre) zu kümmern.[381] Die Sektion St. Gallen war bereits seit der 300-Kinder-Aktion für das Wartheim in Heiden mitverantwortlich gewesen. Jetzt, von 1942 an, waren es, wie gesagt, 68 alleinstehende Kinder, die es betreute, die meisten von ihnen in Heiden.

Nach Weisung von Bern nannte man die vor dem Krieg eingereisten Kinder «Emigrantenkinder», die neu dazugekommenen «Flüchtlingskinder». Für diejenigen «Flüchtlingskinder», die bei ihren Eltern in den unwirtlichen militärischen Auffanglagern lebten, schalteten die Behörden in Bern nun ebenfalls das Schweizerische Hilfswerk für Emigrantenkinder ein. Auf Dora Rittmeyer kam ein – ehrenamtlicher – 100-Prozent-Job zu. Sie schreibt:

> «Nachdem die Betreuung aller Kinder zwischen 6 und 16 Jahren vom Eidg. Justiz- und Polizeidepartement unserem Hilfswerk überbunden worden war, kam auch der Bescheid, dass alle Kinder dieser Altersstufen aus den Lagern herausgenommen und in schweizerische Privatfamilien oder passende Heime gebracht werden sollten.»[382]

Kritik an dieser Weisung kam nicht nur aus jüdischen Kreisen, sondern auch aus dem Schweizerischen Hilfswerk für Emigrantenkinder. Auch Dora Rittmeyer war gespalten. Sie schrieb über ihre Erlebnisse beim Abholen der ersten Kinder aus dem Lager Jakobsbad:

> «[...] verzweifelte Eltern, heulende Kinder empfingen mich im Lager, wie ein Schlächter kam ich mir vor, als ich endlich nach stürmischem Abschied mit meinen Schäfchen im Zuge sass. Böse Blicke der Mitreisenden gaben mir, ebenso deutlich wie der Ausspruch ‹me sött doch nöd d'Kinder de Eltere ewägnäh', zu verstehen, was man von meinem Tun hielt. Aber es kam zum Glück bald anders. Ein glückstrahlendes, wohlgenährtes, wunderbar gekleidetes Kind, das nach acht Tagen seine Eltern in Begleitung der Pflege-

eltern völlig reglementswidrig im Lager besuchte, brachte einen völligen Umschwung in der Stimmung. Das nächste Mal, als ich wieder ins Lager kam, bestürmten mich die Eltern, ihre Kinder doch möglichst rasch aus dem Lager herauszuholen und auch sie an gute Pflegeplätzchen zu bringen.»[383]

Die Eltern schätzten es jetzt, dass die Kinder die Schule besuchen konnten. Die Arbeit beim Hilfswerk schwoll «lawinenartig» an.[384] Über 600 Kinder waren es bis Kriegsende, mit denen sich Dora Rittmeyer und ihr Team über kürzere oder längere Zeit befassten.[385] Sie war froh, dass ihr junge, frische Kräfte zu Hilfe eilten.[386] Der Sektion St. Gallen wurden die Auffanglager Jakobsbad (AI), Münchwilen (TG), Oberhelfenschwil (SG) und Schönengrund (AR) für die Durchführung der Abklärungen zugewiesen. Zuerst galt es, eine Bestandesaufnahme der 151 dort untergebrachten Kinder zu machen: Man musste die Personalien aufnehmen, mit den Eltern und den Kindern sprechen und sich von den zukünftigen Schützlingen ein Bild machen, was die Platzierung in einem Heim oder einer Familie erleichtern sollte.[387] 107 Kinder holte die Sektion St. Gallen schliesslich aus den Lagern heraus.[388]

Man fand zwar Freiplätze in grosser Zahl. Doch verschweigt Dora Rittmeyer nicht, dass es Probleme gab, angefangen – wie bereits deutlich geworden ist – beim Widerstand etlicher leiblicher Eltern. Dazu hatten verschiedene Pflegefamilien eine bestimmte Vorstellung hinsichtlich des Alters und des Geschlechts des aufzunehmenden Kindes. Es sei ein richtiges «Puzzlespiel»[389] gewesen. War die Platzierung gelungen, hatte man mit den Pflegefamilien und den leiblichen Eltern in stetem Kontakt zu bleiben, besonders, wenn es erzieherische Schwierigkeiten gab. In der Regel besuchten die Mitglieder des Arbeitsauschusses der Sektion St. Gallen die Pflegefamilien alle zwei bis drei Monate.[390] Auf einer Liste vom November 1943 sind die Namen, das Geburtsjahr und die Pflegeeltern von 74 in den Kantonen St. Gallen und Appenzell untergebrachten jüdischen Schulkindern, aber auch einiger jüngerer, aufgelistet, die zu jenem Zeitpunkt der Sektion unterstellt waren. Sie waren zwischen zwei und sechzehn Jahre alt.[391]

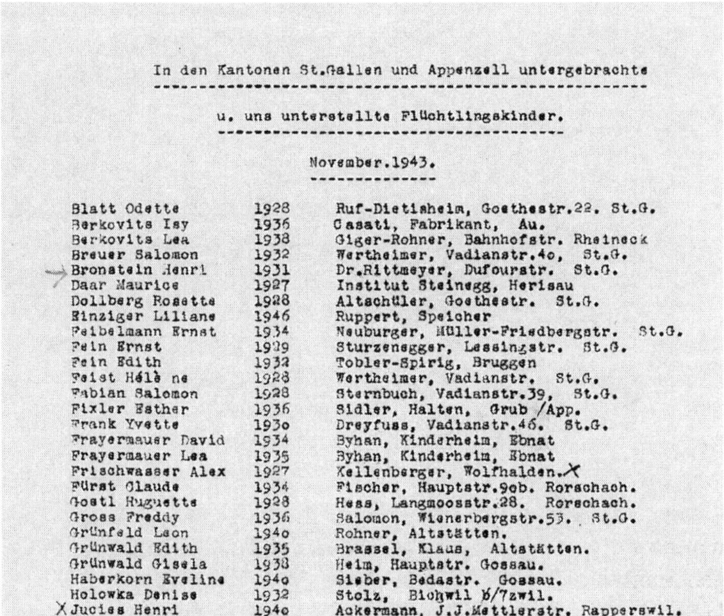

In den Kantonen St.Gallen und Appenzell untergebrachte

u. uns unterstellte Flüchtlingskinder.

November.1943.

Blatt Odette	1928	Ruf-Dietisheim, Goethestr.22. St.G.
Berkovits Isy	1936	Casati, Fabrikant, Au.
Berkovits Lea	1938	Giger-Rohner, Bahnhofstr. Rheineck
Breuer Salomon	1932	Wertheimer, Vadianstr.4o, St.G.
Bronstein Henri	1931	Dr.Rittmeyer, Dufourstr. St.G.
Daar Maurice	1927	Institut Steinegg, Herisau
Dollberg Rosette	1928	Altschüler, Goethestr. St.G.
Einziger Liliane	1946	Ruppert, Speicher
Feibelmann Ernst	1934	Neuburger, Müller-Friedbergstr. St.G.
Fein Ernst	1929	Sturzenegger, Lessingstr. St.G.
Fein Edith	1932	Tobler-Spirig, Bruggen
Feist Hélène	1928	Wertheimer, Vadianstr. St.G.
Fabian Salomon	1928	Sternbuch, Vadianstr.39, St.G.
Fixler Esther	1936	Sidler, Halten, Grub /App.
Frank Yvette	193o	Dreyfuss, Vadianstr.46. St.G.
Frayermauer David	1934	Byhan, Kinderheim, Ebnat
Frayermauer Lea	1935	Byhan, Kinderheim, Ebnat
Frischwasser Alex	1927	Kellenberger, Wolfhalden. X
Fürst Claude	1934	Fischer, Hauptstr.9ob. Rorschach.
Gostl Huguette	1928	Hess, Langmoosstr.28. Rorschach.
Gross Freddy	1936	Salomon, Wienerbergstr.53. St.G.
Grünfeld Leon	194o	Rohner, Altstätten.
Grünwald Edith	1935	Brassel, Klaus, Altstätten.
Grünwald Gisela	1938	Heim, Hauptstr. Gossau.
Haberkorn Eveline	194o	Sieber, Bedastr. Gossau.
Holowka Denise	1932	Stolz, Bichwil b/Uzwil.
X Jucies Henri	194o	Ackermann, J.J.Mettlerstr. Rapperswil.
Kerner Josef	194o	Wilk, Speisergasse 8. St.G.
Klapholz Henri	1937	Klaus, Heiden.
Klapholz Roland	1935	Bischofberger, Hochreute, Walzenhausen
Klein Josef	1935	Lichtenstein, Rorschacherstr.58. St.G.
Kolski Renée	1934	Lutz, Sonder, Wolfhalden.
Kroch Alexandra	1927	Fichmann, Rorschacherstr.58. St.G.
Levy Marion	1933	Schweizer, Gasth.z.Adler, Oberhelfenschwil
Lustmann François	1936	Holderegger, Kinderheim, Hemberg.
Marmur Soulamieth	1934	Schmid-Graf, Bruggmoos, Speicher.
Mayer Marcel	1935	Bachmann, Lauihüsli, Ennetbühl.
Mees Ruth	1934	Pfändler, Mittelstr. Kappel.
Mendel Henri	1931	Bachmann, Lauihüsli, Ennetbühl.
Olesinsky Jaqueline	1938	Wixler, Dufourstr. St.G.
Ozarow Anna	1929	Künzle, Altstätten
Rechtschafner Rachel	1936	Wolf-Liaskowski, Gams.
Scheiner Leon	1935	Steiner, Zwinglistr. 11. St.G.
Soulsky Israel	1928	Institut Steinegg, Herisau.
Soymsiewicz Yvonne	1932	Dir.Kottmann, Dietfurt.
Silberstein Cilly	1929	Sternbuch, Büchelstr.14. St.G.
Steiner Eveline	1941	Kinderheim, Arbon.
Stern Claude	194o	Müller-Koller, Urnäsch.
Streng Klaus	1928	Streng, Stein /App.

Liste der von Dora Rittmeyer betreuten Flüchtlingskinder, Teil 1. Henri Bronstein, vierter von oben, wurde von der Familie Rittmeyer aufgenommen.

2

Silbermann Heini	19	Frau Dr,Nägeli, Trogen.
Tempeldiener Charlotte	1937	Moser-Keppeler,Rheineck
Trau Malvine	1931	M.Mayer, Teufenerstr.25, St.G.
Wandel Daniel	1936	Lehrer Wiher, Ennetbühl
Wassertweiger Claude	1934	Morgenlicht, Trogen
neu hinzu gekommen im Dezember und Januar.		
Aizensstadt Charles	1938	Frau Dr.Weisflog, Rosenbergstr.91. St.G
Berger Mirjam	1929	Fam. Ammann-Schubiger, Thuraustr.14. Wi
Dotti Giulio	1928	Fam. Rota, Kreuzstr. Rapperswil
~~Delberg Rosette~~	~~1928~~	~~Fam. Altschüler, Goethestr.25. St.G.~~
Folbaum Bernard	1939	Pfarrer Zwicker, Salez
Fridmann Claire	1937	Fam. Bruderer, Röhrenbrugg, Speicher
Grünfeld Michael	1936	Fam. Ambühl, Altstätten
Hamamdjan Hélène	1932	Frl. Marie Zündt, Wil
Harra Suzanne	1933	Fam. Jenny-Bauert, Dorfstr.508 Balgach
Israel Alberto	1932	Fam. F.Steiner-Furrer, Bifang, Uznach
Israel Sida	1936	Fam. Wespi, Uznach
Kikines Alexander	1929	Frl.Scherrer, Kinderheim, Engelburg
Kornfeld Georges	1928	Fam. Studach, Altstätten
Lamberti Antonio	1932	Fam. Rota, Kreuzstr. Rapperswil
Modlinger Marcel	1936	Fam. Abderhalden, Wattwil
Rubinstein Georges	1932	Fam. Dr. Esser, Brunnadern
Rubinstein Hélène	1931	Fam.Hegetschweiler, Unterdorf 13 Brunnadern
Rosenberg Michael	1933	Fam. Schlegel, Höflistr.5. St.G.
Sege Danko	1935	Fam.Emil Müller, Immental, Engelburg
Sirokin Blanche	1927	Kinderheim Hofbergli, Rehetobel
Schwitzer Mladen	1934	Fam. Müller-Koch, Metzgergasse 18. St.G
Adler Paul	1936	Fam. Dr. Adler, Schneckenbühl-Bühl, Nesslau
Frankfurter Sylvain	1932	Haus Morgenlicht, Trogen

Liste der von Dora Rittmeyer betreuten Flüchtlingskinder, Teil 2.

Die jüdische St. Galler Familie Sternbuch nahm neben mehreren erwachsenen Flüchtlingen zwei Kinder bei sich auf. Es gelang aber bei weitem nicht, alle Kinder in jüdischen Familien unterzubringen. Zwei Drittel von ihnen wurden christlichen Familien anvertraut. Dora Rittmeyer und ihr Mann nahmen selbst einen Knaben bei sich auf, den zwölfjährigen Henri Bronstein. Er blieb bis nach Kriegsende bei ihnen.[392] Die Kinder sollten nach Dora Rittmeyers Meinung nicht ihrer Religion entfremdet werden, nachdem sie schon ihre Heimat verloren und von ihrer Familie getrennt worden waren.[393] Sie stand in engem Kontakt mit Dr. Lothar Rothschild, seit 1939 Rabbiner von St. Gallen. Er übernahm die Kontrolle über den Religionsunterricht der Kinder. Trotzdem entgingen offenbar einige Gastfamilien nicht der Versuchung, «ihr» Flüchtlingskind in christlichem Sinn zu beeinflussen, was besonders für orthodoxe jüdische Eltern zur Gewissensfrage wurde. Deshalb richtete man im sankt-gallischen Ulisbach im Toggenburg ein Heim speziell für Kinder aus dem orthodoxen Milieu ein. Hier konnten sie nach ihren Vorschriften leben, etwa was die Speisevorschriften betraf. Auch wurden die Schwierigkeiten bei der Platzierung von älteren Knaben so gross, dass man im ehemaligen Waisenhaus der Gemeinde Speicher im Appenzeller Mittelland ein Heim für fünfzig Jugendliche schaffen musste.[394] Auch für dieses Heim übernahm das sankt-gallische Kinderhilfswerk die Verantwortung.

Alle über sechsjährigen Pflegekinder besuchten eine Schule. Verhandlungen mit Schulbehörden gehörten zu den Pflichten des Hilfswerks, respektive Dora Rittmeyers. In ihren Dank an ebendiese Behörden im Tätigkeitsbericht 1942/1943 flicht sie die bemerkenswerten Worte ein:

> «Vor allem danken wir Gott, der unserem Land die Gnade geschenkt hat, verfolgten Menschen ein Asyl sein zu dürfen, und wir bitten ihn, unser Werk auch fürderhin zu tragen und unter seinen Schutz zu nehmen.»[395]

Auch nennt sie in demselben Tätigkeitsbericht das Schweizerische Rote Kreuz Kinderhilfe (SRK Kh). Diese Organisation wurde Anfang 1942 gegründet als Nachfolgerin der von Privaten getragenen Schweizerischen Arbeitsgemeinschaft für kriegsgeschädigte Kinder (SAK).[396] Dadurch wurde das Schweizerische Hilfswerk für Emigrantenkinder automatisch Mitglied der neu gegründeten offiziellen schweizerischen Kinderhilfe. Wieder also ein Wechsel! Die nun nicht mehr existierende Arbeitsgemeinschaft hatte sich in Südfrankreich um jüdische Kinder gekümmert. Und diese waren nach Beginn der Deportationen extrem gefährdet. Wer kümmerte sich jetzt um sie?

Wie aus Andeutungen Dora Rittmeyers in ihren Tätigkeitsberichten hervorgeht – Klartext zu reden war wegen der Zensur unmöglich –, war die aufgenötigte Beziehung ihres Hilfswerks zur neuen Oberorganisation, der Schweizerischen Roten Kreuz Kinderhilfe, sehr schwierig. Denn diese war wie das gesamte Schweizerische Rote Kreuz der schweizerischen Regierung unterstellt.

Präsident des Schweizerischen Roten Kreuzes Kinderhilfe war der Arzt Oberst Hugo Remund.[397] Dieser verteidigte die harte Flüchtlingspolitik des Bunds, unterstützte zwar die Ferienaufenthalte von französischen Kriegskindern, nicht aber die Aufnahme jüdischer Kinder. Und wenn überhaupt, verlangte er, die Identität dieser Kinder nicht öffentlich zu erwähnen. Er liess sich auf Druck des Schweizerischen Hilfswerks für Emigrantenkinder zwar halbherzig auf Verhandlungen mit französischen Organisationen über die Rettung jüdischer Kinder ein – ohne das geringste Resultat.[398]

Das Schweizerische Hilfswerk für Emigrantenkinder unternahm nun in eigener Regie Schritte zur Rettung jüdischer Kinder: Die Leiterin Nettie Sutro-Katzenstein brach im September 1942 nach Südfrankreich auf. Was sie sah, erschütterte sie zutiefst. Nach ihrer Rückkehr sprach sie bei Hugo Remund vor – umsonst![399] Daraufhin bat sie die Verantwortlichen der Sektionen, also auch Dora Rittmeyer, Bittschriften an Remund zu schicken. Doch gelang es nicht, ihn und die schweizerischen Behörden zur Rettung der jüdischen Kinder in Frankreich zu bewegen.[400] Für die Hilfswerksleute war das eine äusserst bittere Sache, wussten sie doch, dass das für viele Kinder den sicheren Tod bedeutete.[401] – Am 11. November 1942 besetzten die Deutschen die bisher formell unabhängige Vichy-Republik. Trotzdem gelang es dem Hilfswerk dank gefälschter Papiere sogar 1943 noch, eine grössere Zahl Kinder zu retten.

Im Spätsommer 1943 fand die Landung der Alliierten in Süditalien statt. Noch immer war die eidgenössische Aufnahmepraxis restriktiv. Doch schafften es viele italienische Flüchtlinge, darunter auch Juden, mit heimlicher Hilfe von Grenzsoldaten und der Tessiner Bevölkerung die Grenze zu überwinden. Die Auffanglager füllten sich erneut. Und wieder hatte sich das Schweizerische Hilfswerk für Emigrantenkinder der Kinder anzunehmen! Vom 1. Februar 1944 an war es dann allerdings die Schweizerische Rote Kreuz Kinderhilfe, das die neuen kleinen Flüchtlinge betreute.[402] Für die zuvor Geflüchteten war aber nach wie vor Dora Rittmeyers Hilfswerk zuständig. Mit psychologischem Einfühlungsvermögen schreibt sie:

> «Die Trennung von den Eltern und Geschwistern, das Hin- und Hergerissenwerden zwischen schweizerischer Pflegefamilie und angestammter Familientradition, das sind die Schatten, die auf dem Leben unserer Flüchtlingskinder lasten. Wohl haben sie alle drei Monate die grosse Freude des mit den Angehörigen gemeinsam verlebten Urlaubes, aber daran anschliessend auch immer erneut den Trennungsschmerz und das wiederum erschwerte Eingewöhnen in die Pflegefamilie. Dem Aussenstehenden scheinen das kleine und geringfügige Sorgen zu sein, es sind aber Konflikte, welche die seelische Entwicklung unserer Kinder manchmal sehr belasten und schwere Schäden hinterlassen können. Es werden auch von uns Entscheidungen verlangt, welche uns in grosse Gewissenskonflikte bringen, und es sind die seelischen Belastungen, die uns unsere Arbeit so oft als schwer und mühsam erscheinen lassen.»[403]

Der letzte Satz des Zitats, geschrieben noch zur Kriegszeit, enthält erneut einen Hinweis auf die in Dora Rittmeyers Augen unmenschlichen Vorgaben der politischen Behörden. Doch näherte sich nun das Ende des Kriegs. Bereits im Winter 1944/1945 begann die Ausreise ganzer Familien in das befreite Frankreich und nach Belgien. Dora Rittmeyer hatte sich ihnen und zahlreichen einzelnen Flüchtlingskindern persönlich gewidmet, viele von ihnen lieb gewonnen. Von den meisten musste sie sich nach Kriegsende trennen, denn glücklicherweise fanden sich oft doch noch Verwandte, die überlebt hatten. Bald nach Kriegsende wurde ein Transport nach Palästina organisiert. Durch die Kriegsereignisse waren viele Familien getrennt worden. Für Dora Rittmeyer und ihr Team war es äusserst mühsam, Informationen aufzutreiben:

> «Immer wieder heisst es auf den Fragebogen unserer Kinder: Vater? unbekannten Aufenthaltes oder deportiert. Mutter? verschollen, Bruder? in Kriegsgefangenschaft oder als Zwangsarbeiter abtransportiert usw. Wieviele Kinder sind ganz allein oder mit Geschwistern in die Schweiz geflüchtet! Ob die Eltern noch leben, wo sie noch leben, wissen sie nicht. Da setzen nun unsere Bemühungen um die Wiedervereinigung der Familien ein. Mit Hilfe der Aide aux émigrés in Genf werden Nachforschungen nach verschollenen Ver-

wandten aufgenommen. Und es ist beglückend, erfahren zu dürfen, dass doch noch viele Menschen leben, von denen man seit Jahren nichts mehr wusste und das Schlimmste befürchten musste. Die Leute lebten versteckt und kommen jetzt wieder heraus und melden sich bei den Ämtern.»[404]

Das Hilfswerk versuchte, den grösseren Kindern vor der Ausreise noch eine gute Berufsbildung zukommen zu lassen, damit sie am neuen Ort eine Zukunft hätten. Nach Kriegsende betreute die St. Galler Sektion noch immer 70 «Flüchtlingskinder». Anstelle der Ausgereisten waren neu überlebende Kinder aus Bergen-Belsen ins Wartheim gekommen. – Was die «Emigrantenkinder» betraf, die schon seit vielen Jahren in der Schweiz lebten, war die Rückreise nach Deutschland kein Thema. Angehörige hatten sie meistens nicht mehr.

Damit zu Karola Ruth Siegel, bei Kriegsende 16-jährig: Sie musste erfahren, dass ihre Eltern in den Gaskammern ermordet worden waren. Es war ihr Wunsch, Kindergärtnerin zu werden. Dora Rittmeyer handelte ihre Aufnahme in das private Kindergärtnerinnenseminar in Ebnat-Kappel aus. Die Garantie für die Kosten übernahm das Hilfswerk. Doch dann wurde bekannt, dass ein Onkel Karola Siegels in Palästina Zuflucht gefunden hatte. Sie entschloss sich, vermutlich unter dem Druck der schweizerischen Behörden, zu ihm zu reisen und sich dort zur Kindergärtnerin ausbilden zu lassen. Später verheiratete sie sich und übersiedelte mit ihrem Mann nach Paris, wo sie dank Wiedergutmachungsgeld aus Deutschland ein Universitätsstudium aufnehmen konnte. Von Paris aus reiste sie mehrmals nach Heiden und half im Wartheim in der Ferienkolonie für Schweizer Kinder mit. Nach ihrer Scheidung übersiedelte sie nach New York, heiratete ein zweites – und dann noch ein drittes Mal, bekam zwei Kinder, setzte ihre Studien in Soziologie fort, erlangte eine Professur und wurde unter dem Namen Ruth K. Westheimer zur weltweit bekannten Expertin in Fragen der Familienplanung und der Sexualität.[405]

In einer Dissertation neueren Datums wird der Beitrag der Schweizer Frauen zugunsten der jüdischen Flüchtlinge in der Zeit des Zweiten Weltkriegs am Beispiel der wichtigsten Frauenorga-

Grössere Mädchen im Wartheim Heiden (AR).

nisationen dargestellt. Im Grundsatz drückt die Autorin Susanne Businger die Meinung aus, es habe sich bei den Frauen jeder Couleur um «Stille Hilfe und tatkräftige Mitarbeit» gehandelt. Nicht nur bei den bürgerlichen Frauenorganisationen jener Zeit, sondern auch bei den sozialdemokratischen sei der Geschlechterdualismus verbreitet gewesen. Die Mütterlichkeit der Frau sei betont worden. Sie sei als «Hüterin des Lebens» idealisiert worden. Man habe von den «natürlichen Anlagen der Frauen» gesprochen und an ihre quasi angeborene Opferbereitschaft appelliert. Vor diesem Hintergrund könne es nicht erstaunen, dass sich insbesondere die Frauen für jüdische Flüchtlingskinder eingesetzt hätten.[406] Die religiöse Sozialistin Regina Kägi-Fuchsmann[407] schrieb aus heutiger Sicht vielleicht überraschend:

> «Humanitär-charitative Tätigkeit für die Kinder [...] darf kein Reservat bürgerlicher und kirchlicher Kreise bleiben, sondern ist eine politische Arbeit, sowohl innerhalb der Schweiz als im Auslande [...]. Dass dabei die Mitarbeit der Frauen im Vordergrund steht und schlechtweg unentbehrlich ist, entspricht den natürlichen Anlagen der Frauen.»[408]

Regina Kägi-Fuchsmann war eine Vertreterin des differenzierenden Feminismus. Doch betonte sie, dass humanitäre Arbeit an sich politische Implikationen habe. Auch Dora Rittmeyer war sich dieses Aspekts bewusst. Sie ging bis an die Grenze dessen, was damals möglich war, wollte dabei aber selbstverständlich nicht riskieren, die Arbeit ihres Hilfswerks zu gefährden.

Wichtig ist in diesem Zusammenhang ein Blick auf die damalige Stellung des Bunds Schweizerischer Frauenvereine zur Flüchtlingsfrage, dessen Präsidentin die Appenzellerin Clara Nef war.[409] Nach dem Anschluss Österreichs vom Frühling 1938 und dem darauf folgenden Ansturm von Wiener Juden auf die Schweiz rief sie zu Spenden auf, schrieb aber an die Adresse der Schweizer Frauen: «Wir können aber nicht dadurch helfen, dass wir fordern und protestieren, [...].»[410] Um der Sache willen war sie also für ein zurückhaltendes Auftreten. Im Sommer 1939 unterzeichnete sie eine u.a. von Georgine Gerhard verfasste Eingabe an Bundesrat

Johannes Baumann, jedoch nicht ohne zu bedenken zu geben, dass man aufpassen müsse, die Behörden nicht kopfscheu zu machen.[411] Allerdings richtete sie gleichzeitig einen persönlichen, in der Sache eindeutigen, Brief an den Bundesrat. Das Erstarken des Antisemitismus in der Schweiz nahm sie mit Besorgnis zur Kenntnis.[412] Im Sommer 1942, nach Beginn der Deportationen von Juden in die Vernichtungslager, erwachte ihr Mut vollends: Im Namen des Bunds Schweizerischer Frauenvereine schrieb sie an Heinrich Rothmund:

> «Alle politischen Erwägungen schweigen vor der einen Gewissheit, dass die Schweiz eine christliche Schweiz sein oder dass sie es nicht mehr sein wird [...]. Wir bitten Sie darum inständig, sehr geehrter Herr Doktor, Milde walten zu lassen gegenüber der unsäglichen Not, die an unsere Grenzen pocht.»[413]

Die eingeforderte Loyalität gegenüber den politischen Behörden einerseits und die Treue zur christlichen Nächstenliebe anderseits bedeuteten eine schwierige Gratwanderung. Doch liessen sich die in der Flüchtlingshilfe engagierten Frauen, so Regina Kägi-Fuchsmann, Clara Nef und Dora Rittmeyer, letztlich nicht einschüchtern. Und: Durch ihre Erfahrungen mit den Flüchtlingen und die schwierigen Auseinandersetzungen mit den Behörden gewannen sie Kraft und Mut für ihre zukünftigen Aufgaben.

Noch einmal Flüchtlinge

Ludwig Rittmeyer sei nach dem Tod des Sohnes Dieter nicht mehr derselbe gewesen, nicht mehr der fröhliche, extravertierte Typ von früher, erinnern sich mehrere Familienmitglieder. Der Verlust hinderte ihn jedoch nicht daran, sich weiterhin und sogar mit umso mehr Kraft für seine Aufgaben einzusetzen. 1942 übernahm er zu allen seinen übrigen Aufgaben das Präsidium der Kantonalpartei der Freisinnigen hinzu. Es wurde zu viel! Dora Rittmeyer schreibt 1963 im Nachruf auf ihren Mann:

> «Die Belastung, die ihm aus seiner Tätigkeit als Nationalrat erwuchs, die Beanspruchung durch seinen Beruf und, nach Ausbruch des Zweiten Weltkriegs, die zusätzliche Aufgabe als Polizei- und Rechtsoffizier im Territorialstab 7, alles das brachte ihm eine Arbeitslast, die zu bewältigen fast übermenschliche Kräfte verlangte. Er hat rückblickend manchmal zugegeben, dass er selbst nicht mehr verstehen konnte, wie er alles zu erledigen wusste. Vielleicht hat er seine Kraftreserven [...] überschätzt, zu viel von sich verlangt und konnte daher dem ständig wachsenden Druck nicht mehr standhalten. Zu der körperlichen kam auch die seelische Belastung. Politik und politisches Wirken verlangten eine grosse psychische Robustheit. Nun war der Verstorbene ein äusserst verletzlicher, sehr intensiv empfindender und innerlich weicher Mensch. Durch seine scharfe Zunge, seinen angriffigen Appenzeller Humor hat er sich wahrscheinlich mehr Feinde gemacht, als er dies ahnte, und Menschen, die ihm seine glänzende politische Karriere neideten, gab es auch. Dankbarkeit darf man im politischen Leben nicht erwarten, und viele von denen, für die er sich eingesetzt hatte, liessen ihn, wenn er angegriffen wurde, im Stich. All dies untergrub seine Spannkraft und zehrte an seinen Nerven, so dass er, für alle seine Freunde unerwartet, im Herbst 1944 sein Nationalratsmandat niederlegte und von allen politischen Ämtern zurücktrat.»[414]

In der «Geschichte des St. Galler Freisinns» heisst es mit dürren Worten über das Ereignis: «Im Herbst 1944 trat er überraschend sowohl als Parteipräsident wie auch als Mitglied der Volkskammer zurück.»[415] Ludwig Rittmeyers Gefühl, im Stich gelassen zu werden, hing stark mit seiner Rede zugunsten der Flüchtlinge zusammen, die er an der Nationalratsdebatte vom September 1942 gehalten hatte.[416] Dass er sich dadurch bei vielen Parlamentariern, selbst der eigenen Partei, Feinde gemacht hatte und dass sie ihm deswegen den Rücken zudrehten, schmerzte ihn tief.[417] In einem Pressekommentar nach der Nationalratsdebatte vom September 1942 steht: «Nationalrat Rittmeyer (fr.) hat sich von seiner Fraktion, die die Massnahmen des Bundes billigte, distanziert.»[418] Rittmeyer habe dem Journalisten noch gesagt, bei der Behandlung der Emigranten seien «schwere Fehler» gemacht worden.[419]

Beizufügen ist, dass sich der Schweizerische Israelitische Gemeindebund zwar uneigennützig für die verfolgten Juden einsetzte, sich aber scheute, öffentlich zur Flüchtlingspolitik der eidgenössischen Behörden Stellung zu nehmen, u.a. aus Angst vor steigendem Antisemitismus.[420] In diesem Zusammenhang ist auffallend, dass Kritiker der eidgenössischen Flüchtlingspolitik wie die Nationalräte Walther Bringolf, Johannes Huber, Johannes Duft, Albert Oeri und Ludwig Rittmeyer ihre Informationen über die Deportationen nicht vom gut informierten Gemeindebund, sondern anderswoher erhielten.[421] Doch suchte Saly Mayer, dessen Vorsitzender von 1936 bis 1943, die fremdenpolizeilichen Vorschriften zu unterlaufen. Er wohnte in St. Gallen und gehörte der FDP an.[422] Jeanne Mayer-Ebstein, seine Frau, beteiligte sich im Arbeitsausschuss Dora Rittmeyers.[423] Der Unterstützung durch das Ehepaar Mayer konnten sich die Rittmeyers gewiss sein.[424]

Für das Eintreten für die Flüchtlinge wurde Dora und Ludwig Rittmeyer nach dem Krieg von politischer Seite ebenso wenig gedankt wie Carl Lutz oder Adolf Keller.[425] Schlimm erging es Paul Grüniger: Nach seiner Absetzung als Polizeihauptmann Anfang 1939 fristete er ein kümmerliches Leben. Seine Rehabilitation erlebte er nicht mehr. Hinsichtlich des Einsatzes für die Flüchtlinge in St. Gallen, so ein Buchautor, sei das Ehepaar Rittmeyer ohne Zweifel am aktivsten gewesen und das während vieler Jahre.[426]

Mit ganzer Kraft, schrieb Dora Rittmeyer, habe sich ihr Mann nach seinem Rücktritt aus den politischen Ämtern seinem Anwaltsberuf gewidmet und dabei auch mehrere Flüchtlinge vertreten.[427] Er sei wegen seines persönlichen Engagements für seine Klienten bekannt gewesen, dies vor allem in Familien- und Erbsachen, aber auch bei der Strafverteidigung.[428] Daneben setzte er sich in den Vorständen der Erziehungsanstalt Langhalde, des Kinderheims Tempelacker und des Vereins für selbstständige Blinde ein. Von 1938 bis 1956 war er Präsident des Schweizerischen Bankpersonalverbands. Auch stellte er sich während vieler Jahre dem Verband schweizerischer Polizeibeamter als Rechtskonsulent zur Verfügung. An Arbeit mangelte es ihm nach seinem Rücktritt also nicht. Auch wirkte er nach wie vor als juristischer Experte im

Vorstand des Konzertvereins St. Gallen. Die Musik machte ihm grosse Freude, so wie seiner Frau, die nach wie vor Vorlesungen an der Handelshochschule hielt und St. Galler Konzerte in der Tagespresse besprach. Auch das gemeinsame Musizieren tat wohl. Sohn Heiner machte es den Eltern nach, übte fleissig Cello.

Was der frühe Tod des Sohnes Dieter für Dora Rittmeyer bedeutete, wird in der Gedenkschrift auf sie so ausgedrückt: «Sehr schwer trug die Verstorbene am Tod ihres älteren Kindes […].»[429] Von da an wurde sie zusätzlich zu ihren bisherigen gesundheitlichen Problemen von Neuralgien geplagt. 1946 musste sie deshalb vorübergehend ihre geliebten Vorlesungen an der Handeshochschule ausfallen lassen. Ihren nun einzigen Sohn Heiner umsorgte sie zärtlich, wurde seinetwegen – wie auch ihr Mann – beinahe überängstlich.[430] Gut war es für sie, dass zwei Schwestern in ihrer Nähe wohnten: Adèle Pestalozzi-Iselin zog mit ihrer Familie zur Jahreswende 1943/1944 nach St. Gallen und bezog einige Jahre darauf eine Wohnung im Haus Rittmeyer.[431] Oft hielt sich die Tochter Verena bei den Rittmeyers auf, unterhielt sich gerne mit dem um ein Jahr älteren Cousin Heiner, ihrem «Lieblingscousin», und wurde, wie sie sagt, zu einer Art Ersatzkind der Rittmeyers. Und Dora Rittmeyers Schwester Helene Koprio-Iselin wohnte im nahen Teufen, wo ihr Mann als Pfarrer wirkte. Helene Koprios Tochter Renate und ihr Sohn Georg nahmen während der Kantonsschulzeit in der Stadt oft das Mittagessen bei den Rittmeyers ein. Auch sie wurden wie Verena quasi «Ersatzgeschwister» von Heiner Rittmeyer. Georg Koprio wurde einmal zu Ferien in Pontresina mitgenommen.[432]

Überhaupt war der Zusammenhalt der fünf Iselin-Schwestern nicht nur bei den drei in der Ostschweiz lebenden, sondern insgesamt stark. Das regelmässig stattfindende «Schwesterntreffen» war Dora Rittmeyer sehr wichtig. Auch betreute sie, die Vielbeschäftigte, gelegentlich ihre Mutter in der letzten Lebensphase und sass auch an ihrem Sterbebett. Sie war es auch, die nach deren Tod den Nachlass im Haus «Zur weissen Rose» in Basel ordnete.

Für Dora Rittmeyer war es wohl gut, dass ihre Arbeit beim Schweizerischen Hilfswerk für Emigrantenkinder sich bald nach dem Tod Dieters vervielfachte und etwas Ablenkung vom Schmerz bot. Letztlich half ihr das «Gottesvertrauen und ihr fester, im Elternhaus gelegter Glaube», den Verlust zu tragen.[433] Mehr noch: Sie wandelte die Trauer in positive Energie um. Aber auch ihr blieben, wie ihrem Mann, vom Tod des älteren Sohnes an dunkle Stimmungen nicht erspart. Gross war ihre Freude, als ihr Sohn Heiner etliche Jahre später heiratete und drei Enkelkinder geboren wurden.

Neben den Nichten Verena und Renate und dem Neffen Georg gab es zwei weitere «Ersatzkinder»: Bereits wurde erwähnt, dass das Ehepaar Rittmeyer Anfang 1943 den 1931 geborenen jüdischen Knaben Henri Bronstein bei sich aufnahm.[434] Henris Eltern waren im Interniertenlager in Vicosoprano untergebracht, also weit weg! Henri Bronstein blieb bis zum Kriegsende, länger als zwei Jahre, bei den Gasteltern und deren Sohn Heiner. Henri und Heiner, die beiden Heinriche, wurden zu engen Gefährten, zu «Brüdern»! Henri besuchte in St. Gallen das Gymnasium, der vier Jahre jüngere Heiner dann ebenfalls. Später studierte Henri Medizin, liess sich in Frankreich nieder und arbeitete dort als Arzt. Er hielt den Kontakt zum Ehepaar Rittmeyer, dem er in tiefer Dankbarkeit verbunden blieb, intensiv aufrecht und nach deren Tod selbstverständlich zum Sohn Heiner, nun Jurist, und dessen Frau Dorothe. Mindestens einmal besuchten sie ihn in Paris.[435]

1947 kam der achtjährige ungarische Knabe Attila Szücs durch Vermittlung des Roten Kreuzes zur Familie Rittmeyer. Offenbar stammte er aus schwierigen Verhältnissen. Dora und Ludwig Rittmeyer seien streng, aber gleichzeitig gerecht und «extrem lieb» gewesen, sagt er. Er durfte sie Mama und Papa nennen. Und Heiner sei wie ein älterer Bruder gewesen. Attila wurde in das nahe gelegene Institut am Rosenberg zur Schule geschickt. Abends sass Dora Rittmeyer oft neben ihm und half ihm bei den Deutschaufgaben. Ludwig Rittmeyer nahm ihn jeweils sonntags zusammen mit Heiner zu Wanderungen im Appenzellerland mit. Nach einem knappen Jahr, kaum hatte er sich gut eingelebt, musste Attila – ungern, wie er betont – zu seiner Mutter nach Ungarn zurückkehren. So wollten es die Regeln des Roten Kreuzes. Auf Vermittlung Ludwig Rittmeyers konnte Attila Szücs 1956, im Aufstandsjahr gegen die kommunistische

Herrschaft, definitiv in die Schweiz übersiedeln.[436] Wieder kam er zu den Rittmeyers, die seine Berufseignungen und -neigungen abklären, ihn dann eine Hotellehre machen und anschliessend die Hotelfachschule in Lausanne absolvieren liessen. Dank dem Ehepaar Rittmeyer und deren Sohn, sagt der inzwischen pensionierte Attila Szücs, sei er geworden, was er sei. Sie seien aussergewöhnlich altruistische und grosszügige Menschen gewesen.[437]

1948 verfasste Dora Rittmeyer den Schlussbericht der Sektion St. Gallen des Schweizerischen Hilfswerks für Emigrantenkinder.[438] Die Zurückhaltung, die ihr während der Kriegszeit gegenüber der schweizerischen Flüchtlingspolitik auferlegt gewesen war, legte sie jetzt ab.[439] Es sei tatsächlich so: Mitarbeiterinnen und Mitarbeiter ihres Hilfswerks hätten in den letzten sechseinhalb Jahren ihre Arbeit in immer grösserer Stille tun müssen. Man habe in keiner Zeitung von ihrem Wirken lesen können, kein Film habe das Schicksal der Kinder geschildert, keine Illustrierte habe Bilder von ihnen gebracht. «Jetzt […] möchten wir aber ein letztes Mal aus dieser durchaus nicht freiwilligen Zurückgezogenheit heraustreten […].»[440] Ihr Hilfswerk habe auch einwilligen müssen, «auf jede Propaganda in der Öffentlichkeit zu verzichten», um die Schweizerische Rote Kreuz Kinderhilfe nicht zu beeinträchtigen und den Wunsch des eidgenössischen Kriegsfürsorgeamts nach Konzentration des Sammelwesens zu erfüllen.[441] Spannungsfrei war die Beziehung zwischen Dora Rittmeyers Hilfswerk und dem übergeordneten Schweizerischen Roten Kreuz Kinderhilfe also nicht![442] Immerhin beteiligte sich dieses an den Kosten, welche das Hilfswerk Dora Rittmeyers von 1942 an für die Betreuung der vielen Flüchtlingskinder aufbringen musste.

Dora Rittmeyer schreibt, Georg Thürer, einer der wichtigsten Vertreter der «geistigen Landesverteidigung»,[443] habe ihr versichert, dass getan worden sei, was man von der Schweiz habe erwarten können, doch sei sie «nicht so ganz davon überzeugt», auch wenn ihr Hilfswerk Tausenden von Kindern habe Hilfe bringen können.[444] Für «viel Mühe, Ärger und Sorgen, die es in den 12½ Jahren zu schlucken gab», sei sie aber entschädigt worden durch die gute Zusammenarbeit innerhalb des Hilfswerks. Und es sei ja auch nicht so gewesen, dass sie mit den politischen Behörden «auf ewigem Kriegsfuss» gestanden habe.[445] Doch wird in ihren Worten die Frustration über die schwierigen Kontakte mit den Behörden, die mangelnde Unterstützung der Flüchtlingsarbeit und die fehlende Anerkennung des selbstlosen Engagements nach dem Krieg überdeutlich.[446] Sie tröstete sich mit dem Gedanken, dass ihr und ihren Mitarbeitenden die Kinder «richtig ans Herz gewachsen» seien.[447] Auch windet sie den Pflegeeltern – oft «bescheidene Leute» –, welche in den Vorkriegsjahren jüdische Kinder während zwei, drei Monaten, im Krieg oft während mehrerer Jahre liebevoll umsorgt hätten, ein Kränzchen.[448] Hinsichtlich der Geschehnisse von 1942 erinnert sie im «Schlussbericht» an die «schaurige Schlusstragödie dieser Deportationen» und an das Versagen der Schweiz:

> «Und nun kamen sie, zu Hunderten und Tausenden, arme und gehetzte Menschen, die bei Nacht und Nebel gegen unsere Schweizer Grenzen drängten, die bei uns Zuflucht vor Verfolgung, vor Tod und Vernichtung suchten, und sie fanden was? Geschlossene Barrieren, gefällte Schlagbäume, Stacheldraht und Soldaten mit geladenen Gewehren.»[449]

Eigentlich wolle sie hinterher die Behörden nicht kritisieren, rückblickend sei es immer leicht, gute Ratschläge zu erteilen. Und dankbar anerkenne sie, dass im Sommer und Frühherbst 1942 grosse Teile der Bevölkerung eine weitherzigere Auslegung des Asylrechtes verlangt hätten, nachdem mutige Menschen für die Flüchtlinge eingestanden seien.[450] Bis zum Kriegsende im Frühling 1945 seien es über 600 Kinder gewesen, mit denen sich die Sektion St. Gallen über längere oder kürzere Zeit befasst habe.[451] Rührende Dankbriefe seien von den nach dem Krieg ausgereisten Kindern gekommen; da seien Verbindungen zwischen Pflegeltern und Pflegekindern geknüpft worden, die wohl ein Leben lang nicht mehr abreissen würden.[452] Und was Dora Rittmeyer persönlich betrifft: «Von ihren vor allem jüdischen Schützlingen haben ihr einige, heute wieder in alle Welt zerstreut, bis zu ihrem Tode Treue bekundet.»[453]

Flüchtlinge an der Schweizer Grenze, Foto: Theo Frey.

Während Ludwig Rittmeyers politische Karriere abrupt zu Ende ging, war es Dora Rittmeyer, die bei Kriegsende zugunsten der Frauen das öffentliche Podium betrat, sie wurde dabei unterstützt von ihrem Mann, der nun als Anwalt und als Vertreter gemeinnütziger Werke eher im Verborgenen wirkte.

Zum Schluss dieses Kapitels zur Flüchtlingsarbeit nochmals zu Georgine Gerhard, die den Anstoss zur Gründung des Schweizerischen Hilfswerks für Emigrantenkinder gegeben hatte. 1961, zu ihrem 75. Geburtstag, verfasste Dora Rittmeyer eine Würdigung im *Schweizer Frauenblatt*,[454] dem Organ des Bunds Schweizerischer Frauenvereine, den sie zu diesem Zeitpunkt präsidierte:

Liebes Fräulein Gerhard

Es ist eine grosse Ehre und Freude für mich, dass ich Ihnen im Schweiz. Frauenblatt [...] zu Ihrem 75. Geburtstag am 18. August gratulieren darf. Jahrelang, das heisst in den bewegten dreissiger Jahren bis zur Auflösung des Schweizerischen Hilfswerkes für Emigrantenkinder, haben wir uns in gemeinsamer Sache gemüht, und es war für mich junge und unerfahrene Präsidentin der St. Galler Sektion eine grosse Hilfe und nie vergessene Bereicherung, dass ich von Ihnen, der Gründerin der Basler Hilfe für Emigrantenkinder, lernen durfte. Bei Ihnen sah ich, dass methodisch und sachlich geleistete Hilfe nie die Anteilnahme des Herzens ertöten musste, und dass für Sie in jedem Falle der Mensch wichtiger war als der ‹Fall›. [...]. [I]ch weiss, dass Ihnen an einer Beweihräucherung nichts liegt, und erwähne daher nur in aller Kürze Ihre intensive Mitarbeit im Basler und im Schweiz. Lehrerinnenverein, Ihren Einsatz in der Abstinenzbewegung, Ihren jahrelangen, jetzt noch nicht abgebrochenen Kampf für das Frauenstimmrecht, den sie sowohl als Präsidentin der Basler Vereinigung für Frauenstimmrecht als auch als Mitglied des schweizerischen Zentralvorstandes führten. [...] Noch wollen Sie sich nicht zur Ruhe setzen, immer noch bewegen Sie die Nöte mühseliger und beladener Menschen,[455] das Schweizer Kinderdorf in Israel[456] gehört zu Ihren jüngsten Schützlingen [...]. Ad multos annos,[457] liebes Fräulein Gerhard!

In herzlicher Verbundenheit

Ihre Dora J. Rittmeyer-Iselin[458]

«Fräulein» nannte man damals unverheiratete Frauen wie Georgine Gerhard. Dora Rittmeyers ausserhäusliches Engagement deckte sich weitgehend mit demjenigen Georgine Gerhards, wie es sich auch in den nächsten drei Kapiteln zeigen wird. Christliche Motivation und Weltoffenheit war den beiden Frauen gemeinsam. Auch war ihnen bestimmt bekannt, dass sich der 1899 gegründete Deutsch-Evangelische Frauenbund bereits 1903 für das Frauenstimmrecht eingesetzt hatte.[459] Ein Vorbild hinsichtlich der Flüchtlinge, des Friedens, der Frauenrechte und der sozialen Gerechtigkeit war auch Clara Ragaz-Nadig.[460] Eine Generation älter als Dora Rittmeyer, gehörte sie 1919 zu den Gründerinnen der Internationalen Frauenliga für Frieden und Freiheit, deren Leitung sie später übernahm. Mitstreiterinnen Dora Rittmeyers ihrer Generation waren Clara Nef und Regina Kägi-Fuchsmann. Für alle genannten Frauen gilt, dass sie schon vor ihrer Tätigkeit für die jüdischen Flüchtlinge politisch interessiert und aktiv gewesen waren, dass sie durch die Parteinahme für die jüdischen Flüchtlinge aber zusätzlich politisiert wurden.[461]

Einsatz für die Frauen Präsidium der Frauenzentrale St. Gallen (1945–1960)

Eine schwierige Beziehung: Elsa Mettler und Dora Rittmeyer

Elsa Mettler und Dora Rittmeyer fungierten beide während langer Jahre als Präsidentinnen der Frauenzentrale St. Gallen. Ihre Differenzen gehen auf die Amtszeit Elsa Mettlers von 1921 bis 1938 zurück, wie im Zusammenhang mit dem Lyceum Club bereits erwähnt wurde. Die zwei auf ihre Art aussergewöhnlich tüchtigen Frauen kannten sich spätestens seit 1931, als Dora Rittmeyer mit nur 29 Jahren Mitglied des Vorstands der Frauenzentrale wurde, und zwar sogleich in der Funktion der Vizepräsidentin. 1935 trat sie aus dem Vorstand zurück, was mit Differenzen zwischen ihr und Elsa Mettler hinsichtlich der politischen Einstellung zusammenhing.[462] Bevor näher auf diesen Konflikt eingegangen wird, kurz zum Anfang der Frauenzentrale (FZ):

Diese war 1914 gleich nach Kriegsbeginn als politisch und konfessionell neutraler Verein gegründet worden. Die Gründerinnen, unter ihnen die Ärztin und erste Präsidentin Frida Imboden-Kaiser,[463] setzten sich für die Sicherheit der Versorgung mit Lebensmitteln der Bevölkerung ein, fertigten für die Soldaten an der Grenze Unterwäsche und Socken an, die sie durch arbeitslose Frauen waschen und flicken liessen. Auch forderten sie politische Rechte für die Frauen. Sie waren bis in die 1920er-Jahre hinein von Pioniergeist beseelt, spätestens von 1933 an aber zunehmend angepasst und fast ausschliesslich sozial tätig. Das hing nicht nur mit dem allgemeinen gesellschaftlichen Trend zusammen, sondern vor allem mit der Weltanschauung von Elsa Mettler.[464] Bereits 1921 hatte die fünffache Mutter das Präsidium der Frauenzentrale übernommen. 1926 trat sie in den Vorstand des Bunds Schweizerischer Frauenorganisationen ein, von 1935 bis 1939 war sie Vizepräsidentin. Sie wohnte in der herrschaftlichen Villa «Freia» am Rosenberg in St. Gallen.

Die energische Frau entfaltete eine reiche soziale Tätigkeit.[465] Zunächst organisierte sie Hilfsaktionen für das nahe, vom Krieg geschädigte Ausland. 1923 weihte sie ein «Zufluchtshaus» für junge, teils aus der Haft entlassene Frauen ein. Im Mettler'schen Ferienhaus auf dem appenzellischen Hirschberg organisierte sie Haushaltungskurse für junge Mädchen. Auf ihren Antrag führte der Kanton 1929 den obligatorischen Hauswirtschaftsunterricht für Mädchen an der Sekundarschule ein. Angesichts der von ihr bejahten Rollenteilung zwischen Mann und Frau war ihr an der Aufwertung der Hausarbeit gelegen. 1929 gründete sie die «Familienfürsorge» und stellte zwei «Fürsorgerinnen» ein. Nach Ausbruch der Depression liess sie Kleider für Arbeitslose und Verarmte sammeln und Mittagstische für Kinder von Arbeitslosen einrichten.

Dass die Stimmbürger 1931 die Einführung der AHV ablehnten, empörte die teils noch progressiven Frauen der Zentrale.[466] Der Vorstand ermahnte die Mitglieder, Zeitung zu lesen, auch Artikel über das politische Geschehen im Ausland. Als Dora Rittmeyer 1932 um einen kleinen Kredit zugunsten von Vorträgen zum Frauenstimmrecht bat, wurde ihr das ebenfalls nicht verweigert.[467] Doch dürften diese Vorstösse Elsa Mettler nicht gefallen haben, weil, wie sie sagte, «die Politik mich angewidert hat».[468] Allerdings machten die nach der Machtergreifung Hitlers entbrannten politischen Auseinandersetzungen in der Schweiz nicht Halt vor der Frauenzentrale. Die Mehrheit der Delegierten entschied zwar, sich auf die praktische Arbeit zu konzentrieren. Es wurde aber festgehalten:

> «Wir sind uns bewusst geworden, dass unser Tätigkeitsgebiet eng verknüpft ist mit dem wirtschaftlichen und politischen Geschehen [...], das uns Fragen aufdrängt, die über den gewohnten Rahmen hinausgehen. In einer gemeinsamen Aussprache versuchen wir daher, uns Rechenschaft zu geben, welches unsere grundsätzliche Haltung sein solle gegenüber Tagesfragen, die uns als Frauen und Staatsbürgerinnen in besonderem Masse berühren.»[469]
>
> «So weit es die verschiedenen Weltanschauungen unserer Mitglieder gestatten, setzen wir uns mit Zeitfragen aller Art auseinander. Da viele dieser Fragen aber parteipolitische Färbung haben, kann

> unsere Zentrale als politisch neutraler Verband vielfach nicht Stellung nehmen.»[470]

Die beiden Statements von 1933 waren bestimmt im Sinn von Dora Rittmeyer. Im Jahr 1934 bemängelte eine ihrer Kolleginnen die fehlende Definition der Kompetenzen innerhalb des Vorstands. Zwar lobte sie die «ungeheuer grosse Arbeit» von Frau Mettler, doch wisse der Vorstand zu wenig davon und sei kaum daran beteiligt.[471] Dora Rittmeyer pflichtete ihr bei:

> «Ich sagte vor drei oder vier Wochen zu meinem Mann, ich trete aus der Frauenzentrale aus und gebe das Vizepräsidium ab. Ich habe keine Zeit dafür und habe eigentlich auch nichts zu tun. Verrückte Antwort, sagte er darauf, ist das jetzt ein triftiger Grund, man habe nichts zu tun und habe keine Zeit dafür. Dann habe ich ein wenig überlegt, nochmals mit meinem Mann darüber gesprochen. Es ist mir so vorgekommen wie daheim, bei Mama. Mama war eine ausgesprochen tüchtige Hausfrau, sie hatte fünf Töchter. Öfters sagte sie: ‹Meine Töchter helfen mir eben gar nicht; ich kann mich nicht auf sie verlassen.› Wir durften zusehen, wie Mama die Confitürengläschen zuband. Mama [...] sagte öfters: ‹Ich kann's nicht sehen, ihr langt die Sache so ungeschickt an.› Wir waren junge Leute, hatten solchen Drang und Initiative. Das kam uns langweilig vor. Wir haben angefangen zu studieren, sozial zu arbeiten. [...] Ich glaube, dass wir nicht genügend Einblick in die Arbeit bekommen und nicht genügend Überblick, wo wir Frau Mettler helfen können. Und weil mich das so bedrückt hat, ist es mir einfach verleidet.»[472]

Die noch junge Dora Rittmeyer bot der älteren gestandenen Präsidentin die Stirn! In politischer und in gesellschaftlicher Hinsicht hatten sie das Heu nicht auf derselben Bühne, obwohl sie einem ähnlichen Milieu angehörten. Ein anderes Vorstandsmitglied kritisierte Elsa Mettler ebenfalls, da an der vorangegangenen Sitzung die Frage «Frau und Demokratie» zur Sprache gekommen sei, was jedoch nicht auf der Traktandenliste aufgeführt war. Man habe unvorbereitet einen wichtigen Entscheid fällen müssen.[473] Ende

1934 lehnte Elsa Mettler ein Referat zum Thema «Demokratie» ab, da keine Gewähr geboten sei, dass nicht nur die Sonnen-, sondern auch die Schattenseite dieser Staatsform beleuchtet würde.[474] Das war für Dora Rittmeyer der Tropfen, der das Fass zum Überlaufen brachte. Anfang 1935 trat sie aus dem Vorstand der Frauenzentrale aus. Es war zudem der Zeitpunkt, da sie die Leitung der St. Galler Sektion des Schweizerischen Hilfswerks für Emigrantenkinder übernahm.

1938 verweigerte Elsa Mettler die Unterschrift zu einer Eingabe der Frauenzentrale gegen die Bombardierung von Städten im spanischen Bürgerkrieg.[475] Wenig später, am 3. November 1938, eröffnete die Vizepräsidentin, Klara Niederer-Schoop[476], die Vorstandssitzung mit der Mitteilung:

> «Frau Mettler wünscht wegen der Anschuldigungen, die gegen Herrn Mettler[477] erhoben wurden, von ihrem Amt als Präsidentin zurückzutreten. Herr Mettler hat seiner Gattin versichert, dass er nichts unternommen habe, was das Vaterland schädigt. [...] Er wollte dem Vaterland nur Gutes erweisen. Es bestand nicht die Spur eines Anschlusswunsches an Deutschland, obwohl Herr Mettler starke Sympathien für Deutschland empfindet.»[478]

Daraufhin forderten einige Vorstandsfrauen die Präsidentin auf zu bleiben, was sie tat, um sich aber einige Wochen später definitiv zurückzuziehen.

Noch war Elsa Mettler aber Vizepräsidentin des Bunds Schweizerischer Frauenvereine. Zum Befremden der Vorstandsfrauen begrüsste sie im Frühling 1938 euphorisch den Anschluss Österreichs an Deutschland. Die 1938 von der Präsidentin Clara Nef angeregte Geldsammlung zugunsten jüdischer Flüchtlinge lehnte sie ab. Erst 1939 trat sie als Vizepräsidentin zurück, nachdem sie hinsichtlich der Geldsammlung noch nachgedoppelt hatte, das sei Sache der Schweizer Juden, die seien ja vermögend.[479] Nach Kriegsbeginn schloss sich einer der Söhne des Ehepaars Mettler der Waffen-SS an.[480] Er fiel im Oktober 1941, worauf Arnold Mettler ein Gedicht auf seinen «Opfertod» verfasste.[481] Zwei der fünf Kinder des Ehepaars Mettler waren bereits früher gestorben.

Doch wieder zur Frauenzentrale: Klara Niederer-Schoop übernahm 1938 die Nachfolge Elsa Mettlers als Präsidentin. Das war tapfer, auch, weil sie ein Jahr zuvor Witwe geworden war. Zu den bestehenden Tätigkeiten der Zentrale kamen im Krieg neue dazu: Sie setzte sich für den Frauenhilfsdienst (FHD) ein und half den Bäuerinnen, deren Männer im Militärdienst weilten, durch Ferieneinsätze von Jugendlichen. Als am 1. November 1939 Zucker, Reis, Teigwaren, Mehl, Fette, Butter, später Fleisch rationiert wurden, propagierte sie Kochrezepte, mit denen doch noch Schmackhaftes zubereitet werden konnte.[482] Auch versorgte sie bedürftige Familien mit Gemüse und Sauerkraut.[483] Der knappe Lohnerwerbsersatz der diensttuenden Männer zwang Frauen und Kinder zu Einschränkungen. In manchen Familienbetrieben übernahmen Frauen die «Männerarbeit». 1941 setzte es die Frauenzentrale durch, dass die jungen Mädchen an die Jungbürgerfeier eingeladen wurden.[484] Ebenfalls 1941 wurden neue Statuten erarbeitet, in denen der Wert der Demokratie betont wurde.[485] Wiederholt rief die Zentrale zur Hilfe für die Flüchtlinge auf.[486] Auch liess sie

Kondukteusen im Zweiten Weltkrieg.

die Fürsorgerin der israelitischen Kultusgemeinde St. Gallen, «Frl.» Rödelsheimer, die 500 Flüchtlinge betreute, einen Vortrag halten.[487] Zweifellos bewirkte Klara Niederer-Schoop einen markanten und mutigen Richtungswechsel.

Anfang 1944 trat Klara Niederer-Schoop zurück, vermutlich krankheitshalber. Die Vizepräsidentin, Martha Bersinger-Huber (1889–1969), und eine weitere Vorstandsfrau kümmerten sich ad interim um die Leitung. Im Herbst sollte eine neue Präsidentin gewählt werden.[488] Fünf Frauen wurden angefragt – ohne Erfolg. Gegen Ende des Jahres nahm Klara Niederer-Schoop erneut an den Vorstandsitzungen teil, doch nicht mehr als Präsidentin. Anfang 1945 fand vor dem Plenum ein Vortrag zugunsten des Frauenstimmrechts statt.[489] Kurz darauf, an der Vorstandssitzung vom 12. März 1945, erklärte sich Dora Rittmeyer zur Übernahme des Präsidiums bereit – man hatte sie wohl darum gebeten.[490] Das Kriegsende stand unmittelbar bevor. Es war abzusehen, dass ihre Arbeit beim Kinderhilfswerk auslaufen, sie also für das neue Amt Zeit haben würde. Die Schweiz der Nachkriegszeit sollte sich als in politischer und gesellschaftlicher Hinsicht konservativ erweisen – keine günstige Ausgangslage hinsichtlich der Gleichberechtigung von Mann und Frau.

An der Hauptversammlung der Frauenzentrale vom 4. April 1945 kam es zur Wahl. Überraschenderweise meldete sich in letzter Minute noch eine zweite Kandidatin.[491] Doch wurde Dora Rittmeyer mit grossem Mehr gewählt.[492] «Ihr wacher Geist, ihr im Religiösen verwurzeltes soziales Engagement, ihr klarer Blick für das, was zu tun sich aufdrängte», trugen dazu bei.[493] Mit 43 Jahren war sie noch jung, doch in Führungsaufgaben erfahren, dazu politisch unverdächtig. Jetzt, bei Kriegsende, standen schwierige Aufgaben an. Viele Frauen erwarteten, dass ihnen nach den Anstrengungen im Krieg das Stimmrecht verliehen würde. Sie hatten für Flüchtlinge gesorgt, 650 Soldatenstuben geführt, verwaiste Arbeitsplätze eingenommen. Doch die Männer kehrten vom Militärdienst zurück, besetzten ihre alten Stellen. Man brauchte die Frauen nicht mehr.[494] Dora Rittmeyer musste sich zunächst mit der Enttäuschung vieler ihrer Geschlechtsgenossinnen auseinandersetzen.

Es war eine gute Wahl: Bereits zwei Jahre später wurde ihr grosser Dank ausgesprochen «für die vorzüglich geleistete Präsidialarbeit».[495] Allerdings mahnte Dora Rittmeyer die Verantwortlichen der Subkommissionen der Zentrale, sie über wichtige Beschlüsse und über Eingaben an die Behörden zu informieren. Sie wollte die Zügel straff in der Hand halten.[496] Elf Vorstandsmitglieder standen ihr zur Seite, darunter die erprobte Klara Niederer-Schoop, die Vizepräsidentin Martha Bersinger-Huber (sie wurde 1950 durch Frau Paula Gächter-Currlin abgelöst), und die Aktuarin Marguerite Rehsteiner-Wegelin.[497]

In der Frauenzentrale St. Gallen gab es neben der Hauptversammlung um die acht Monatsversammlungen und etwa neun Vorstandssitzungen pro Jahr. 1950 waren ihr 54 Amtsstellen und Vereine angeschlossen, darunter das städtische und das kantonale Arbeitsamt, das Lehrlingsamt, die Amtsvormundschaft sowie die kantonalen Sektionen der Akademikerinnen, der Lyceinnen, der Bäuerinnen sowie des Verbands Frauenhilfe, der Heimpflegevereinigung, des Katholischen Frauenbunds, des Israelitischen Frauenvereins, des Gemeinnützigen Frauenvereins sowie des Kindergärtnerinnen- und Lehrerinnenvereins.[498]

An der ersten Vorstandssitzung hob die neue Präsidentin dankbar hervor, dass die erste Sitzung, die sie leite, zugleich die erste nach der Waffenruhe sei. Sie erklärte: «Und die Aufgabe steht klar vor uns: Sie heisst Aufbauen.»[499]

> «Es ist wahr, auch wir sind müde, auch wir haben diese langen Kriegsjahre nicht ohne jeden Schaden überstanden, auch unsere Kräfte waren aufs äusserste angespannt, und wir möchten so gerne nun einmal ausruhen, entspannen und uns nur unseren Familien, unserm eigenen Heim widmen, aber noch ist die Zeit dazu nicht gekommen. Nicht nur in unserm eigenen Land, unserer Stadt, unserm Kanton ist noch viel Arbeit für uns zu tun, nein, auch über die Grenzen hinaus müssen wir wirken und dürfen wir wirken.»[500]

Erneut Flüchtlinge: Die Grenzlandhilfe (1945–1949)

Die erste grosse Herausforderung, der sich die Frauenzentrale St. Gallen stellte, war die Grenzlandhilfe für München. Es ging um die unvorstellbare Menge von anderthalb Millionen Deutschen, die aus dem Osten, aus von den Russen besetzten Gebieten, in die bayrische Hauptstadt geflohen waren, – und diese lag in Staub und Asche.

Gründer und Leiter der Ostschweizerischen Grenzlandhilfe war Georg Thürer.[501] Die beiden Kantonalkirchen, das Rote Kreuz und die Frauenzentrale beteiligten sich daran. Klara Niederer-Schoop organisierte die Kleidersammlung bei den lokalen Frauenvereinen im Kanton, die Frauenzentrale als Ganze die Sammlung in der Stadt. Dazu hatte Dora Rittmeyer die Leitung der engeren Kommission der Grenzlandhilfe inne. Ein grosser Teil der praktischen Arbeit lastete also auf den Frauen.

Auffallend ist, dass diejenigen Schweizerinnen und Schweizer, die den Nationalsozialismus kritisiert und dessen Opfern beigestanden hatten, jetzt oft die Ersten waren, die dem zerstörten Deutschland und den neuen Flüchtlingen zu Hilfe eilten.[502] Im Bericht über ihr erstes Präsidialjahr schreibt Dora Rittmeyer:

> «Das Jahr 1945 hat uns endlich das so lang ersehnte Ereignis gebracht, das Signal ‹Ende Feuer› ertönte […]. […] Angesichts der unvorstellbaren Leiden, die in sechs Kriegsjahren über Millionen unglücklicher Menschen gekommen waren und von deren Grösse man sich auch in der Schweiz erst nach und nach ein Bild machen konnte, wollte und konnte kein freudiger Jubel aufkommen, […] aber ein tiefer Seufzer der Erleichterung ging durch unser Land beim Gedanken daran, dass das Morden und Brennen nun ein Ende haben sollte. […]

Man müsse sich bewusst sein, so Dora Rittmeyer,

> «dass es viele Jahre mühsamer Aufbauarbeit bedarf, um an die Stelle von Hass, Misstrauen, Verachtung und Gleichgültigkeit wieder Vertrauen, Liebe und brüderliches Verstehen zu setzen. Und

Das Bild «Weihnachtsmärchen für Flüchtlinge» von Gregor Rabinovitch (1884–1958) illustriert das Elend in deutschen Grossstädten wie München nach dem Zweiten Weltkrieg.

uns kriegsverschonten Schweizern muss es eine freudige Pflicht sein, hier in erster Linie helfend einzuspringen. [...] so müssen wir jetzt alle unsere Kräfte für den Wiederaufbau und die Völkerversöhnung einsetzen. [...]. Auch unsere Frauenzentrale St. Gallen hat diesen Ruf gehört und hat sich im vergangenen Jahr zweimal in den Dienst des kriegsgeschädigten Auslands gestellt. Im Juni führten wir gemeinsam mit dem Zivilen Frauen-Hilfsdienst im Dienst der Schweizer Spende in Stadt und Kanton die Naturaliensammlung durch, was eine sehr grosse Arbeit bedeutete, aber auch ein überaus erfreuliches Resultat zeitigte, standen doch am Ende 673 grosse Kisten [...] mit den allerverschiedensten Gegenständen zum Abtransport bereit. Im Dezember setzten wir uns für eine Sammlung von Wäsche, Kleidern, Schuhen und Lebensmitteln ein, welche wir auf Bitten der Deutschlandhilfe, Gruppe Ostschweiz, übernommen hatten. Das Resultat dieser Sammlung, vier Tonnen Kleider und Schuhe [...], konnte Ende des Jahres mit einem Transport von fünf grossen Lastwagen nach München geführt werden, wobei es der Präsidentin möglich war, die Sendung zu begleiten und sich an Ort und Stelle von der Notwendigkeit dieser Aktion zu überzeugen.»[503]

Dora Rittmeyer berichtete vor 81 «ihrer» Frauen über ihre Reise nach München. An Nahrung fehle es nicht in München, da die Stadt in der von den Amerikanern besetzten Zone liege, dies im Gegensatz zur französisch besetzten Zone, weshalb die von der Frauenzentrale und anderen Organisationen gesammelten Lebensmittel dorthin flössen. Nach München hingegen würden Wäsche, Kleider, Schuhe und Medikamente gebracht. Weiter sagte sie:

«Die Dankbarkeit der Münchner kam überall zum Ausdruck, und angesichts der ungeheuren Masse von Ostflüchtlingen, die Bayern aufnehmen muss (3 Mill., wovon 1 ½ Mill. auf die Stadt München fallen) ist diese Hilfe auch unbedingt nötig. Diese Menschen kamen in einem ganz unbeschreiblichen Zustande, krank und kaum bekleidet an und sollten doch wenigstens mit dem dringend Nötigsten ausgerüstet werden. Dazu reichen aber den mit ihren letzten anständigen Sachen bekleideten Münchnern ihre eigenen Möglichkeiten nicht mehr aus, und sie sind auf unsere Hilfe angewiesen. Der als hilfreicher Freund kommende Schweizer findet aber auch für Aufklärung über die Verbrechen der Nazis viel eher Gehör als die Besetzungsmacht, deren Verlautbarungen vielfach als Propaganda einfach nicht geglaubt werden. Die völlige Ahnungslosigkeit über alles, was z.B. in den Konzentrationslagern in den besetzten Ländern geschah, versetzte unsere Delegation immer wieder in Staunen. Der Terror war so, dass auch die wenigen, die etwas ahnten oder durch eigene Erfahrung wussten, lieber schwiegen, als sich und ihre Angehörigen der Gestapo[504] auszuliefern. Es zeigt sich immer mehr, wie sehr unsere nördlichen Nachbarn unsere Hilfe gerade in geistiger Hinsicht benötigen. Diese Hilfe wo immer möglich zu bringen und der materiellen Not zu steuern, muss noch für längere Zeit unsere Aufgabe bleiben.»[505]

Die Versammelten reagierten mit lebhaftem Beifall. Allerdings legte Dora Rittmeyer jetzt die Leitung der engeren Kommission wegen Überlastung nieder. Die fünfte und letzte Sammlung für München fand 1948 statt. Doch liess das Thema Flüchtlinge die Präsidentin auch weiterhin nicht los. 1951 bat sie die Frauen der Zentrale, für einen bis zwei Flüchtlinge aufzukommen –, bewilligt wurde zu ihrer Enttäuschung lediglich eine halbe Patenschaft.[506] Doch unterstützten die Frauen die Flüchtlingsarbeit des Roten Kreuzes. 1956 bat Dora Rittmeyer die St. Galler Frauen, Nachthemden und Pyjamas für die ungarischen Flüchtlinge zu nähen. Das Echo auf diese Bitte war überwältigend – was nicht erstaunt: Es war die Zeit des Kalten Krieges![507]

Nicht nur Pflästerli: Soziales Engagement der Frauenzentrale St. Gallen

Auch unter Dora Rittmeyer blieb das soziale Engagement ein Schwerpunkt der Frauenzentrale.[508] Darüber hinaus interessierte man sich für die Zusammenhänge zwischen gesellschaftlichen Problemen und der Wirtschaft. Es gelang Dora Rittmeyer, mehrere Frauen für die Mitarbeit im kantonalen Volkswirtschaftdepartement vorzuschlagen.[509] Eine Vertreterin der Zentrale sass im Gewerblichen Schiedsgericht ein, für die damalige Zeit erstaunlich. Bezeichnend ist auch, dass Dora Clara Nef[510] ein Referat halten liess zur Frage «Wie können soziale Spannungen vermieden werden?». Es brauche die richtige Einstellung von Mensch zu Mensch, sagte diese. Die Frauen müssten vorausgehen und soziale Härten ausgleichen. Es gehe aber auch um Grundsätzliches.[511]

Erfreulicherweise stiessen bald weitere kompetente Frauen zur Zentrale, als Erste, 1950, die Handelslehrerin Hanny Thalmann.[512] In der katholischen Kirche und deren Partei sowie in deren Ethos verwurzelt, entwickelte sie sich zur wichtigsten Stütze Dora Rittmeyers, was wirtschaftliche Themen betraf. 1954 übernahm Hanny Thalmann das Präsidium der bereits 1948 geschaffenen Wirtschaftskommission. Diese erteilte Auskünfte und leistete Beiträge zur Lösung marktwirtschaftlicher Fragen. Hanny Thalmann suchte dabei die Zusammenarbeit mit Leuten der Wirtschaft.[513] 1953 kam die religiössozial gesinnte Sozialdemokratin Susanne Steiner-Rost, von Beruf Juristin, dazu.[514] Vor ihrer Heirat hatte sie von 1939 bis 1945 die Pflegerinnenschule – ein grosses Spital in Zürich – geleitet. In der Frauenzentrale profilierte sie sich als juristische Ratgeberin, zudem als Kämpferin gegen Suchtkrankheiten. Dora Rittmeyer, Hanny Thalmann und Susanne Steiner unterschieden sich in Partei und Konfession, bildeten aber ein gutes Team.

1949 berichtet Dora Rittmeyer vom Kampf um die Einstellung einer Sozialarbeiterin am Kantonsspital – die Krankenversicherung war damals noch nicht obligatorisch, die Einkommen oft tief. Endlich – 1955 – wurden dann sogar zwei Sozialarbeiterinnen eingestellt. Dieser dank zähem Nachhaken erfolgreiche Vorstoss Dora Rittmeyers kann als typisch für ihr soziales Engagement bezeichnet werden. Dass es oft um Grundsätzliches ging, zeigt sich darin, dass einige St. Galler Frauen, an der Wirtschaftstagung des Bunds Schweizerischer Frauenvereine in Biel teilnahmen.[515] – Damit zu einigen Schwerpunkten der sozialen Arbeit der Frauenzentrale.

Familienfürsorge und Zufluchtshaus: Erbe Elsa Mettlers

Zu Dora Rittmeyers Zeit kümmerten sich eine evangelische Fürsorgerin, «Frl.» Fehrlin, und eine katholische, «Frl.» Eberhart, um Familien ihrer eigenen Konfession.[516] Noch gab es die beiden konfessionellen Milieus. Dora Rittmeyer schreibt:

> «Unsere Familienfürsorgerinnen hatten im vergangenen Jahr 160 Familien zu betreuen. 1515 Hausbesuche [...] wurden ausgeführt. Dazu kamen [...] Besprechungen mit Amtsstellen, Schulen, privaten Wohlfahrtsinstitutionen usw., zahlreiche Gesuche, Berichte und Korrespondenzen, um für die vielseitigen Nöte in all den Familien nach Möglichkeit Abhilfe zu schaffen. [...] Kinderversorgungen waren 13, aus 6 Familien, durch die Verhältnisse notwendig geworden. [...] Grosse Sorge bereitet unseren Fürsorgerinnen die starke Verbreitung des Alkoholismus mit seinen verheerenden Auswirkungen auf die Familie [...]: materielle Notlage, mangelhafte Erziehung der Kinder, Unfrieden in Ehe und Familie, ja oft der Zerfall der ganzen Familiengemeinschaft sind die Folgen der Trunksucht [...].»[517]

Folgerichtig war, dass in der Frauenzentrale das sich in Planung befindliche kantonale Gesetz über die Errichtung einer Familienausgleichskasse besprochen wurde sowie die Änderung der Erbschafts- und Schenkungssteuer, wobei man «bessere Berücksichtigung der Frauen und Kinder» forderte.[518]

Das von Elsa Mettler gegründete und von ihrem Mann finanziell unterstützte «Zufluchtshaus»[519] an der Grütlistrasse beherbergte 1945 laut der «Hausmutter» Lydia Dettwyler 48 «Zöglinge», meist junge Frauen, oft arbeitslose, teils «gefallene Mädchen», wie man sie damals oft nannte – eine Bezeichnung, die Dora Rittmeyer nicht über die Lippen kam. Dazu kamen fünf geschiedene Frauen und zwei, die in Scheidung standen, sowie zwei Auslandschweizerinnen und eine Mutter mit Kleinkind.

> «Es waren wieder die verschiedensten Schicksale und viel traurige Verhältnisse, in welche die Hausmutter im Laufe des Jahres Einblick bekam. Es ist für sie nicht immer leicht, mit all den Insassen,

deren Charakter so verschieden und bei einzelnen auch recht schwierig ist, zurechtzukommen, [sie] in ihrer schweren Lage zu [be]raten [...], andere [...] in die Schranken zu weisen und zu verhüten, dass ihr schlechter Einfluss sich auf weitere Insassen ausbreitet. Es ist viel vergebliches Mühen in unserer Arbeit. Umso mehr freuen wir uns, wenn wir später, leider nur sehr selten, vernehmen, dass die eine oder andere unserer früheren Insass[inn]en wieder ihren Weg gefunden hat [...].»[520]

Doch habe die «Hausmutter», so Dora Rittmeyer, an den «guten Kern» im Menschen geglaubt.[521] – Das «Zufluchtshaus» war ein Auslaufmodell, mit der Zeit nicht mehr voll besetzt. 1956 wurde es jungen ungarischen Flüchtlingen zur Verfügung gestellt. Heute ist es eine Kindertagesstätte.

Sozialer Wohnungsbau und Alterswohnungen

Bereits 1945 forderte die Frauenzentrale in einer Eingabe an den Stadtrat preisgünstige Wohnungen für kinderreiche Arbeiterfamilien. 1948 hielt Hanny Thalmann einen Vortrag über «gerechte Wohnungspreise».[522] Und Dora Rittmeyer trat als Abgeordnete der Frauenzentrale dem Verein für sozialen Wohnungsbau bei. Sie forderte u.a. ein Mitspracherecht beim Bauplan dieser Wohnungen, wobei es wohl um Luft und Licht, um Kinderzimmer, Badezimmer und Balkone ging![523] Endlich, 1953, konnte sie melden:

«Wie ein Märchen wird es [...] klingen, wenn ich berichten darf, dass in diesen Tagen die ersten Familien in die neuerstellten Wohnungen für kinderreiche, minderbemittelte Familien an der Rappensteinstrasse einziehen können. [...] In Anbetracht der Wichtigkeit, welche die Wohnfrage für viele unserer Schützlinge bedeutet, hat sich die Frauenzentrale im Frühling des letzten Jahres kräftig für die Annahme der städtischen Wohnbauvorlage eingesetzt und war auch im Propagandaausschuss zu Gunsten der Vorlage vertreten.»[524]

Die Frauenzentrale forderte auch Alterswohnungen, sie sah also die demografische Entwicklung voraus. 1958 wurde die Subkommission «Hilfe für das Alter» gegründet und 1959 wurde von der

Frauenzentrale ein Altersclub mit Sprachzirkeln, Spielnachmittagen und geführten Wanderungen ins Leben gerufen.[525]

Volksgesundheit – in ihrer ganzen Breite

Viel Zeit und Energie investierte die Frauenzentrale in die «Hebung der Volksgesundheit», warb insbesondere für gesunde Ernährung.[526] Als in einem Herbst viel Obst anfiel, ermunterte man die Frauen, vom günstigen Preis zu profitieren, Früchte einzukellern oder zu sterilisieren. Susanne Steiner-Rost propagierte den Ausschank von Obstsäften.[527] Auch beteiligte man sich an einer vom Stadtrat organisierten Sitzung zum Thema «Schulmilch».[528] 1956 organisierte man einen «Kartoffeltag», im Jahr darauf zusammen mit der eidgenössischen Alkoholverwaltung einen «Apfeltag», und zwar im Schützengartensaal – mit 1300 Besucherinnen und Besuchern! Auch beschäftigte sie sich – und damit wird die Sache eindeutig politisch – mit der Lebensmittelkontrolle.[529]

Susanne Steiner-Rost machte sich Sorgen um die Gesundheit von Frauen, die rauchen.[530] Vor allem aber lag ihr die Einschränkung des Alkoholkonsums am Herzen. Sie prangerte die «Modetorheit» Hausbar an, durch welche besonders Frauen in Gefahr gebracht würden. Alkohol sei eine «fast nicht zu heilende Sucht», die alle Hemmungen beseitige.[531] Die nun betagte Ärztin Frida Imboden-Kaiser, die erste Präsidentin der Frauenzentrale, äusserte in einem Brief an Dora Rittmeyer ähnliche Gedanken: Sie habe sich in jungen Jahren an der psychiatrischen Klinik Burghölzli[532]

Hedwig Scherrer: Karikatur von Frida Imboden-Kaiser als Kämpferin gegen den Alkohol.

in Zürich mit der «Rettung» solcher Frauen befasst: «Ich gab mir grosse Mühe, mit armen und reichen Trinkerinnen – wurde aber sehr enttäuscht. Wenn eine Frau trinkt, so ist sie selten zu retten, sie hat dann meist zu tiefe Defecte [sic].»[533]

Dass an der OLMA nach der abendlichen Schliessung Wein und Bier ausgeschenkt wurde, war den Frauen aus begreiflichen, aber doch wohl überzogenen Gründen ein Dorn im Auge und Anlass, sich an die Behörden zu wenden. Die Aussprache mit dem Stadtrat und Vertretern der OLMA sei «unerfreulich» gewesen, so Dora Rittmeyer.[534] Ostentativ richtete die Zentrale an der OLMA eine «Milchbar» ein, die zu ihrer Genugtuung regen Zuspruch fand.[535]

Für helle Aufregung sorgte 1948 die Erhöhung der Fleischpreise: Nachdem an einer Monatsversammlung je ein Vertreter des Landverbands und des Metzgermeisterverbands die Erhöhung gerechtfertigt hatten, liessen die Frauen ihrer Empörung freien Lauf und riefen in einer Resolution auf, den Fleischkonsum «fühlbar» einzuschränken. Auch kündigten sie die Publikation fleischloser Rezepte an. Der «Streik» erregte Aufsehen. Das *St. Galler Tagblatt* schrieb, die Frauen hätten nach den Referaten der beiden Männer betont, sie, die Frauen, seien die Leidtragenden. Dabei hätten sie sich im Krieg doch so bemüht, durchzuhalten und alles in ihrer Macht Stehende zur Sicherung gesunder Ernährung beizutragen. Deshalb wehrten sie sich jetzt gegen die «Terrorisierung».[536] – Damals war es noch üblich, dass die Hausfrau vom Ehemann ein fixes monatliches Haushaltsgeld bekam, so sogar Dora Rittmeyer.[537] Die Gründung des Konsumentinnenforums von 1961 war u.a. eine Folge der Fleischpreisaffäre.

Bemerkenswert ist der Vorschlag der Frauenzentrale von 1952, die systematische Zahnbehandlung von Schulkindern auf dem Land einzuführen,[538] die Gesundheit würde dadurch gefördert. Dazu kam es Jahre später tatsächlich. Auch liess die Zentrale den Kinderarzt Dr. Paul Nef über Pocken, Tuberkulose und Diphterie referieren. Er empfahl eindringlich die Impfung, die damals von vielen Eltern noch nicht akzeptiert wurde. Zudem regte er die Einrichtung von Mütterberatungsstellen an. Beides stiess auf offene Ohren.[539]

Bereits 1948 bemerkte Dora Rittmeyer, man habe sich notgedrungen mit vielen wirtschaftlichen Fragen abgeben müssen. Positiv war, dass man von politischer Seite zunehmend die Meinung der Frauen hören wollte, beispielsweise zur Reform des Wirtschaftsgesetzes über die Bars und Dancings.[540] Die Frauen schlugen vor, dass Jugendliche unter 18 Jahren am Eingang des Lokals die Identitätskarte vorweisen müssten. Als Alternative riefen sie ein «Jugenddancing» ins Leben.[541] Erstmals wurde es 1950 mit Erfolg durchgeführt. 1957 musste man den Anlass wegen des riesigen Andrangs in den grossen Tonhallesaal verlegen.[542] Es durften selbstverständlich nur alkoholfreie Getränke konsumiert werden. Es ging den Frauen um die Gesundheit der Jugend.

Auch um körperlich und geistig Behinderte kümmerten sich die Frauen. Dora Rittmeyer stand in Kontakt zur Vereinigung «Anorma».[543] Auch wird von Besuchen in der Taubstummenanstalt und im Behindertenheim Kronbühl berichtet.[544]

Und, um das Thema Volksgesundheit abzuschliessen: 1947 wurde vom kantonalen Erziehungsrat eine Fortbildungsschule für 16- bis 18-jährige Mädchen geplant. Die Frauen verlangten Mitsprache: Sie forderten weibliche Lehrpersonen und Unterricht in Gesundheits- und Säuglingspflege.[545] Dann der Ärger:

> «Unsere für die Erziehungsräte vervielfältigte Eingabe über die Lehrplangestaltung der weiblichen Fortbildungsschule wurde vom Erziehungschef nicht an diese weitergeleitet, sondern lediglich mit einem Gereiztheit bekundenden Schreiben quittiert. Es wird beschlossen, nun direkt an die Erziehungsräte zu gelangen.»[546]

Das wirkte: Dora Rittmeyer wurde eiligst von Regierungsrat Adolf Roemer zu einer Sitzung eingeladen. Sie verlangte u.a. die Aufnahme von Frauen in die Aufsichtskommission der Schule.[547] Einige Monate später war der Lehrplan unter Dach und Fach – die Forderungen der Frauen waren halbwegs berücksichtigt worden.

Straffällig gewordene Frauen und Kinder

Brisant war, dass sich die Frauen mit der Straffälligkeit und dem Strafvollzug von Frauen und Kindern auseinandersetzten. Damit begaben sie sich nicht nur auf das gesellschaftliche, sondern auch auf das rechtliche Parkett. Hans Rolf Gautschi, Leiter der Strafanstalt St. Gallen, referierte vor ihnen über das Thema: «Soll die Strafe erst nach dem Zuchthaus beginnen?» Er geisselte die verbreitete Tendenz, die Strafentlassenen auszugrenzen. Man müsse verhindern, dass die Strafe durch die Härte der Menschen nach der Haft erst recht beginne. Beeindruckt vom Referat, forderten die Frauen die Schutzaufsicht für entlassene Straffällige.[548]

Sie beschäftigten sich insbesondere mit dem Strafverfahren bei Kindern und Jugendlichen. 1946 besuchten fünfzig Frauen die «Langhalde», ein Heim für schwierige Jugendliche (in dessen Vorstand Ludwig Rittmeyer sass). Auch machten sie sich für die Einstellung einer Polizeiassistentin für Kinder und Jugendliche stark. Die Juristin Heidi Seiler hielt einen Vortrag über «Jugend in Not».[549] Daraufhin wurde gefordert, vermehrt Frauen bei der Jugendgerichtsbarkeit beizuziehen, was ärgerlicherweise am Widerstand «konservativer Kommissionsmitglieder» scheiterte.[550] Auf Vorschlag von Susanne Steiner-Rost wurde hingegen die «Arbeitsgemeinschaft für Elternschulung» gegründet.[551] Absicht war, bei der Erziehung neben den Müttern auch die Väter in die Pflicht zu nehmen.

Hausangestellte

Schliesslich setzte sich die Frauenzentrale für die Würde festangestellter Haushalthilfen ein sowie für «Spetterinnen», d. h. für Putzfrauen, Waschfrauen, Büglerinnen und Näherinnen, die stundenweise in privaten Haushalten arbeiteten. Die Löhne waren zumeist niedrig, die Arbeitszeit oft nicht festgelegt. Ferien gab es nicht. Generell fehlte es an rechtlicher Absicherung. Bereits 1946 verlangte die Zentrale einen Normalarbeitsvertrag für Hausangestellte, 1951 einen für «Spetterinnen». Und 1949 erhob sie Einspruch gegen den nach ihrer Meinung ungenügenden kantonalen Entwurf zum Feriengesetz für Störarbeiterinnen.[552] Wie notwendig diese Vorstösse waren, wird an daran deutlich, dass die Frauen forderten, die Arbeitszeit für Hausangestellte dürfe 14 Stunden pro Tag nicht übersteigen, ihr Zimmer müsse ein Fenster haben, an drei Sonntagen pro Monat müsse man ihnen den Nachmittag frei geben, und es sei eine Unfallversicherung abzuschliessen. Auch schlugen sie vor, nicht mehr von «Dienstmädchen», sondern von «Hausangestellten» zu reden. Das drängte sich besonders bei «Mädchen» auf, die über Jahrzehnte hinweg in derselben Familie ihren «Dienst» versahen.[553] Die Forderungen der Zentrale wurden weitgehend umgesetzt. – Dora Rittmeyer selbst hatte, was ihre Haushälterin Margrit Lutz betraf, wohl schon vor ihrer Präsidialzeit einen Lernprozess durchgemacht.

Zusammenfassend lässt sich sagen, dass das soziale Wirken und die Vorstösse hinsichtlich sozialer und wirtschaftlicher Fragen unter Dora Rittmeyers Präsidium mutig und zukunftsweisend waren.[554] Es gab vielfältige Kontakte mit den Behörden. Die Frauen mischten sich ein. Ihre Interventionen waren zunehmend von Erfolg gekrönt. Bemerkenswert ist, dass die Behörden von sich aus mehr und mehr die Frauen um ihre Meinung baten. Dora Rittmeyer war sich der politischen Dimension des sozialen Engagements voll bewusst.

Erwähnung verdient abschliessend noch der Einsatz der Frauenzentrale für den gesamtschweizerischen «Tag der Frauenwerke». Ziel war das Fundraising für von Frauen geleitete private soziale Einrichtungen: Kinderkrippen und Kindergärten, Jugendhorte, Mütter- und Säuglingsheime, Haushaltungsschulen und – als schweizweit grösstes Frauenprojekt – die Pflegerinnenschule[555] in Zürich. Die Frauen verkauften an diesem Tag Süssigkeiten und Blumensträusse, und zwar auf der Strasse, was Gelegenheit zu Gesprächen mit Passanten bot. Zweck sei, so Dora Rittmeyer, die «Stärkung der Stellung der Frau».[556] Die Forderung nach dem Frauenstimmrecht wurde gerechtfertigt durch die Arbeit für das Gemeinwohl.

Die Ausstellung «150 Jahre Frauenarbeit im Kanton St. Gallen» (1953)

Zum 150-jährigen Jubiläum der Kantonsgründung im Jahr 1953 plante die St. Galler Regierung eine Ausstellung, die sie dann aber zugunsten eines Umzugs strich. Dora Rittmeyer packte die Gelegenheit beim Schopf: «Da der Regierungsrat auf eine Ausstellung verzichtet, kann die FZ zusammen mit den Lyceinnen und den Akademikerinnen eine solche ins Leben rufen unter dem Titel ‹150 Jahre Frauenarbeit im Kanton St. Gallen›.»[557] Es machten dann auch der Gemeinnützige Frauenverein, die Bäuerinnen,[558] Absolventinnen höherer Schulen, Künstlerinnen, der Frauenbund der israelitischen Gemeinde sowie die Schwestern der zehn Frauenklöster im Kanton mit. In fünf Abteilungen zeigte man das vielfältige Wirken der Frauen auf.[559] Die St. Galler Ortsbürgergemeinde stellte Räume im Neuen Museum für die Ausstellung zur Verfügung.[560]

Dora Rittmeyer suchte beim Stadtammann Emil Anderegg mündlich um eine Subvention nach: «Unter grossem Lamento» seien «ev. ca. Fr. 200.– zugestanden worden». «Darauf verzichten

Nora Anderegg: Bildnis einer Ärztin.

wir,» so ihre trotzige Reaktion.[561] Anderegg fühlte sich missverstanden.[562] Dora Rittmeyer, die sich offensichtlich verrannt hatte, entschuldigte sich: «Ich bedaure das sehr [...].»[563] Man versöhnte sich. Ein Porträt, das «Bildnis einer Ärztin», gemalt von Andereggs Frau Nora, hing dann sogar in der Ausstellung.

Zur Eröffnung lud Dora Rittmeyer den Regierungsrat ein. Das Einladungsschreiben entspricht der damaligen – heute altertümlich wirkenden – Konvention:

> Hochgeehrter Herr Landammann,
> Hochgeehrte Herren Regierungsräte,
>
> Namens und im Auftrage der Frauenzentrale St. Gallen beehre ich mich, den hohen Regierungsrat zur Eröffnung unserer Ausstellung:
> ‹150 Jahre Frauenarbeit im Kanton St. Gallen›
> geziemend einzuladen. [...].[564]

Die drei St. Galler Tageszeitungen, das liberale *Tagblatt*, die katholische *Ostschweiz* und die sozialdemokratische *Volksstimme* berichteten begeistert über den Anlass. Die Regierung des Kantons war neben Landammann Paul Müller mit den Regierungsräten Gemperli, Frick und Eggenberger sowie dem Staatsschreiber und dem Kantonsratspräsidenten vertreten. Neben Stadtammann Emil Anderegg waren drei weitere Stadträte anwesend sowie der Ortsbürgerpräsident Kurt Buchmann. Welche Genugtuung! Dora Rittmeyer hielt die Rede, umrahmt vom Gesang einer Altistin zum Pauluswort «und hätte der Liebe nicht». Das sei gleichsam das Motto für die Frauenarbeit, so *Die Ostschweiz*.[565] «Wir glauben behaupten zu dürfen», hoffte das *Tagblatt*, «dass diese einmalige Schau bei Frauen und Männern grösste Aufmerksamkeit finden wird; denn es ist uns wohl noch nie in einer auf das Wesentlichste konzentrierten und doch staunenswert reichhaltigen Ausstellung ein so klarer Einblick in das sanktgallische Frauenschaffen [...] geboten worden.»[566] Der Berichterstatter der *Volksstimme* schrieb, er habe vor der Tafel des Samariterbunds gestanden und die Zahlen studiert: Unter den Aktivmitgliedern gebe es 1719 Frauen und 823 Männer: «Was ist das für ein eigenartiges Verhältnis?»[567]

Wandbild aus der Ausstellung 150 Jahre Frauenarbeit.

Ausstellung 150 Jahre Frauenarbeit.

Betrat man den grossen Saal der Ausstellung, wurde der Blick unmittelbar auf das Wandgemälde an der Hinterwand gelenkt: Es zeigte ein junges Paar, das einen Baum mit den Kantonswappen als Blättern gepflanzt hat, darüber die Inschrift: «Frauenrat und Frauentat wie im Hause so im Staat».[568] Dazu passte die Installation, die man aus dem «Pavillon der Schweizerfrau» von der Landesausstellung 1939 übernommen hatte.[569] Sie besteht aus einer kreisenden Scheibe, darauf vier Frauen, am Rand links und rechts je ein Haus. Nähert sich eine Frau rechts dem Steueramt, so öffnet sich die Tür weit, kommt sie links vor das Stimmlokal, so knallt die Tür zu. Neben der Installation, auf der Schautafel «Die Frau in der Politik», war eine Seite der *Schweizer Frauenzeitung* von 1879 (!) aufgeklebt. Stolz erwähnte man, dass in Wil bereits 1809 die erste Lehrerin an einer öffentlichen Schule wirkte. Und: Im Kanton gebe es zurzeit 230 Primar-, 29 Hauswirtschafts- und 257 Arbeitslehrerinnen, 76 Kindergärtnerinnen und unzählige Krankenschwestern. Auf Fotos waren Operationssäle und Fabriksäle mit lauter Frauen zu sehen.[570]

Dass der Kanton St. Gallen mit einer ganzen Reihe bedeutender Frauen aufwarten konnte, zeigte sich im Raum der bildenden Künstlerinnen, Schriftstellerinnen und Akademikerinnen. Neben Frida Imboden-Kaiser figurierten weitere Ärztinnen der ersten Stunde. Fanny Rittmeyer, Dora Rittmeyers Schwägerin, war mit wissenschaftlichen Arbeiten vertreten, die soeben verstorbene erste Kantonsschullehrerin Elsa Nüesch mit Gedichten und einem Mäppchen, das an sie gerichtete Briefe Romain Rollands enthielt. Auch fand die Schriftstellerin Regina Ullmann[571] ihren Platz sowie das Multitalent Olga Diener[572] und die Dichterin Julie Weidenmann. Auch an die mit halb Europa vernetzte Anna Schlatter-Bernet wurde erinnert.[573] Unter den bildenden Künstlerinnen kamen Nora Anderegg, Martha Cunz mit farbenfrohen Gemälden, Hedwig Scherrer mit einem berührenden Porträt einer alten Frau und Susette Riedel-Rittmeyer mit ihrem «Petit Italien» zur Geltung. Auch Vasen, Wand- und Bodenteppiche, Handpuppen, Gewebe und Flechtarbeiten, oft aus Klöstern, waren ausgestellt. Und selbstverständlich war die St. Galler Modefachschule präsent. Dass es grosse Musikerinnen gab, wurde am Beispiel der weltbekannten Sängerin Elsa Cavelti (1907–2001) dokumentiert, die mit Dirigenten wie Wilhelm Furtwängler, Herbert von Karajan und Paul Sacher zusammenarbeitete und an der Staatsoper in München die Isolde sang.

Der Ausstellung war weit über die Kantonsgrenze hinaus ein grosser Erfolg. Die Berichterstatterin der *NZZ* beginnt ihren Artikel mit dem Zitat eines Professors aus dem Jahr 1709: «‹Zu St. Gallen sind auch viele Frauenzimmer zu finden, so den freyen Künsten, Wissenschaften und dem Studieren ergeben sind. Es ist auch zu melden, dass das hiesige weibliche Geschlecht, en général oder durchgehends, über das Schreiben- und Lesenkönnen verfügt.›»[574] Ein Basler Journalist war begeistert von den Räumen, die von bildenden Künstlerinnen und Tänzerinnen und von der Tanzschule Benteli gestaltet worden waren und vom «wunderschönen Park» rund um das Neue Museum.[575] Das *Bulletin* des Bernischen Frauenbunds rühmte den schöpferischen Geist, der diese Ausstellung präge.[576] Ein Mitglied des Mouvement Féministe Genève fand die Ausstellung «exceptionelle».[577]

Das *Schweizer Frauenblatt*, Organ des Bunds Schweizerischer Frauenvereine, widmete der Ausstellung eine ganze Nummer.[578] Sie zeige, so eine Autorin, «wie weitsichtig, allumfassend und alle Gebiete des Lebens durchdringend die Tätigkeit der Frauen» sei: «Im Mittelgang [des grossen Saals], gleichsam als Mittelpunkt der Ausstellung gedacht, wird der Frau als Mutter und Hüterin der

Familie ein Denkmal gesetzt [...]», doch weise die Ausstellung gleichzeitig auf die «stete Entwicklung der Frauenemanzipation bis zur heutigen Stellung der Frau» hin.[579] In einem anderen Artikel wird über die schon früh politisch aktiven Frauen im Kanton St. Gallen referiert, von denen man anderswo kaum etwas wisse. Dabei sei die in der Ausstellung präsentierte erste Nummer der *Schweizer Frauenzeitung* von 1879 in St. Gallen erschienen. Die Redaktorin, Else Honegger, habe die politische Emanzipation der Frauen bejaht und für die Mädchen Unterricht in Staatskunde verlangt. Auch sei 1887 in St. Gallen die erste politische Frauenvereinigung der Schweiz gegründet worden, der Arbeiterinnenverein.[580]

Am 22. August 1953 um 10.00 Uhr, fand die offizielle «Gedenkfeier» der Kantonsgründung auf dem Klosterplatz statt – in Anwesenheit von General Henri Guisan, mit Festansprachen von Bundespräsident Philipp Etter und von Landammann Paul Müller, gefolgt von der Aufführung des «St. Galler Bundesspiels» (Text: Georg Thürer, Musik: Paul Huber). Auch Dora Rittmeyer war eingeladen. Am Nachmittag fand der Festumzug mit 80 «Bildern» «aus Geschichte und Heimat» und 4000 Mitwirkenden statt. An der Spitze marschierte eine Gruppe von Kindern, in ihrer Mitte zwei junge – Löwen – ein Geschenk der «Landsleute» in Afrika.[581] Am Abend feierte man laut und fröhlich in den Gassen der Altstadt.[582]

Kampf für die Gleichberechtigung der Frau

Der Backlash in der Gesellschaft und sogar in der Frauenbewegung, der mit der grossen Depression und dann vor allem mit dem Machtantritt Hitlers eingesetzt hatte, wirkte nach dem Ende des Zweiten Weltkriegs noch lange nach. Hinsichtlich einer Stärkung der Stellung der Frau in Gesellschaft und Staat spielte der Bund Schweizerischer Frauenvereine eine Vorreiterrolle. Dora Rittmeyer nahm dessen Impulse begeistert auf. So empfahl sie die Verbreitung seiner Broschüre zu «Gleiche Leistung, gleicher Lohn».[583] Umgekehrt riet sie, sich an keiner politischen Aktion zu beteiligen, solange es kein Frauenstimmrecht gebe, da dies eine

Alibiübung wäre.[584] In ihrem ersten Jahresbericht von 1945 erklärte sie:

> «Schutz- und Wahrung der Fraueninteressen in allen Bezirken des öffentlichen und privaten Lebens ist eine besonders dringliche Aufgabe der Frauenzentrale. Darum gehört unsere Aufmerksamkeit auch immer den Ereignissen in der eidgenössischen und kantonalen Politik, gibt es doch kein Gesetz und keinen Erlass, der nicht in irgendeiner Weise auch die Frau berühren würde.»[585]

Sie ging zielbewusst ans Werk. Bereits 1947 forderte sie die Gründung einer Gesetzeskommission.[586] Daraus wurde vorerst nichts. 1949 allerdings nahm der Vorstand die Anregung auf und äusserte dabei den kühnen Wunsch, der Grosse Rat möge ihm das Programm der Verhandlungen zustellen sowie alle Gesetzesvorlagen. Dem stimmten das Plenum der Zentrale «fast einstimmig» zu.[587] 1954 gehörten neben Dora Rittmeyer Susanne Steiner-Rost sowie Marguerite Rehsteiner-Wegelin der Gesetzesstudienkommission an, wie sie nun genannt wurde. – Auf Vorschlag Dora Rittmeyers schaffte man Ende 1958 das Buch «Frauen im Laufgitter» von Iris von Roten an.[588]

Zu wichtigen Themen wurden: Lohngleichheit und Schulwesen, die AHV, das Bürgerrecht der Frau, die Mutterschaftsversicherung, der Zivilschutz und selbstverständlich das Frauenstimmrecht.

Iris von Roten: Frauen im Laufgitter. Umschlag der Erstausgabe von 1958.

Lohngleichheit und Schulwesen

Die Lohngleichheit war bereits ein Postulat progressiver Frauen um 1900 gewesen[589] Dora Rittmeyer legte sich als Präsidentin der St. Galler Akademikerinnen dafür ins Zeug.[590] Ihre Freundin Georgine Gerhard beklagte bereits 1928 in ihrem Buch «Die Lehrerinnenverhältnisse in der Schweiz» die unterschiedlichen Löhne von Lehrern und Lehrerinnen sowie die für Frauen geltende Zölibatsklausel, welche den Verlust der Stelle bei der Heirat zur Folge hatte.[591] Um 1950 war es noch kaum besser. Die Lohnunterschiede wurden oft gerechtfertigt mit dem Argument, der verheiratete Lehrer habe seine Familie zu ernähren (wobei unverheiratete Lehrer grundsätzlich denselben Lohn wie verheiratete erhielten). Die Frauenzentrale plante nun eine Eingabe an den Stadtrat von St. Gallen, machte sich vorher aber in einer Umfrage bei 38 Lehrerinnen kundig. 26 von ihnen bestätigten, dass ihre Situation schwierig sei, da sie, anders als die Behörden annähmen, nicht bei den Eltern wohnen könnten, zudem Unterstützungspflichten hätten und sich sozial betätigten.[592] – Doch man fand kein Musikgehör!

Als 1950 in der grossrätlichen Kommission der «Gesetzesentwurf über das St. Galler Erziehungswesen» beraten wurde, forderte die Frauenzentrale das passive Wahlrecht von Frauen in die Schulräte der Kantonsschule, des Lehrerseminars und der Sekundarlehramtsschule, was auf einiges Verständnis zu stossen schien.[593] Dann die Ernüchterung: «Unsere Erwartungen sind leider nur zum kleinsten Teil erfüllt worden. Immer noch bleiben die Frauen von Schulratswahlen aktiv und passiv ausgeschlossen.»[594] Ein kleiner Fortschritt bedeutete immerhin ihre Zulassung in die Aufsichtskommissionen von Kantonsschule und Lehrerseminar.

Die Frauen liessen nicht locker: Nach dem Ausscheiden von Elsa Nüesch als einziger hauptamtlicher Lehrerin an der Kantonsschule setzten sie sich für eine Frau als Nachfolgerin ein. Sie wurden aber belehrt, an schweizerischen Gymnasien mit Koedukation, zu denen das sankt-gallische gehörte, seien, abgesehen von Winterthur, nirgendwo Lehrerinnen zugelassen.[595]

Laut Erziehungsgesetz von 1955 waren Frauen in dörflichen Schulräten erlaubt. Zu seinem Leidwesen musste der Vorstand aber feststellen, dass auf dem Land angeblich keine Frauen dafür zu finden seien. Dora Rittmeyer sprach deshalb mit dem Bildungschef Regierungsrat Adolf Roemer, der meinte, es gebe eben einen Gegensatz zwischen Stadt und Land. Auf dem Land, versprach er, werde sich der Erziehungsrat bei der Suche einsetzen, dieser aber tat dann kund, es dränge sich keine Änderung auf.[596]

Auch der Einbezug von Frauen in das Vormundschaftswesen beschäftigte die Frauenzentrale. Und da hatte sie durchschlagenden Erfolg! Heidi Seiler gab Ende 1953 für die Kandidatinnen einen Kurs über die Aufgaben und Pflichten des Vormunds – mit so grossem Echo, dass er wiederholt werden musste.[597]

AHV, ein altes Frauenanliegen

Ging es bei Lehrerinnen und Schulräten um kantonales Recht, so bei der Alters- und Hinterbliebenenversicherung um eidgenössisches. Erste Bemühungen um eine AHV in den frühen Dreissigerjahren waren versandet. 1945 referierte Ständerat Ernst Flückiger in der Frauenzentrale über den neuen Anlauf.[598] Die Frauen waren selbstverständlich dafür, sprachen sich aber für die Herabsetzung der Altersgrenze für Frauen aus. Im Frühling 1947, kurz vor der – erfolgreichen – Abstimmung wurde Dora Rittmeyer von Ständerat Flückiger zu einer Sitzung des Aktionskomitees für die AHV eingeladen. Mit einstimmigem Einverständnis ihres Vorstands lehnte sie es aber keck ab, den Männern bei der Propaganda für ein Werk zu helfen, «bei dessen Vorbereitung die Mitarbeit der Frauen derart ausgeschaltet» worden sei.[599] Sie war für Konsequenz!

Gleichstellung beim Bürgerrecht

Besonders engagiert wurde über die Tatsache diskutiert, dass die Frau bei der Heirat mit einem Ausländer das Schweizer Bürgerrecht verlor, was umgekehrt bei Männern mit ausländischen Frauen nicht der Fall war. Das hatte im und noch nach dem Krieg katastrophale Auswirkungen für im Ausland lebende Frauen und ihre Kinder. Die Rückkehr in die Schweiz war ihnen versperrt.

Ein Beispiel: Im Jahr 1938 heiratete die Ostschweizerin Heidy Peter einen in Berlin lebenden deutschen Ingenieur. 1943 wurde ein Sohn geboren. Damals nahmen die Bombenangriffe auf die

Stadt zu. Die junge Frau hatte die Chance, samt ihrem Kind auf einem Herrengut in Pommern unterzukommen. Beim Näherkommen der Russen kehrte sie mit ihrem Sohn im Güterwagen nach Berlin zurück, wo sie aber die meiste Zeit im Luftschutzkeller verbringen musste. Auf abenteuerlichen Wegen floh sie nun samt Kind Richtung Schweiz und landete bei Kriegsende glücklich in Konstanz. Zu ihrem Schrecken musste sie aber erfahren, dass sie als Deutsche mit deutschem Kind nicht in die Schweiz hineingelassen wurde. Eine Konstanzer Familie nahm sie für viele Monate bei sich auf. Nur dank guter Beziehungen ihrer Schweizer Familie zu den zuständigen Behörden konnte sie Ende 1945 in die Schweiz einreisen, wo sie dann bleiben konnte.[600]

1950 forderte Susanne Steiner-Rost in einer Eingabe an den Regierungsrat St. Gallen klipp und klar: «Die einen Ausländer heiratende Schweizerin soll ihr Schweizerbürgerrecht behalten [...].»[601] Wenig später stellte sich die eidgenössische Expertenkommission mehrheitlich hinter diesen Standpunkt, der Bundesrat aber dagegen. Dora Rittmeyer richtet hierauf den Appell an die Vertreterinnen aller politischen Richtungen, mit ihren Parlamentariern Fühlung aufzunehmen.[602] Doch erst 1981 wurden Frau und Mann hinsichtlich des Bürgerrechts gleichgestellt, dies dank des Zusatzes Art. 8,3 in der Bundesverfassung: «Mann und Frau sind gleichberechtigt». Das neue Eherecht von 1988 hält am einheitlichen Bürgerrecht der Familie fest, wobei die Frau aber ihr ursprüngliches Kantons- und Gemeindebürgerrecht behalten kann.[603]

Eine Leidensgeschichte: Die Mutterschaftsversicherung

Dass sich die Frauenzentrale bei der Gesetzesvorlage zur «Mutterschafts- und Krankenversicherung» engagierte, war selbstverständlich. Ganze 100 Jahre dauerte es bis zur Einführung der Mutterschaftsversicherung: Schon 1904 hatten Arbeiterinnen und ein Teil der bürgerlichen Frauen eine Petition an den Bundesrat gerichtet. 1945 verankerte der Souverän den Schutz von Mutterschaft und Familie in der Verfassung. Die gesetzliche Umsetzung liess aber auf sich warten. In der Frauenzentrale besprach man 1954 ein sechsseitiges Papier der Gesetzesstudienkommission, das als Vorschlag an den Regierungsrat St. Gallen zuhanden des Bundesrats gedacht war.[604] Insbesondere wird ein Obligatorium der Krankenversicherung für Bevölkerungsgruppen mit kleinem Einkommen verlangt. Die Mutterschaftsversicherung wird selbstverständlich begrüsst, doch stellten die Frauen weitergehende Forderungen:

> «Die Frauen können nicht einsehen, wieso die Prämien für eine Mutterschaftsversicherung ausschliesslich von den Frauen erhoben werden sollen, und dass unterschiedslos alle Frauen, verheiratete und ledige, gesunde und kranke, z. B unfruchtbare [sic], herangezogen werden sollen. Der Nutzen der Mutterschaftsversicherung und deren Leistungen kommen ja nicht nur den Frauen, sondern ebenso sehr [...] dem Ehemanne und Ernährer der Familie zugute. Es ist also nur berechtigt, wenn auch die Männer zur Prämienleistung herangezogen werden. [...] Ausser[dem] [...] sehen wir einen weiteren schwer wiegenden Nachteil in dem Fehlen einer Erwerbsausfallentschädigung für berufstätige Mütter. [...] Was nützen den Frauen die wirklich guten Bestimmungen des Fabrikgesetzes, welche die Mutter nach einer Geburt unter Arbeitsverbot stellen, wenn der Mutter der dadurch entstehende Lohnausfall nicht ersetzt wird?»[605]

Die Frauenzentrale schlug eine Leistungsdauer von acht bis zehn Wochen vor. Ärztliche Behandlung und Lohnersatz sollten pauschal während der ganzen Zeitspanne übernommen werden.[606] Zu ihrem Ärger verlief die eidgenössische Abstimmung 1954 negativ. Die Verknüpfung von Krankenversicherung und Mutterschutz in der Gesetzesvorlage erwies sich als kontraproduktiv. Bei einem neuen Anlauf 1984 scheiterte das Projekt einer Mutterschaftsversicherung in der Volksabstimmung abermals. 2004 wurde sie endlich vom Stimmvolk angenommen.

Zivilschutz leisten ohne Stimmrecht?

Heiss gekämpft wurde auch hinsichtlich des im Aufbau begriffenen eidgenössischen Zivilschutzes. Dieser sah den Einbezug der Frauen vor.[607] Die Mitwirkung müsse freiwillig sein, sagten die Frauen. Dora Rittmeyer brachte das Argument «gleiche Pflichten – gleiche Rechte» ins Spiel.[608] Sie schreibt:

> «Dass uns Frauen die grosse Ehre widerfuhr, zum ersten Mal in der Bundesverfassung expressis verbis angeredet zu werden, dies aber nur, um uns zu einer persönlichen Dienstleistung zu verpflichten – ebenfalls ein Novum für uns Schweizerfrauen, ohne dass wir Frauen zu dieser uns beglückenden Neuerung etwas zu sagen hätten – diese Tatsache hat auch bei vielen bis jetzt geduldigen Bürgerinnen Unwillen erzeugt.»[609]

Zudem habe man, was den kantonalen Zivilschutz betreffe, den Frauen die hinteren Plätze zugewiesen. Die Frauen sähen sich leider genötigt, «energisch auf den Tisch zu klopfen».[610] In der Frauenzentrale kam es zu einer regelrechten «Chropfleerete»: «Es wird allgemein darüber geklagt, dass auch während des letzten Kriegs den bewährten Frauen von Männern in ihre Arbeit hineingeredet worden sei.»[611] Eine etwas frauenfreundlichere Version der Zivilschutzvorlage wurde am 24. Mai 1959 von den Stimmbürgern angenommen.[612] Doch wurde die Freude über diesen halben Sieg getrübt durch die Tatsache, dass am 1. Februar 1959, die Frauenstimmrechtsvorlage eine deutliche Abfuhr erlitten hatte.

Das Hauptthema: Frauenstimmrecht!
Auch das Frauenstimmrecht war ein altes Thema. Bereits 1909 war die Ortsgruppe St. Gallen des Schweizerischen Verbands für das Frauenstimmrecht (SVF) entstanden.[613] Die Zeitschrift *Die Stimme der Frau*, herausgegeben vom Aktionskomitee für das Frauenstimmrecht im Kanton St. Gallen, publizierte Ende November 1919 eine Europakarte, die zeigt, dass fast alle Staaten das Frauenstimmrecht eingeführt hatten oder demnächst einführen wollten. In derselben Nummer propagierte Frida Imboden-Kaiser das Frauenstimmrecht.[614] 1929 wurde mit 247 506 Unterschriften die grösste Petition, die es je gegeben hatte, im Bundeshaus deponiert.[615] Sie verhallte ungehört.

Nach dem Zweiten Weltkrieg erwachten die Hoffnungen neu. Es wurde nichts daraus, u. a. weil die Vorstellung dominierte, die Unversehrtheit der Schweiz während des Kriegs sei vorwiegend den Männern an der Grenze zu verdanken – was die Frauenzentrale vehement bestritt.[616] Dora Rittmeyer war Mitglied des Frau-

Plakat von 1920.

enstimmrechtsverbands St. Gallen[617] und ebenso die Juristinnen Susanne Steiner-Rost und Lotti Ruckstuhl-Thalmessinger.[618]

1957 war in der Frauenzentrale ein Referat über die Botschaft des Bundesrats zum Frauenstimmrecht zu hören.[619] In der ganzen Welt, sagte die Rednerin, gebe es nur noch zwölf Staaten ohne Frauenstimmrecht. Der Bundesrat und die Bundesversammlung seien der Meinung, den Frauen stünden die politischen Rechte zu. Allerdings genüge der Gleichheitsartikel in der Bundesverfassung nicht zur Einführung. Es brauche eine Verfassungsrevision und deshalb eine Volksabstimmung.

Anfang 1958 beschloss der Vorstand der St. Galler Frauenzentrale, der Schweizerischen Arbeitsgemeinschaft für die politischen Rechte der Frau beizutreten. Sorge bereitete ihm die mangelnde Aufklärung vieler Frauen.[620] Im Sommer 1958 veranstaltete er deshalb einen Informationskurs zum Frauenstimmrecht – und wurde enttäuscht: «Schade, dass nicht viel mehr Frauen von dieser Möglichkeit Gebrauch machten.»[621] Man wurde sich bewusst, dass nicht alle Frauen wie die Vorstandsfrauen dachten. Die

St. Gallerin Hilde Custer-Oczeret, Redaktorin beim *Schweizer Frauenblatt*, war pessimistisch, vor allem wegen des Ständemehrs: «Die Prognose für den Ausgang der Abstimmung ist – machen wir uns nichts vor – ungünstig.»[622]

Die eidgenössische Abstimmung vom 1. Februar 1959 regte zu Karikaturen an:

Der nachdenkliche Schweizer Bürger nach der Ablehnung des Frauenstimmrechts 1959. Nur noch in Afghanistan Kambodscha, Honduras, Irak, Jordanien, Libyen, Nicaragua, Paraguay, Lichtensein und in der Schweiz fehlten den Frauen die integralen politischen Rechte.

Und sie verlief negativ, dies im Verhältnis 2:1. Der Kanton St. Gallen hatte bereits 1921 über das Frauenstimmrecht abstimmen lassen:[623]

1921: 12114 Ja und 26166 Nein (d. h. 68,4 % Neinstimmen)
1959: 12436 Ja und 51912 Nein (d. h. 80,7 % Neinstimmen)

Die St. Galler Stimmbürger waren konservativer geworden! Laut Dora Rittmeyer mussten die Bemühungen um Aufklärung weitergehen, und zwar innerhalb der Familien: So sollten Knaben im Haushalt dieselben Pflichten übernehmen wie die Mädchen.[624] Hanny Thalmann sprach in der Zentrale über die «Solidarität unter Frauen». Marga Bührig[625] referierte über «Das neue Leitbild der Frau», das auf Partnerschaft zwischen den Geschlechtern» hinweise.[626] Dora Rittmeyer hatte die Frauen schon bisher beharrlich mit den staatsbürgerlichen Problemen vertraut gemacht.[627] Sie gab sich auch weiterhin nicht geschlagen. Im Jahresbericht der Frauenzentrale über 1959 schreibt sie:

> «Wie haben wir vor Jahresfrist diesen Abstimmungssonntag ersehnt und gefürchtet. […] ‹Enttäuscht, aber nicht entmutigt›, wie der BSF das Abstimmungsergebnis nach dem 1. Februar kommentierte, haben auch wir in St. Gallen den negativen Entscheid zur Kenntnis genommen, wobei wir allerdings auf unsern Kanton wirklich nicht stolz sein konnten, stand er doch im Reigen der verwerfenden Stände recht weit vorne. Wenn wir auch so glücklich waren, in unserm Kanton kein gegnerisches Frauenkomitee zu haben, so scheint es doch mit der Aufklärung noch schlecht bestellt zu sein, und es liegt noch viel Arbeit vor uns. Zu tiefem Dank verpflichtet sind wir denjenigen Männern, die sich auch in unserm Kanton mutig für die Sache der Frauen einsetzten […]. Der Kampf geht weiter, eine gerechte Sache kann nicht endgültig unterliegen […].»[628]

Anders als beim sozialen Engagement hatte die Frauenzentrale unter Dora Rittmeyer trotz grossem Einsatz wenig Erfolg beim Kampf um die politische Gleichberechtigung. Es lag nicht an ihr und ihrem Team, sondern an den Zeitumständen, dass nicht mehr zu erreichen war. Bewundernswert ist, dass sie sich nicht geschlagen gab.

Abschied von der Frauenzentrale

Drei Wochen nach der gescheiterten Abstimmung erklärte Dora Rittmeyer an der Hauptversammlung der Frauenzentrale, dass sie sich auf Anfrage für das Präsidentenamt des Bunds Schweizerischer Frauenvereine zur Verfügung gestellt habe. Die grosse Arbeitslast werde es ihr unmöglich machen, weiterhin die Frauenzentrale zu leiten. Das Plenum nahm mit grossem Bedauern von diesem Entschluss Kenntnis, empfand aber Genugtuung und Freude, dass Dora Rittmeyer für dieses wichtige Amt ausersehen wurde, beglückwünschte sie herzlich und bestätigte ihre Wiederwahl für das nächste Amtsjahr.[629] Sie konnte stolz sein auf das von ihr in fünfzehn Jahren Erkämpfte. Sie hatte mehr soziale Gerechtigkeit erreicht und für Präsenz der Frauen auf der politischen Bühne gefochten. Sie war eine kluge Taktikerin, suchte unerschrocken das Gespräch mit den Politikern. In meisterhafter Weise habe sie durch die Aufgaben des Vorstands und des Plenums geführt und ein gerüttelt Mass an geistigem und praktischem Schaffen aufgewiesen, hatte es bereits 1954 geheissen.[630]

An der Hauptversammlung vom 27. Januar 1960 galt es Abschied zu nehmen. Eine Mitstreiterin würdigte Dora Rittmeyer mit den humorvollen Versen:

> «Als vor 15 langen Jahren
> Sie das Ruder nahm zur Hand,
> Steuerte das Schifflein FZ
> Freudig, mutig weg vom Land.
> Fröhlich flatterten die Fahnen,
> Zielbewusst fuhr seine Bahn,
> Baseldiitsch ertönt's Kommando,
> Lächelnd nahm man dieses an.»[631]

Dass sie eine Führungspersönlichkeit war, hatte sie in den fünfzehn Präsidialjahren hinreichend bewiesen. Aber sie konnte auch zuhören.

Die Pianistin Nelly Rittmeyer-Wildi, die wie sie selbst in die Familie Rittmeyer eingeheiratet hatte, spielte zu ihren Ehren mit einer Kollegin zusammen eine Cellosonate von Vivaldi, bestimmt zur grossen Freude Dora Rittmeyers.[632] Ohne ihre Mitarbeiterinnen in Verein und Vorstand hätte sie ihre Arbeit nicht tun können, betonte sie: «Es war ein schönes Nehmen und Geben zwischen allen Frauenzentrale-Mitgliedern, und die Arbeit konnte im Geiste der Toleranz und des gegenseitigen Aufeinanderhörens getan werden.» – Sie verabschiedete sich mit zwei Doppelversen von Johann Wolfgang Goethe:

> «Willst Du ins Unendliche schreiten,
> Geh nur im Endlichen nach allen Seiten.»
> «Und tu nur das Rechte in Deinen Sachen,
> Das andre wird sich von selber machen.»[633]

Sie konnte erleichtert sein, ihre Nachfolge einer erfahrenen, tatkräftigen Frau überlassen zu können: Berta Hohermuth hatte in Sozialdiensten in Wien, Marseille und Genf gearbeitet und sich, u.a. im Rahmen des Ökumenischen Rats der Kirche, für Flüchtlinge eingesetzt. Wieder in St. Gallen, war sie Mitinitiatorin der Ostschweizerischen Schule für Sozialarbeit. Seit 1957 war sie Sekretärin der Frauenzentrale.[634] Unter ihrer Ägide wurde Dora Rittmeyer zur Ehrenpräsidentin der Frauenzentrale St. Gallen ernannt.

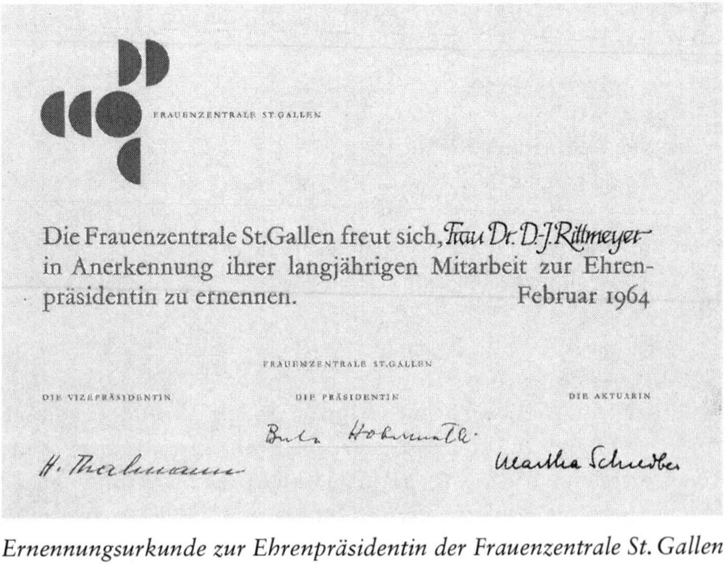

FRAUENZENTRALE ST.GALLEN

Die Frauenzentrale St.Gallen freut sich, Frau Dr. D.-J. Rittmeyer in Anerkennung ihrer langjährigen Mitarbeit zur Ehrenpräsidentin zu ernennen. Februar 1964

FRAUENZENTRALE ST.GALLEN

DIE VIZEPRÄSIDENTIN DIE PRÄSIDENTIN DIE AKTUARIN

Ernennungsurkunde zur Ehrenpräsidentin der Frauenzentrale St. Gallen.

Ehrenvolles Präsidium: Der Bund Schweizerischer Frauenvereine (1959–1965)[635]

Von der Frauenzentrale zum Bund Schweizerischer Frauenvereine

> «Hienieden ist nicht das Land der Glückseligkeit; es ist nur das Land der Mühe, und jede Freude, die uns wird, ist nur Stärkung auf eine folgende, heissere Arbeit.»[636]

Diese Worte Johann Gottlieb Fichtes, die Dora Rittmeyer einst zitiert hatte, seien als Motto über ihr Wirken beim Bund Schweizerischer Frauenvereine gestellt.

Schweizer Frauenblatt vom 8. Mai 1959

Als am 8. Mai 1959 in Neuenburg die Delegiertenversammlung des Bunds stattfand, war das nicht nur für Dora Rittmeyer ein besonderer Tag: «Wir waren dieses Mal eine besonders stattliche Delegation, weil es sich die St. Gallerinnen nicht nehmen lassen wollten, die Wahl der neuen BSF-Präsidentin mitzufeiern.»[637] Vier neue Vorstandmitglieder waren zu wählen, acht Kandidatinnen standen bereit. Gewählt wurden u. a. Marga Bührig[638] sowie Dora Rittmeyer, diese mit 333 von 337 Stimmen. Anschliessend wurde sie einstimmig zur Präsidentin gekürt. Das war umso erstaunlicher, als sie eine Quereinsteigerin war, also nicht, wie üblich, zuvor dem Vorstand dieser Organisation angehört hatte. Allerdings war sie in Frauenkreisen bekannt.[639] Das *Schweizer Frauenblatt*, Organ des Frauen-Bunds, geizte nicht mit Vorschusslorbeeren: Unter Dora Rittmeyer sei die Frauenzentrale St. Gallen neu aufgeblüht. Sie habe Initiative entfaltet und verfüge über Durchhaltewillen. Was sie zur «richtigen Frau am richtigen Platz» küre, sei neben ihrer hervorragenden Intelligenz und dem mutigen Auftreten in jeder Situation die Ausgewogenheit ihres Charakters. Sie sei allem fruchtlosen Geschwätz und fragwürdigen Geflüster abhold. Nach aussen wirke sie eher kühl und sachlich, verfüge aber über innere Wärme und soziales Verständnis.[640] Zudem war Dora Rittmeyer praktisch bilingue. Sie war Nachfolgerin der Neuenburger Juristin Denise Berthoud.[641] Das neue Amt trat sie am 1. Oktober 1959 an.

Bevor auf Dora Rittmeyers neues Präsidium eingegangen wird, sei daran erinnert, dass der Bund Schweizerischer Frauenvereine im Jahr 1900 gegründet und als Sammelbecken sämtlicher Frauenorganisationen der Schweiz geplant worden war, aber dieses Ziel in den ersten 50 Jahren seines Bestehens verfehlte. Doch dann wurde durch die Präsidentin Gertrud Haemmerli-Schindler[642] eine expansive Phase eingeläutet: Das bisher bestehende Schweizerische Frauensekretariat unter der Leitung von Mlle. Henriette Cartier[643] wurde mit dem Frauen-Bund vereinigt. Zudem schlossen sich ihm Berufsverbände aus dem Pflegebereich sowie der Schweizerische Verband für das Frauenstimmrecht und der Schweizerische Verband der Akademikerinnen an.[644] Auch Sozialdemokratinnen waren jetzt dabei.[645] Der neue Aufschwung zeigte sich an der glanzvollen 50-Jahrfeier vom 23. April 1950. Gastredner war Bundespräsident Max Petipierre. Er lobte den Einsatz der Frauen zum Wohl des Volks, brach aber keine Lanze für das Frauenstimmrecht, worauf er unverzüglich von der Präsidentin getadelt wurde.[646] Allerdings band nun Bern den Frauen-Bund vermehrt in Vernehmlassungen ein. Auch erhielten mehr Frauen Zutritt in eidgenössische Kommissionen. So nahm eine Frau Einsitz in die Schweizerische Genossenschaft für Schlachtvieh- und Fleischversorgung.[647] Die Statuten wurden von Elisabeth Nägeli[648] erarbeitet, von Dora Rittmeyer später überarbeitet.[649] Ziele waren die berufliche und rechtliche Gleichstellung der Frau und das Gemeinwohl.[650]

Im Frauen-Bund war Dora Rittmeyer schon längst bekannt. Ihr selbst war der Kontakt zum BSF wichtig. Bereits 1947 schrieb sie: «Die Pflege schweizerischer und internationaler Verbindungen vernachlässigten wir auch im vergangenen Jahr nicht.»[651] Sie teilte dessen Anliegen und Werte.[652] Und schon längst hatte sie dort Gleichgesinnte gefunden, so die Baslerin Elisabeth Vischer-Alioth.[653] Einmal bemerkte Dora Rittmeyer:

> «Je häufiger unsere Dachorganisation, der Bund Schweiz. Frauenvereine, zur Mitarbeit an eidgenössischen Fragen aufgerufen wird oder von sich aus dazu Stellung nimmt, [desto] mehr müssen auch wir uns mit diesen Fragen befassen; denn der BSF kann nur dann die Meinung seiner Mitglieder vertreten, wenn auch diese orientiert und zu einer Stellungnahme gekommen sind. Manchmal ist die uns zur Meinungsäusserung gegebene Frist sehr kurz bemessen; wie dankbar sind wir dann, wenn es sich um Fragen handelt, die wir in unserer Frauenzentrale bereits besprochen haben.»[654]

Auch war die Frauenzentrale Gastgeberin der 53. Delegiertenversammlung des Frauen-Bunds vom 24./25. April 1954 in St. Gallen.[655] Für die Frauenzentrale bedeutete das viel Arbeit: Der Grossratssaal – einst Festsaal des Fürstabts – wurde reserviert, Gesuche um Finanzierung gestellt, Einladungen verschickt, Hotelzimmer und Räume für die Kommissionssitzungen gebucht, Stimmkarten, Bons für das Essen, Stadtpläne und Abzeichen für die Teilnehmerinnen beschafft, Pfadfinderinnen als Wegweiserinnen aufgeboten. Für den Sonntag wurden die Möglichkeiten zum Besuch von Gottesdiensten eruiert und eine Extrafahrt des Bähnchens nach Trogen zum Besuch der Landsgemeinde organisiert. Für das Bankett im Saal des Hotels «Walhalla» wurde das Menu ausgewählt und Blumen beschafft. Auch liess man Schulkinder die Tischkärtchen gestalten.[656] Und man war stolz, dass sich die New Yorker Rechtsanwältin Juno Carter, Vertreterin des internationalen Frauenrats der UNO, als Gast angemeldet hatte.[657]

Im Dankbrief des Frauen-Bunds heisst es, die Erinnerung an die 53. Delegiertenversammlung sei eine ganz besondere. Es sei alles so glänzend organisiert gewesen, der Gedanke, die Delegierten an die Landsgemeinde nach Trogen zu führen, den die «verehrte Frau Präsidentin» ausgesprochen habe, sei aufs Schönste in Erfüllung gegangen.[658]

Längst schon hatte Dora Rittmeyer ihre Fühler auch ins Ausland ausgestreckt. Bereits 1946 hatte sie in der Frauenzentrale

Schweizer Frauenblatt vom 23. April 1954.

einen Fachmann über Organisation und Zwecke der UNO referieren lassen. In der darauf folgenden Diskussion hatten sich – im Kontrast zur damaligen Stimmung in der Schweiz – 72 von 73 Frauen für den Beitritt der Schweiz zur UNO ausgesprochen, vielleicht, da diese das Frauenstimmrecht propagierte.[659] 1948 hatte Dora Rittmeyer eine internationale Frauentagung in St. Gallen organisiert, an der wegen Einreiseschwierigkeiten zwar nur je vier deutsche und österreichische Frauen teilnehmen konnten. Das Gespräch drehte sich um die Erziehung der Nachkriegsjugend und um Hilfe für Kriegsflüchtlinge.[660] Und 1950 hatte sie die Vizepräsidentin des Frauen-Bunds[661] über «Die Stellung der Schweiz in der europäischen Zusammenarbeit» referieren lassen. Im Blick auf den beginnenden Kalten Krieg sagte die Referentin, wenn Europa nicht von der Sowjetunion geschluckt werden wolle, müsse etwas geschehen. Dora Rittmeyer empfahl daraufhin den Beitritt des Frauen-Bunds zum Schweizerischen Nationalkomitee für Europäische Zusammenarbeit.[662] Sodann, 1952, besuchten vier finni-

Delegiertenversammlung des Bunds Schweizerischer Frauenvereine im Grossratssaal St. Gallen, St. Galler Tagblatt vom 27. April 1954, Foto: Krüsi.

sche Frauen, darunter eine Reichstagsabgeordnete, die Frauenzentrale.[663] – 1955 referierte Regina Kägi-Fuchsmann über die Entwicklungshilfe in Afrika.[664] Sie berichtete vom Kampf gegen die Augenkrankheit Trachom, gegen die Malaria, den Aussatz, den Typhus und gegen die Kindersterblichkeit. All dies hänge mit der wirtschaftlichen Unterentwicklung zusammen. Der Westen müsse helfen, denn letztlich hätten sich alle, auch die Schweiz, an den niedrigen Arbeitslöhnen der einheimischen Bevökerung bereichert.[665] 1958 schliesslich sprach eine Naturwissenschaftlerin in der Zentrale über «Die Atomkraft und unsere Zeit». Sie betonte, dass die Gefahren seit Hiroshima gewachsen seien, und rief zum Einsatz aller Kräfte für den Frieden auf. Die Stimmung im Saal war nach diesem Vortrag sehr ernst.[666]

1962 beschäftigte sich der Bund Schweizerischer Frauenvereine unter dem Präsidium Dora Rittmeyers mit dem Volksbegehren für ein Verbot von Schweizer Atomwaffen. Zur Enttäuschung der Vorstandsfrauen wurde dieses abgelehnt. An der Delegiertenversammlung des gleichen Jahres richtete der Frauen-Bund die Bitte an die UNO-Abrüstungskonferenz in Genf, in ihrem Bemühen um ein allgemeines Verbot der Atomversuche nicht nachzulassen.[667] – Bei all diesen genannten Vorstössen und Kontakten offenbart sich das im damaligen Kontext ausserordentliche Problembewusstsein und die Weltoffenheit Dora Rittmeyers.

«Wo bleibt die Rechtsgleichheit?» Dora Rittmeyer und die SAFFA 58[668]

Der Bund Schweizerischer Frauenvereine hatte die Federführung inne zur – nach 1928 – zweiten Austellung. Sie wurde am linken Seeufer in Zürich aufgebaut, auch diesmal von einer Frau, der Architektin Annemarie Hubacher-Constam.[669] Die mittlerweile verklärte SAFFA 28 war der Massstab, an dem die SAFFA 58 gemessen wurde.[670] Die SAFFA 58 diente explizit nicht der Propagierung des Frauenstimmrechts, implizit aber sehr wohl. Dass man Dora Rittmeyer als Veranstalterin der Ausstellung «150 Jahre Frauenarbeit im Kanton St. Gallen» bei der Konzeption einbezog, drängte sich geradezu auf.[671] Sie übernahm die Leitung der Fachgruppe «Die Frau im Dienste des Volkes». Elisabeth Nägeli, Vizepräsidentin des Frauen-Bunds, schreibt: «Als Mitglied dieser Gruppe weiss ich, wie schwierig diese Aufgabe war, und wie gut und überlegen Dora Rittmeyer sie meisterte.»[672]

Die Ausstellung wurde am 17. Juli 1958 mit einer Feier im vollbesetzten Fraumünster eröffnet. Sie schloss am 15. September. Zwischendrin herrschte ein wochenlanges, frohes Fest.[673] Zum Treffen der Präsidentinnen der kantonalen Frauenzentralen schrieb Dora Rittmeyer, die Tage in der sonnendurchfluteten, mit Blumen reich geschmückten Ausstellung würden wohl in bester Erinnerung bleiben.[674] Oft führte sie Besucherinnen und Besucher durch die Ausstellung. Es wurden gegen zwei Millionen Personen gezählt, ein Riesenerfolg. Die Ausstellung warf zwei Millionen Franken Gewinn ab.

Neben den Ausstellungshallen gab es einen Festplatz, ein Theater, ein Bähnchen, eine Sesselbahn, eine künstliche Insel, eine Kunsthalle, listigerweise ein «Männerparadies»,[675] ein «Haus der Kantone», eine Bibliothek, ein Kinderland und einen Turm mit Musterwohnungen. Eine Halle war der Arbeit gewidmet, eine andere der Frau und dem Geld, eine den Eltern und Kindern, weitere der Ernährung, der Musse, der Musik und der Unterhaltung.

Luftansicht der SAFFA 58 mit der SAFFA-Insel im Zürichsee.

Auch eine Kirche gab es, wo neben konfessionellen Gottesdiensten ökumenische Mittagsgebete angeboten wurden, teils geleitet von Marga Bührig, was – vier Jahre vor Beginn des II. Vatikanischen Konzils – eine Sensation war.[676] Auf der Mauer «Die Linie», die sich durch das Areal schlängelte, wurden – ein Ausdruck der feministischen Gesinnung der Ausstellungsmacherinnen – bedeutende Frauen vom 10. bis ins 20. Jahrhundert vorgestellt.

Dora Rittmeyers Halle «Die Frau im Dienste des Volkes», die am Ende der «Linie» stand, wurde dominiert von einem riesigen Räderwerk mit miteinander verbundenen, sich bewegenden Rädern, welche die Vielfalt der Arbeit des BSF sowie den Kontakt mit seinen Mitgliedverbänden, mit andern schweizerischen und mit internationalen Organisationen und mit den Behörden darstellten.[677] Der Themenkreis umfasste:[678]

- Das Wirken der Frauen in der Öffentlichkeit
- Frauen organisieren sich
- Aus der Tätigkeit von gemeinnützigen, konfessionellen und politischen Frauengruppen, Stimmrechtsvereinen, Dachorganisationen von Frauen
- Die Frauenarbeit beim FHD [militärischer Frauenhilfsdienst] und beim Schweizerischen Roten Kreuz
- Die Arbeit im schweizerischen Aufklärungsdienst, im zivilen Frauenhilfsdienst des letzten Kriegs, Zivilschutz
- Die Arbeit im Interesse des Friedens
- Das Wirken der Schweizerin im Ausland
- Die Frau im Recht
- Die Mitwirkung von Frauen in Behörden, Kommissionen und Verwaltung
- Gedanken von Frauen und Männern über die Gleichberechtigung von Frau und Mann.

Dora Rittmeyer schreibt über «ihre» Halle:

> «Ganz grundsätzlich musste zuerst einmal gezeigt werden, dass die einzelne Frau [...] erkannt hat, dass sich auch die Frauen organisieren müssen. Mit dem Ausspruch ‹Wie viele soziale Werke unseres Landes beruhen auf der freiwilligen Arbeit unserer Frauen› wurde

auf das spezifisch frauliche Vereinsleben hingewiesen, auf die Tatsache nämlich, dass sozusagen alle Arbeit, die in Wohltätigkeitsvereinen geleistet wird, ohne materielle Entschädigung bleibt, und dass der freiwillige Einsatz der Frauen für viele Werke lebenswichtig ist. Nicht in selbstgefälliger Betrachtung der eigenen Leistung sollte aber dieser Spruch leuchten, sondern als Weck- und Mahnruf an die Frauenwelt, um ihr klarzumachen, dass ihre oft belächelte Arbeit im Frauenverein zum Wohl des Volksganzen geschieht [...]. Das Heer der helfenden Frauen wurde durch grosse, von der Decke herabhängende Fotographien anonymer Frauen symbolisiert.»[679]

Unter dem Stichwort «Schweizerin und das Ausland» kam die Internationale Liga für Frieden und Freiheit zur Sprache, in welcher Clara Ragaz-Nadig[680] eine prägende Rolle gespielt hatte. Auch wurde die Aufmerksamkeit auf die Mitarbeit von Frauen in der schweizerischen UNESCO-Kommission gelenkt. Und es wurden Arbeitsfelder aufgezeigt, in denen der Staat Frauen zur Mitarbeit heranzog.[681] Geschickt stellte Dora Rittmeyer eine Sonderschau zu «Frauen in öffentlichen Ämtern in Kanton und Gemeinden» zusammen:

«Weibliche Lehrkräfte, Höhere Beamtinnen, kantonale und kommunale Kommissionen, Frauen im Gerichts- und Polizeiwesen, kirchliche Ämter. Farbige Lämpchen leuchteten auf, wenn in einem Kanton Frauen als Richterinnen amten, weibliche Schulvorsteher gewählt werden, Polizeiassistentinnen angestellt sind, Frauen in der Kirche Stimm- und Wahlrecht haben. Die Schweizer Karten begegneten grösstem Interesse, und mit Hingabe drückten kleine und grosse Besucher auf die Kontaktknöpfe um zu erfahren, wie es in diesem oder jenem Kanton mit der Mitarbeit der Frauen bestellt sei. Auch das grosse Bild einer tessinischen Bürgerversammlung, Patriziato, welches die stimmenden weiblichen Haushaltungsvorstände zeigt, wurde genauestens studiert. Daneben wurden auf einer Tafel alle eidgenössischen Kommissionen mit weiblichen Mitgliedern aufgezählt. Einen Brennpunkt des Interesses bildete im Mittelpunkt der Halle die Darstellung, welche der rechtlichen Stellung der Schweizer Frau gewidmet war. ‹*Erster Grundsatz unseres Rechts ist die Rechts-*

gleichheit›, verkündete der Spruch, der wegleitend über den drei Gruppen stand, die in der ersten Nische verschiedene Rechte bei gleichen Voraussetzungen, in der zweiten Nische verschiedene Rechte bei natürlicher Verschiedenheit zeigte, um in der dritten Nische die Frage zu stellen: ‹*Wo bleibt die Rechtsgleichheit?*› Während in der ersten Nische Mann und Frau auf gleich hohen Sockeln standen, in der zweiten Nische das Paar durch das Hinzufügen von Kindern zur Familie wurde, stand in der dritten Nische die Frau erheblich unter dem Mann. Im Zukunftsbild, Erreichung der Rechtsgleichheit, stieg die Frau langsam in die Höhe, um aber immer wieder auf ihren alten Stand zurückzusinken.»[682]

Die Hauptaussage der von Dora Rittmeyer gestalteten Halle bestand also in der Schilderung des seit langem bestehenden Kampfs für die Rechtsgleichheit der Frau und in der Forderung, sie endlich zu verwirklichen. «Denksprüche» in den vier Landessprachen, welche beim Ausgang hingen, unterstrichen den «Leitgedanken der Halle», wobei bei den ersten zwei Sprüchen klugerweise Männer zitiert wurden:

- «‹Die politische Zurücksetzung der Frau ist eine Verkennung ihrer menschlichen Würde›, sagte Prof. Max Huber.
- ‹Der Staat, der auf die politische Mitarbeit der Frauen verzichtet, beraubt sich wertvoller Kräfte›, mahnte die Botschaft des Bundesrats.
- ‹Mann und Frau bauen gemeinsam an der Zukunft des Landes›, forderten die Frauen, und hoffnungsfroh tönte es zum Schluss:
- ‹La persévérance de la femme d'aujourd'hui sera son succès de demain›.»[683]

Der Bund Schweizerischer Frauenvereine beabsichtigte zweifellos, mit der SAFFA 58 der bevorstehenden Abstimmung über das Frauenstimm- und wahlrecht einen Schub zu verleihen, wobei er nicht provozieren, sondern überzeugen wollte. Genau dies regte später etliche Historikerinnen zu Kritik an: «Einen Bogen machten die Veranstalterinnen […] um das Thema ‹politische Rechte›.»[684] Die SAFFA habe das Hauptgewicht, «auf die harmo-

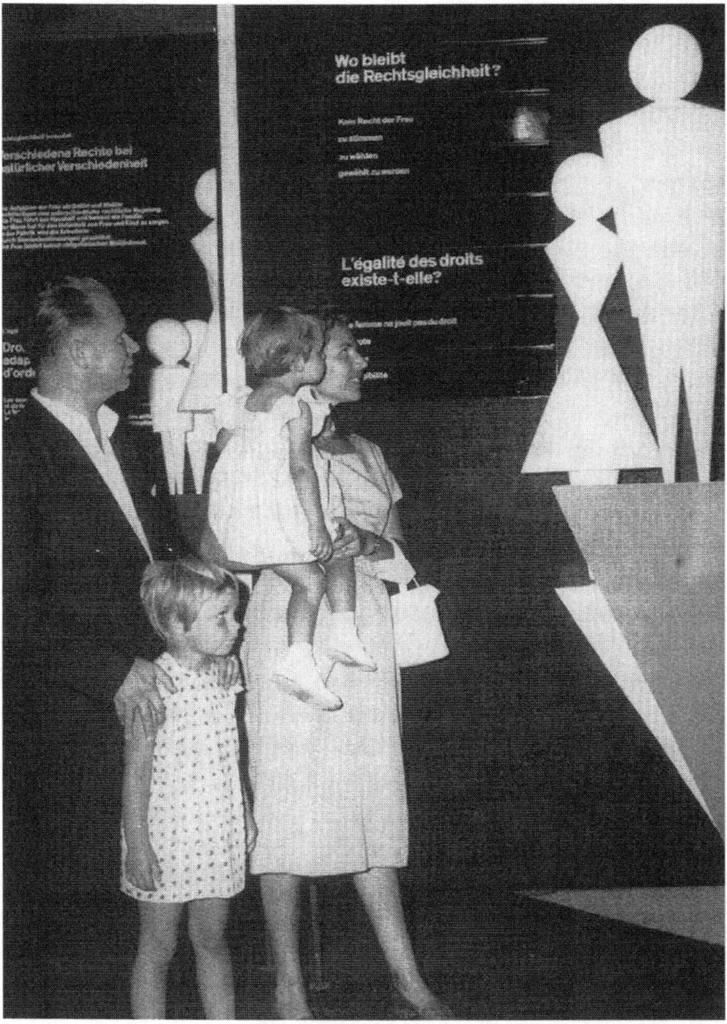

«Wo bleibt die Rechtsgleichheit? – L'égalité des droits existet-t-elle?»

nische Zusammenarbeit der Geschlechter» gelegt: «Denn seien wir uns klar darüber, dass die schöne und sommerliche SAFFA im Kampf um die Frauenrechte recht leisetreterisch war.»[685] Oder: «Das demonstrative Streben nach Harmonie blockierte jede vorwärtsdringende feministische Intention.»[686] In dieselbe Kerbe hieb unlängst ein Artikel in der *NZZ*: «Das Frauenbild der Saffa 1958 ist konservativ.»[687]

Das reizt zum Widerspruch, zumindest in Bezug auf die «Linie», auf der gewiss keine biederen Hausmütterchen dargestellt waren, vor allem aber, was die Halle Dora Rittmeyers betrifft. Zwar wollte auch sie niemanden brüskieren. Doch plädierte sie unmissverständlich für die Gleichberechtigung der Frau. Man muss die Quellentexte nur mit Sorgfalt lesen – und auf dem Hintergrund ihrer Zeit! Der ökumenische Ansatz der SAFFA 58-Kirche ist bis heute unüberboten – ein hoffnungsvolles Versprechen, das erst ansatzweise eingelöst ist.

Wenige Wochen nach Schluss der Ausstellung erschien das Buch «Frauen im Laufgitter» von Iris von Roten. Mit seinen ausgeprägt feministischen Forderungen und dem erfrischenden und unverblümten Stil erregte es schweizweit Aufsehen und sorgte präzis für den Schockeffekt, den die SAFFA-Frauen hatten vermeiden wollen.[688] In ihrer Taktik durchkreuzt, befürchteten sie nun für die kommende Abstimmung das Schlimmste. Am 1. Februar 1959 wurde von 67 % der Stimmbürger ein Nein in die Urne gelegt.[689] Immerhin stimmten die Waadt, Genf und Neuenburg zu, worauf die Frauen in diesen Kantonen das kantonale Stimm- und wahlrecht erhielten. Beim Frauen-Bund sass die Frustration nach der Niederlage tief.[690] Doch hielt er trotzig an der Überzeugungs-

Schweizer Frauenblatt vom 13. Februar 1959.

arbeit fest – wie auch im Jahresbericht der Frauenzentrale mit dem Satz: «Enttäuscht, aber nicht entmutigt»,[691] und er setzte auf vermehrte Zusammenarbeit der Frauen innerhalb der Parteien.

Chefin einer umfassenden und komplexen Organisation

Doch machte sich beim Bund Schweizerischer Frauenvereine trotz gegenteiliger Beteuerungen weitherum Niedergeschlagenheit breit. Dora Rittmeyer übernahm das Präsidium 1959 in einer tiefen Krise, das war mutig! Deutliches Zeichen der Krise war, dass die Studienkommission des Bunds, die für die Einführung des Frauenstimm- und wahlrechts kämpfen sollte, nach dem Abstimmungsdebakel sistiert wurde.[692] Dora Rittmeyer hatte in ihrer Halle an der SAFFA 58 auf die Mitwirkung von Frauen in Kommissionen der Eidgenossenschaft hingewiesen und zudem auf die paar Frauen, die hohe Posten in der Bundesverwaltung einnahmen.[693] Bei Antritt ihrer Präsidentschaft sassen Vertreterinnen des Frauen-Bunds in immerhin 37 eidgenössischen Kommissionen, u. a. in der AHV-Kommission, in der Studienkommission für die Revision des Familienrechts, in der Expertenkommission für die Revision des Bundesgesetzes über die berufliche Ausbildung und sogar im Landesverteidigungsrat. Auch in Kommissionen lässt sich Politik machen, nicht nur im Parlament!

Zum Zeitpunkt von Dora Rittmeyers Wahl umfasste der Frauen-Bund 45 schweizerische Verbände, 18 kantonale Frauenzentralen, 176 lokale Vereine und 185 Einzelmitglieder. Man rechnete mit 300 000 angeschlossenen Frauen. Es gab Verästelungen bis ins kleinste Dorf. Der Frauen-Bund diente der sozialen und politischen Kaderschulung unzähliger Schweizerinnen. Dora Rittmeyer wurde Chefin einer riesigen komplexen Organisation!

Sie hielt sich nun mindestens zwei Tage pro Woche an der Geschäftsstelle an der Merkurstrasse 45 in Zürich auf.[694] Hier arbeiteten elf Frauen mit Mlle. Henriette Cartier[695] an der Spitze, die sich in Zusammenarbeit mit der Präsidentin und den Kommissionen mit Eingaben und Vernehmlassungen und diversen Studien befasste.[696] Henriette Cartier habe die Organistion richtiggehend «gemanagt», beobachtete Margrith Bigler-Eggenberger, die dem Vorstand 1964 beitrat. Doch Cartiers Zusammenarbeit mit Dora Rittmeyer habe ausgezeichnet funktioniert, obwohl beide starke Persönlichkeiten waren.[697]

Wenn man liest, dass im Geschäftsjahrs 1960 93 Sitzungen und 568 Besprechungen stattfanden, 3734 telefonische Auskünfte erteilt wurden, 5425 Briefe ein- und 6119 ausgingen, dazu 5085 Drucksachen und Pakete entgegengenommen und 13989 verschickt wurden, so bekommt man einen Begriff von der Knochenarbeit, die hier geleistet wurde.[698] Die Betriebsrechnung 1960 wies Einnahmen von 110000 Franken und ein Defizit von 30000 Franken auf.[699] Die Eidgenossenschaft steuerte 20000 Franken bei, dazu kam ein Zustupf aus der Bundesfeierspende. Das reichte knapp, um über die Runden zu kommen.[700]

Zwei erfahrene Vizepräsidentinnen standen Dora Rittmeyer zur Seite: die Juristin Elisabeth Nägeli[701] und Mme Michelle Cuénod-de Muralt.[702] Zusammen mit der Quästorin und drei weiteren Vorstandsfrauen bildeten sie den Arbeitsausschuss. Im Vereinsjahr 1959 hielt dieser 14 Sitzungen ab. Der Gesamtvorstand, der 21 Mitglieder umfasste, trat fünf Mal zusammen. Dora Rittmeyer verschaffte sich rasch Respekt: An der Delegiertenversammlung 1961 wurde sie ohne Gegenstimme als Präsidentin bestätigt.[703]

Im Geschäftsjahr 1960 reichte der Frauen-Bund den Behörden in Bern neun Eingaben zu folgenden Vorlagen ein: Arbeitsgesetz; Diskriminierung in Beschäftigung und Beruf; Gleicher Lohn für gleichwertige Arbeit; Mutterschaftsversicherung und Revision der Krankenversicherung; Internationale Konvention über Alimenteneinforderung; Teilrevision des Familienrechts des ZGB; Entwurf von Regeln zur Beschränkung der Gefahren für die Bevölkerung im Kriegsfall; Förderung des Milchkonsums und Butterabsatzes für kinderreiche Familien; Weiterführung der Preiskontrolle.[704]

Sie müsse «jederzeit und allerorts zur Verfügung stehen», sagte Dora Rittmeyer in einem Interview.[705] Noch 1957, ein Jahr vor der SAFFA 58, hatte sie einen öffentlichen Zyklus an der Handelshochschule durchgeführt – über den von ihr über alles geliebten Johann Sebastian Bach.[706] Damit war es jetzt vorbei:

> «In allen diesen Jahren hatte ich immer wieder versucht, für mein Lieblingsgebiet, die Musik und die Musikwissenschaft, einen Rest meiner Zeit aufsparen zu können. Meine Mitarbeit an Zeitschriften, gelegentliche Vortragstätigkeit und Kritikerarbeit für Tageszeitungen wurde immer schwieriger weiterzuführen, nur etwas rettete mich durch diese Jahre hindurch: eine öffentliche Vorlesung jeweils im Wintersemester an der Handelshochschule St. Gallen. Diese mir besonders ans Herz gewachsene Lehrtätigkeit muss ich für die nächsten Jahre aufgeben, und das ist wohl das schwerste Opfer, das ich dem BSF bringen muss.»[707]

Doch gab es auch oft Grund zu Freude:1960 wurde Dora Rittmeyer an das 500-jährige Jubiläum der Universität Basel eingeladen.[708] Damit sollte das verdienstvolle Wirken der Schweizerfrauen zum Wohl des Vaterlandes gewürdigt werden. Sie sei «stellvertretend im Namen unzähliger Frauen im Festzug inmitten vieler Männer von der Universität zum ehrwürdigen Münster» gewandelt, berichtet sie. Neben ihr sei die Oberin Noémi Bourcart, die das Heer der Krankenschwestern vertreten habe, als zweiter weiblicher Ehrengast im Festzug mitgeschritten.[709]

Margrith Bigler-Eggenberger erlebte die Präsidentin aus nächster Nähe, denn 1964 trat sie, damals im Kanton Bern wohnhaft, dem Vorstand bei.[710] Die Juristin, Tochter eines Politikers,[711] verdankte ihre Wahl der Sozialdemokratin Hedwig Leuenberger-Köhli,[712] die soeben vom Vorstand zurückgetreten war und die junge Parteigenossin als Nachfolgerin vorgeschlagen hatte. Aber auch Dora Rittmeyer hatte bei der Wahl eine Rolle gespielt: Sie kannte Margrith Bigler-Eggenberger schon lange, da ihr Sohn Heiner und Margrith dieselbe Klasse an der Kantonsschule St. Gallen besucht hatten. Die beiden jungen Leute studierten nach der Matura in Zürich die Rechte.[713] Margrith Bigler-Eggenberger erinnert sich noch heute an das engagierte Wirken Dora Rittmeyers. Sie sei von ihr freundlich im Vorstand aufgenommen und tatkräftig gefördert worden, was umso bemerkenswerter gewesen sei, als der Frauen-Bund bürgerlich dominiert war. Dass Dora Rittmeyer sozial aufgeschlossen war und nicht in engen politischen Kategorien gedacht habe, sei allerdings offensichtlich gewesen. Den

Beweis dafür habe sie ja schon als Präsidentin der Frauenzentrale St. Gallen erbracht. Sie, Margrith, habe damals von der Zusammenarbeit mit der Präsidentin sehr profitiert. Umgekehrt habe sie den Eindruck gewonnen, dass sich Dora Rittmeyer darüber freute, mit ihr, der um eine Generation jüngeren Kollegin, zusammenarbeiten zu können.

Margrith Bigler-Eggenberger übernahm beim Frauen-Bund mehrere Funktionen, welche zuvor die Juristin Elisabeth Nägeli im Vorstand und in verschiedenen eidgenössischen Kommissionen eingenommen hatte, darunter in der Eidgenössischen AHV-IV-Kommission, aber auch im Verwaltungsrat der Schweizerischen Unfallversicherungsanstalt in Luzern (SUVA). Dass sie, bis 1974 im Vorstand tätig, 1972 als erste Frau zur nebenamtlichen, 1974 zur ordentlichen Bundesrichterin gewählt wurde, schuldete sie wohl dem guten Ruf, den sie sich als fachlich kompetentes Mitglied in eidgenössischen Kommissionen erworben hatte. Später, als Margrith Bigler-Eggenberger mit ihrem Ehemann in der Nähe St. Gallens am Bodensee wohnte, wurde sie gelegentlich von Dora Rittmeyer privat zum Tee eingeladen. Häufiger jedoch ging Dora Rittmeyer zu ihr zu Besuch. Sie hätten «gute Gespräche» geführt, Dora Rittmeyer sei eben ausgesprochen offen gewesen.[714]

Die Weltbürgerin Dora Rittmeyer

Ende August 1960 reiste Dora Rittmeyer zusammen mit Elisabeth Nägeli und anderen Vorstandsfrauen sowie mit Henriette Cartier an den Kongress des Conseil International des Femmes (CIF)[715] nach Istanbul. Der Frauen-Bund war bereits seit 1903 Mitglied des Conseils gewesen. Für Dora Rittmeyer hatte das grosse internationale Treffen Neuigkeitswert. 250 Delegierte aus 33 Ländern aller 5 Kontinente fanden sich ein. Hauptthema war «Die Frau und die Familie in einer Welt des Umbruchs». Angesichts der divergierenden Kulturen gingen die Meinungen stark auseinander. Doch war Dora Rittmeyer beeindruckt von der Aufgeschlossenheit und der hohen Motivation einzelner Asiatinnen und Afrikanerinnen. Die Türkinnen hingegen hätten sich, obwohl sie bereits seit 1934 das Frauenstimmrecht besassen, vor allem als charmante Gastgeberinnen erwiesen. Der Kongress regte Dora Rittmeyer zur Gründung einer europäischen Unterorganisation des Conseils an.[716] Dazu kam es bereits ein Jahr später.[717]

Auch das Geschäftsjahr 1961, berichtet sie, sei reich an internationalen Begegnungen gewesen.[718] Sie genoss den Aufenthalt im Ruhrgebiet, wohin sie von der Ortsgruppe Essen des Deutschen Frauenrings eingeladen worden war:

> «Das Zusammensein mit Mitgliedern des Frauenrings in Essen, Bonn und Köln, die Besichtigung vieler sozialer Werke im Ruhrgebiet, die Treffen mit deutschen Parlamentarierinnen auf städtischer und Bundesebene boten uns sehr viele interessante Einblicke in andere Verhältnisse und haben sicher das Verständnis von Land zu Land gefördert. Ein auch der Öffentlichkeit zugängliches ‹Gespräch am runden Tisch› in Essen, das vornehmlich der Fragenbeantwortung über die rechtliche und wirtschaftliche Stellung der Schweizerfrau diente, gab uns Gelegenheit, manches Missverständnis über die ‹stimm- und wahlrechtlose Schweizerin› aufzuklären und um Verständnis für die besonderen politischen und staatsrechtliche Verhältnisse in der Schweiz zu werben.»[719]

Dora Rittmeyer wurde schon als «die Europäerin» unter den Präsidentinnen des Frauen-Bunds bezeichnet, und das zu Recht.[720] Doch noch mehr: Sie war eine Weltbürgerin. Sie interessierte sich für die UNO und erwartete von ihr neben der Frauenförderung Impulse für den Weltfrieden. Krieg, schrieb sie einmal, ist «für mich etwas absolut Böses».[721] Dora Rittmeyer setzte Meilensteine in der internationalen Zusammenarbeit, was umso bemerkenswerter ist, als sich die Schweiz damals abkapselte.[722] Für die Delegiertenversammlungen von 1960, 1961 und 1962 wählte sie Themen, die den Rahmen der Schweiz sprengten.

Delegiertenversammlung 1960: Flüchtlinge

Das Jahr 1960 wurde von der UNO zum Weltflüchtlingsjahr erklärt. Dora Rittmeyer zögerte keine Sekunde, auf den Anstoss einzugehen. So stand denn die Delegiertenversammlung des Frauen-Bunds vom 30. April/1. Mai 1960 in Solothurn unter dem Thema «Flüchtlingsnot und Flüchtlingshilfe».[723] Das Echo war gross: 320 Frauen fanden sich ein. Dora Rittmeyer erwies sich als gewandte Präsidentin des grossen Frauenparlaments.[724]

Schon vor diesem Anlass hatte der Frauen-Bund den Appell an die Mitglieder gerichtet, Geld für die Flüchtlinge zu sammeln, so mit der Durchführung von Flohmärkten oder dem Verkauf von selbst gefärbten Ostereiern. Die Spende sollte August R. Lindt,[725] Hochkommissar der Vereinten Nationen für Flüchtlinge, übergeben werden, der als Referent erwartet wurde. Es ging Dora Rittmeyer nicht nur um die Milderung akuter Not, sondern auch um eine «dauernde Sanierung», so durch berufliche Schulung der Flüchtlinge.[726] Das lässt aufhorchen.

Lindt war verhindert. Er wurde von Monique Bierens de Haan vom Hochkommissariat für Flüchtlinge vertreten. Sie mahnte: «Notre siècle n'est pas seulement le siècle du progrès, il semble être avant tout le siècle des déshérités, des sans-foyers. Il ne doit pas devenir le siècle des désespérées.»[727] Sie konnte 55 000 Franken für die Arbeit des Hochkommissariats entgegennehmen.[728] Die Pressereferentin der Schweizerischen Zentralstelle für Flüchtlingshilfe, Nadja Jollos, sprach anschliessend über die weltweit über 14 Millionen Flüchtlinge. Obwohl Nicht-Mitglied der UNO, müsse die Schweiz mehr zur Linderung der Not leisten. Norwegen spende Fr. 2.45 pro Kopf, die Schweiz nur 56 Rappen. Der Flüchtling «soll nicht blosses Objekt der Wohltätigkeit sein, sondern der Mitmensch, dem nur geholfen werden kann, wenn er sich in eine Gemeinschaft aufgenommen weiss».[729] – Dora Rittmeyer und ihr Mann hatten genau das getan!

Delegiertenversammlung 1961: Frauen in Entwicklungsländern und ein Frauenhaus in Bombay

An der Delegiertenversammlung von 1961 beschäftigte man sich mit «Frauenschulung, ein wichtiges Thema der Entwicklungsländer». Man war aufgeschreckt worden durch die Tatsache, dass es in der Wintersession in den beiden Räten sieben Vorstösse zur Entwicklungshilfe gab, in keinem aber von den Frauen die Rede war, obwohl das doch das Problem Nummer eins sei. Man müsse die Frauen bilden, nur so könnten die Lebensbedingungen verbessert werden.[730] Die *NZZ* brachte einen ausführlichen, überaus wohlwollenden Bericht:

> «Mehr als 300 Delegierte […] erlebten unter der Ägide von Frau Dr. Dora Rittmeyer-Iselin (St. Gallen) eine sehr gehaltvolle Tagung […]. Zur Jahresversammlung im Stadttheater Chur fanden sich ausser den Delegierten zahlreiche Gäste ein. […] Von einem imposanten Gewitter begleitet, fuhr man gegen Abend durch die herrlichen Wälder hin zur Bergterrasse von Flims. Beim gemeinsamen Nachtessen im Parkhotel bot Regierungsrat Dr. A. Bezzola in einer gediegenen Tischrede ein eindrückliches Bild vom ‹sozialen Graubünden›, an dessen Entwicklung die Frauen in reichem Mass beteiligt waren. […] Der Vormittag des zweiten Tages war dem Problem der Frauenschulung in den Entwicklungsländern gewidmet. Kompetente Persönlichkeiten mit reicher Erfahrung vereinigten sich am Runden Tisch und beleuchteten das komplexe Thema von verschiedenen Standpunkten [her]. […] Frl. A. Brémond ist seit zehn Jahren in der protestantischen Mission in Togo tätig und nimmt sich besonders der Frauen und Kinder an. Sie ist in echter Freundschaft mit afrikanischen Frauen verbunden. […] Frau Dr. h. c. R. Kägi-Fuchsmann, die massgebend im schweizerischen Hilfswerk für aussereuropäische Gebiete (SHAG) tätig ist, sprach hauptsächlich über die Rolle der vom Westen ausgesandten Experten. Damit auch die Frauen in den Entwicklungsländern einbezogen werden, sollte man noch mehr als bisher auch weibliche Experten aussenden. […] Abschliessend berichtet Dr. H. Keller, Chef der Technischen Hilfe des Eidgenössischen Politischen Departements, über die Leistungen der Schweiz für die Entwicklungshilfe. […] Die Bundesbehörden sind durchaus bereit, auch Frauen auszuschicken, so hat zum Beispiel eine Schweizerin die hauswirtschaftliche Schulung in Afghanistan aufgebaut.»[731]

In der anschliessenden Diskussion kam eine Teilnehmerin auf das Elend und die Unwissenheit der Hindufrauen zu sprechen, darunter solche, die sich unter Zwang prostituierten.[732] Gelegenheit, in Indien etwas Konkretes zu tun, ergab sich bald: An der Delegiertenversammlung von 1962 berichtete die mit einem Inder verheiratete Schweizerin Alice Khan über die Situation benachteiligter Inderinnen und über die Wirksamkeit des von ihr repräsentierten

> «Maharashtra State Women's Council, des Frauenrats der Provinz Bombay, die eine Bevölkerung von 40 Millionen umfasst. Das Problem der Armut ist beängstigend gross […]. Der weitaus grösste Teil der Menschen lebt in Dörfern. Der Frauenrat befasst sich […] mit der Geburtenkontrolle, errichtet Heime für Zuflucht suchende Frauen und für deren Kinder, lässt Kinderspielplätze anlegen und beschäftigt die Kinder mit Spielen und Turnen, um sie vom Herumlungern abzuhalten. Hier könnten Spenden der Schweizer Frauen eine wirksame Hilfe leisten.»[733]

Dazu kam es tatsächlich, wie Dora Rittmeyer ein Jahr später melden konnte:

> «Zu den erfreulichen Ereignissen des vergangenen Jahres zählt auch das schöne Resultat unserer Sammlung für das Rescue Home in Bombay, einem Heim für gefährdete und verlassene Frauen und Mädchen, in welchem diese in Schulfächern und in der Hauswirtschaft unterrichtet werden. Bis Ende des Jahres konnten wir dem Maharashtra State Women's Council rund Fr. 100 000.– für den Neubau überweisen. Das Gebäude ist am 26. Dezember [1963] in Anwesenheit des Schweizerischen Botschafters in Indien, Dr. Cuttat, von Ministerpräsident Nehru eingeweiht worden. Eine Tafel am Gebäude erinnert an die finanzielle Hilfe des BSF, und wir möchten den uns übermittelten Dank der indischen Frauen an alle Vereine, die in viel Kleinarbeit und mit grossem Einsatz die Summe zusammengetragen haben, weitergeben. Der Geist der Solidarität zu Gunsten unserer indischen Schwestern wurde bei der Einweihungsfeier immer wieder dankend erwähnt. So blicken auch wir mit Genugtuung auf diese, von unseren Mitgliedern beschlossene Sammlung zurück […].»[734]

Dass Ministerpräsident Nehru persönlich das Haus einweihte, zeigt die grosse Bedeutung, die man in Indien diesem Projekt zuschrieb. Der Frauen-Bund unterstützte das Rescue Home in

Bombay noch während vieler Jahre. Es gehört zu den wichtigsten Hinterlassenschaften Dora Rittmeyers.[735]

Delegiertenversammlung 1962: Ausländische Arbeiter

Auch die Delegiertenversammlung vom 11./12. Mai 1962 in Liestal galt einem die Schweiz übergreifenden Thema, nämlich der «Assimilation von ausländischen Arbeitern».[736] Damals gab es in der Schweiz 500 000 Ausländer, wovon zwei Drittel italienische Gastarbeiter waren. Ein Ringen um die Ausländerfrage setzte ein. 1961 wurde als erste der ausländerfeindlichen Organisationen die Nationale Aktion gegründet. Das Wort «Überfremdung» machte die Runde. Ein Maurerpolier klagte:

> «Überall trifft man auf Italiener; man hat manchmal das Gefühl, in Italien zu leben. [...] Einer älteren Frau Platz zu machen, käme kaum einem Italiener in den Sinn. Auch können sie nicht in einem normalen Ton sprechen; sie stören uns am späten Abend und am frühen Morgen.»[737]

Allerdings heisst es anderswo: «Das Gemeindeleben hat eine fröhliche Note erhalten. Früher gab es doch keine Leute hier, die sangen und pfiffen, wenn sie zur Arbeit mussten.»[738]

Dora Rittmeyer schrieb in diplomatischem Ton an Bundesrat Friedrich Traugott Wahlen, Vorsteher des Politischen Departements:

> «Ausgehend von den vielen Problemen, welche die grosse Zahl der in der Schweiz arbeitenden Ausländer aufwirft, wollen wir [...] zu erforschen suchen, ob für die Schweiz ernsthafte Gefahren der Überfremdung bestehen, wie diesen Gefahren begegnet werden kann und was insbesondere die Frauen tun oder unterlassen können. [...] In einem ersten grundlegenden Referat möchten wir die allgemeine Frage behandelt sehen, ‹Besteht für die Schweiz die Gefahr der Überfremdung?› Dürfen wir es wagen, Sie, sehr geehrter Herr Bundesrat, anzufragen, ob Sie bereit wären, dieses Hauptreferat [...] zu übernehmen? Wir wissen, dass auch Ihnen dieses Thema am Herzen liegt [...].»[739]

Wahlen lehnte die Einladung ab, entsandte aber einen seiner Mitarbeiter. Zu Beginn der Versammlung herrschte anfänglich wegen des Versammlungslokals eine eher missmutige Stimmung, denn: «Den samstäglichen, sonnigen Vormittag mit der Geschäftssitzung verbrachten wir im dunklen Kino. Die klare Stimme unserer ‹Bundespräsidentin› verhinderte das Einschlafen […].»[740] Dann ergriff Gérard Bauer, ein Vertreter der Wirtschaft, das Wort:

> «La main d'oeuvre étrangère, qui constitue actuellement le 10 % de la population de la Suisse, est répartie irrégulièrement: les Italiens sont toujours les plus nombreux. […] Les Suisses alémaniques et les Suisses italiens sont sensibles à l'immigration, ils y voient, plus que les Suisses romands, une menace pour notre vie nationale. […] La question qui se pose à nous devant cet apport étranger […] présente deux aspects: voulons-nous assimiler ou être assimilés? Nous sommes en train de perdre l'esprit d'aventure des générations précédentes; connaissant moins l'étranger chez lui, nous sommes moins ouverts à son égard lorsqu'il vient chez nous, attitude dangereuse dans un pays fédéraliste.»[741]

Anschliessend gab Nelli Jaussi,[742] Zweiter Adjunkt beim Bundesamt für Industrie, Gewerbe und Arbeit, zu bedenken, dass die Zulassung von Arbeitskräften aus dem Ausland im Interesse der Wirtschaft nicht zu knapp gehalten werden könne, um dann mit Anregungen fortzufahren, die an Aktualität nichts eingebüsst haben:

> «Anderseits könnten manche Betriebe […] durch die Beschäftigung älterer und invalider einheimischer Kräfte oder Halbtagsbeschäftigung von Frauen den ständigen Zufluss von Ausländern zurückstauen helfen. Die bewährten ausländischen Arbeitskräfte sollten aber unserem Land erhalten bleiben und vor allem die Möglichkeit der Assimilierung zusammen mit ihren Familien, die sie nach drei Jahren nachkommen lassen dürfen, gefördert werden.»[743]

Diese Vorschläge fielen bei den Frauen auf fruchtbaren Boden. Zudem wurde vorgeschlagen, für die Ausländer, meist Männer, die oft in Baracken lebten, Wohnungen zu suchen, die italienische Küche in Restaurants einzuführen, Italienisch zu lernen, Deutschkurse anzubieten, Bocciaplätze einzurichten: «Vergessen wir nie, dass wir im Fremd- und Gastarbeiter den Menschen sehen sollen, für dessen besondere Schwierigkeiten wir Verständnis aufzubringen haben.»[744] Kurz nach dieser Versammlung fasste Bern den Plan, die Zahl der ausländischen Arbeitskräfte einzuschränken, ohne jedoch auf ausländische Landarbeiter, Hausangestellte und Pflegefachfrauen zu verzichten.[745] Das genügte nicht allen Stimmbürgern. Es kam zu mehreren Volksabstimmungen, welche von teils heftigen Auseinandersetzungen begleitet wurden. Doch wurden die Initiativen alle abgelehnt.[746]

An drei aufeinander folgenden Delegiertenversammlungen, 1960, 1961 und 1962 waren also die Schweiz übergreifende, hochpolitische und brisante Themen zur Sprache gekommen. Ist das – nach der verlorenen Volksabstimmung über das Frauenstimmrecht von 1959 – ein Beweis, dass sich die Frauen nicht aus der Politik verdrängen liessen? Oder war es eine Flucht? Laut Dora Rittmeyers Kollegin Margrith Bigler-Eggenberger mag beides zutreffen. Jedenfalls hätte es nichts gebracht, sagt Margrith Bigler-Eggenberger, das Frauenstimmrecht sofort neu auf die Traktandenliste zu setzen. Das wäre als Zwängerei empfunden worden.[747] Dass der Bund Schweizerischer Frauenvereine 1961 im Rahmen der Session der UNO-Kommission «Die Stellung der Frau» in Genf ein Seminar über die internationale Arbeit für die Rechte der Frau und über die Organisation der UNO veranstaltete, zeigt deutlich, dass die Stimmrechtsfrage sehr wohl noch in den Köpfen steckte.[748]

Innenpolitische Themen – und Abschied von Ludwig Rittmeyer

An der Delegiertenversammlung von 1963 in Interlaken beschäftigte man sich mit Schulfragen. In diesem Zusammenhang findet sich im Jahresbericht ein Satz Dora Rittmeyers, der aufhorchen lässt: «Mögen Fragen der Entwicklungshilfe oder der Assimilierung ausländischer Arbeitkräfte manchen von uns abstrakt erscheinen, mit der Schule sind wir alle irgendwie verbunden.»[749] Hatte sie Kritik an den Themen geerntet, die an den Delegiertenversammlungen 1960, 1961 und 1962 aufgegriffen wurden? Empfanden gewisse Frauen diese Themen als zu komplex, zu politisch oder einfach als fremd? Auffallend ist zudem, dass Dora Rittmeyer «von Angenehmem und Unangenehmem, von Sonne und Regen im vergangenen Jahr» schreibt, dabei auch von der Treue vieler Frauen. Mit dem Thema der Delegiertenversammlung 1963 gab sie den mehr auf das Schweizerische und das Praktische gerichteten Frauen nach. Letztlich liess sie sich aber nicht irremachen. Sie zitiert im Jahresbericht Goethe:

> «Die Zukunft decket
> Schmerzen und Glücke.
> Schrittweis dem Blicke,
> Doch ungeschrecket
> Dringen wir vorwärts.»[750]

Es ging bei diesen Versen nicht nur um den Frauen-Bund, sondern mehr noch um Persönliches. Dora Rittmeyer wurde erneut von einem schweren Schlag getroffen. Nach kurzer Krankheit starb im Herbst 1963 ihr Mann Ludwig Rittmeyer im Alter von 66 Jahren.

Wie Bernhard Christ, Dora Rittmeyers jüngster Neffe und zudem ihr Patenkind, der oft bei den Rittmeyers zu Besuch war, betont, hatte der Verstorbene nach der schmerzvollen Zeit in den frühen Vierzigerjahren ein Stück weit zur alten Lebhaftigkeit und Unternehmungslust zurückgefunden. «Onkel Lütz», wie er von Dora Rittmeyers Nichten und Neffen genannt wurde, habe ihn oft in seine Werkstatt unten im Haus mitgenommen. Dort hätten sie zu ihrer beider Vergnügen gehobelt und geschreinert, während die «Gotte» wieder einmal an eine Sitzung habe rennen müssen. Auch habe der Onkel ihn, den Gymnasiasten, so anschaulich über den Nationalsozialismus aufgeklärt, wie das niemand sonst gekonnt hätte. Bernhard Christ erinnert sich gut an eine Autoreise mit der Familie Rittmeyer nach Südfrankreich, wo er mit dem Onkel und mit dem Cousin Heiner grosse Touren unternommen habe.

«Gotte» Dora habe es hingegen meistens vorgezogen, auf dem Liegestuhl zu lesen.[751]

Und jetzt also dieser unerwartet frühe und schnelle Tod! Im Herbst des Jahres 1963, kurz nach der Rückkehr von einer Kunstreise an etruskische Stätten in Italien, erkrankte Ludwig Rittmeyer an einer heimtückischen Krankheit. Eine Operation brachte keine Besserung. Er verstarb wenige Wochen später. Er und Dora Rittmeyer hatten zwei Jahre zuvor noch die grosse Freude gehabt, ihren Sohn Heiner heiraten zu sehen. Er war unterdessen promovierter Jurist wie der Vater. Ludwig und Dora Rittmeyer schätzten die Schwiegertochter Dorothe sehr und waren hoch beglückt, als 1962 ein Enkeltöchterchen zur Welt kam. Als Ludwig Rittmeyer im Krankenbett lag, versammelte sich die ganze Familie um ihn. «Noch im Spital war das Kind der Sonnenschein, der sein Krankenzimmer erhellte.»[752]

Dora Rittmeyer widmete ihrem verstorbenen Mann einen feinfühligen Nachruf. Er sei seit dem Tod des Sohnes Dieter oft bedrückt gewesen und oft in ängstlicher Sorge um das nunmehr einzige Kind Heiner. Doch sei er gelegentlich immer noch der sprühende Gesellschafter und witzige «Debatter» geblieben. Ein wacher, dem Zeitgeschehen aufgeschlossener Mensch sei er gewesen. Sie selbst war tief mit ihrem Mann verbunden gewesen. Beide waren leidenschaftlich für Mitmenschlichkeit in Gesellschaft und Staat eingestanden und hatten die Begeisterung für Musik, Literatur, Kunst und vieles mehr geteilt.

Der Sohn Heiner schrieb elf Jahre später beim Tod seiner Mutter:

> «Der Verlust ihres Gatten, von dem sie unerhört viel Anregung empfing, für dessen Anliegen sie stets waches Interesse zeigte und mit dem sie auch alles besprechen konnte, was sie beschäftigte, hatte sie […] schwer getroffen. Unermesslich war für sie die Lücke in der Partnerschaft […].»[753]

Ausgerechnet in der ersten Zeit der Trauer musste Dora Rittmeyer weitgehend auf den Beistand ihres Sohnes verzichten, der mit seiner jungen Familie zwecks Weiterbildung für ein Jahr nach New

York gezogen war. Sie freute sich riesig über die Rückkehr der Familie und war beglückt über ihre zwei weiteren Enkelkinder. Die drei Enkel waren oft bei ihr in St. Gallen zu Besuch. Und sie konnte sich auf liebe Freundinnen verlassen. Doch mehrten sich vom Tod ihres Mannes an ihre gesundheitlichen Probleme. Die Neuralgien traten nun häufiger auf. Zudem litt sie neuerdings unter Angina Pectoris. Und dunkle Stimmungen liessen sich nicht immer verdrängen. Doch tapfer sagte sie mit Goethe: «Doch ungeschrecket / dringen wir vorwärts».

Delegiertenversammlung 1963: Überfällige Schulreform

Um auf das Thema der Delegiertenversammlung von 1963 zurückzukommen: Harmlos war es nicht! Marcel Monnier, Generalsekretär des Erziehungsdepartements des Kantons Waadt[754] wies in seinem Referat auf die mangelnde Anpassung der Schule an die Anforderungen der Zeit hin. Es seien wirtschaftliche und soziale Faktoren, die bei der Umgestaltung eine Rolle spielten. Die gewaltige Entwicklung von Wissenschaft und Technik mache es notwendig, alle geistigen Kräfte zu mobilisieren.[755] In der Romandie sei man bemüht, eine Harmonisierung der Lehrprogramme der Kantone herbeizuführen, was von den Frauen mit grossem Beifall quittiert wurde. Es wäre bereits geholfen, so einige von ihnen, wenn der Übergang von der Unterstufe in die Mittelstufe in allen Kantonen im gleichen Schuljahr stattfände – ein frommer Wunsch![756]

An dieser Delegiertenversammlung feierte man den Sonntagsgottesdienst in der Schlosskirche von Interlaken. Die Predigt hielt «Pfarrer Dr. Dora Scheuner».[757] Auch nach der SAFFA 58-Kirche war das immer noch aufsehenerregend. Im Jahresbericht von 1963 versäumt es Dora Rittmeyer nicht zu erwähnen, dass in der evangelischen Kirche des Kantons Zürich das kirchliche Frauenstimm- und wahlrecht eingeführt und zwölf Theologinnen zum Pfarramt zugelassen worden seien. Und sie macht auf Schweizerinnen aufmerksam, die 1963 Auszeichnungen erhielten, so die Genfer Psychoanalytikerin Marguerite Séchelaye, die vom Kongress der italienischen Psychiater eine Goldmedaille erhielt, die Journalistin Laure Wyss, die in die Redaktion des Zürcher *Tages-*

Anzeigers einstieg, Nelly Stingelin aus Pratteln, die eine Medaille an der Pistolen-Meisterschaft erhielt, Frieda Sutter, die Verwalterin des kantonalen Frauenspitals Bern wurde, Christine Dunand, Archäologin, die zur Präsidentin der Genfer Historischen Gesellschaft gewählt wurde, die Lausannerin Rebecca Ratzensdorfer-Benjamin, die vom Gouverneur der Provinz Antwerpen für ihren Einsatz für die Zusammenarbeit von christlichen und jüdischen Gemeinden mit dem Orden der belgischen Krone ausgezeichnet wurde, und auf die Testpilotin Heidi Berger, die als erste Frau im Helikopter die Alpen überflog.[758]

Rund um Frau und Arbeit
Wie Dora Rittmeyer bemerkt, beschäftigte sich der Frauen-Bund traditionellerweise vorwiegend mit innenpolitischen Fragen.[759] Drei Beispiele aus ihrer Präsidialzeit seien näher beleuchtet:

Erstens setzte die von ihr präsidierte Organisation sich eingehend für die berufliche Besserstellung der Frau ein. Allein im Jahr 1960 forderten die Frauen in einer Zuschrift an die zuständige nationalrätliche Kommission eine bessere Regelung der «Hilfsarbeit» im Detailhandel, Kleingewerbe und Gastgewerbe, dabei Beschränkung der täglichen Arbeitszeit. Sie verlangten eine angemessene Frauenvertretung in der eidgenössischen Arbeitskommission, stellten ein Studienprogramm zwecks Wiedereingliederung älterer Frauen in die Erwerbstätigkeit auf und wirkten bei der Berufsbeschreibung der Gewerbe- und Handelslehrerinnen, der Kindergärtnerinnen und Floristinnen mit und setzten sich mit Reglementsentwürfen für Lehrtöchter auseinander.[760]

Zweitens forderte der Frauen-Bund Lohngleichheit. Seine Fachkommission Gleicher Lohn für gleichwertige Arbeit,[761] in der die streitbare Juristin Gertrud Heinzelmann[762] Einsitz hatte, war 1960 sehr gefordert. Denn der Bundesrat wollte das internationale Übereinkommen über die Diskriminierung in Beschäftigung und Beruf genehmigen, die Lohngleichheit in der Schweiz paradoxerweise aber ablehnen. Deshalb vertraten die Frauen in den zuständigen Kommissionen des National- und des Ständerates energisch ihren Standpunkt.[763] Diese setzten sich erfreulicherweise mit den Einwänden auseinander. Der Nationalrat entschied sich im Sinne der Frauen, der Ständerat aber dagegen. Trotz weiteren Überzeugungsversuchen blieb es bei der Differenz. Die Haltung des Ständerats weichte sich zuletzt zwar etwas auf, doch wurden die Erwartungen der Frauen nicht erfüllt. Die starke Minderheit der Befürwortenden im Ständerat liess aber hoffen. Man dürfe feststellen, so Dora Rittmeyer: «L'idée est en marche.»[764] Dabei ist es bis heute geblieben![765]

Drittens machte sich der Bund stark für die Teilzeitarbeit. Liebe zum Beruf sei bei Frauen häufig das Motiv zum Wiedereinstieg, so Dora Rittmeyer:

> «Verschiedene Gründe haben die Teilzeitarbeit neuerdings ins öffentliche Interesse gerückt [...], indem viel mehr junge Mädchen als früher einen Beruf erlernen und viel mehr verheiratete Frauen berufstätig bleiben oder nach kürzerem oder längerem Unterbruch wieder ins Berufsleben zurückkehren wollen. [...] Die Teilzeitarbeit [ist] ein modernes menschliches Problem, das der Lösung bedarf.»[766]

Mangelnde sexuelle Aufklärung und erzwungene Prostitution

Bei der Aufklärung junger Mädchen über Sexualität und Schwangerschaft haperte es in der Nachkriegszeit noch.[767] Die Fachkommission für sexuelle Fragen des BSF hatte zwar in den 1950er-Jahren ein Merkblatt für junge Mädchen herausgegeben, das auf grosses Interesse gestossen war. 1965 erschien eine Neuauflage. Hinsichtlich der Sexualität redete man nicht um den Brei herum, warnte dabei vor unerwünschter Schwangerschaft. Sie könne den Abbruch der Berufslehre, Demütigungen oder eine erzwungene Ehe zur Folge haben. Die Kommission forderte Aufklärungsunterricht in der Schule und diskutierte Fragen rund um die Familienplanung: Die «Pille» kam soeben auf den Markt. Sofort erkannte die Kommission die veränderte Situation und stellte Grundsätze zum verantwortungsvollen Umgang mit ihr auf.[768]

Die Prostitution und der oft damit verbundene Frauenhandel war ein wiederkehrendes Thema der Frauenbewegung – seit Josephine Butler.[769] An der oben erwähnten internationalen Frauentagung in Istanbul von 1960[770] sprach man über die Ratifikation des internationalen Übereinkommens der UNO von 1949 über

«La répression du traite des êtres humains et de l'exploitation de la prostitution d'autrui». Daraufhin richtete sich der Frauen-Bund an die Behörden in Bern, doch: «Die Bundesanwaltschaft wies in ihrer Antwort darauf hin, dass eine Ratifikation wegen juristischer Überlegungen nicht möglich sei.» Die Frauen waren empört, wollten die Sache in Kontakt zum Conseil International des Femmes aber weiter verfolgen.

Delegiertenversammlung 1964 an der EXPO 64 in Lausanne

Margrith Bigler-Eggenberger, die an der Delegiertenversammlung von 1964 in Lausanne in den Vorstand gewählt wurde, erhielt den Eindruck, dass die Stimmung im Frauen-Bund gedämpft war.[771] Das hing mit der Landesausstellung EXPO64 in derselben Stadt zusammen. Man schätzte es zwar, dass der Waadtländer Regierungsratspräsident und der Lausanner Stadtpräsident der Versammlung die Ehre gaben. Auch freute man sich, dass soeben die Summe von 100 000 Franken zugunsten des Frauenhauses in Bombay erreicht worden war.[772] Und man wusste die Präsenz der dänischen Botschafterin in Bern, Bodil Begtrup, zu schätzen.[773]

Doch lässt sich verstehen, dass die Frauen sich über die Dominanz der Männer an der EXPO64 ärgerten. Aus heutiger Sicht nimmt diese Ausstellung sich in der Tat wie ein letztes Aufbäumen des Männerstaats aus.[774] Die Abschottungstendenzen der damaligen Schweiz zeigten sich im Pavillon des Militärs, der die Form eines Igels hatte. Fragen zu stellen hinsichtlich der Stellung der Frau in Gesellschaft und Staat, wurde praktisch versäumt. Zwar hatten Elisabeth Nägeli, Marga Bührig und weitere Frauen Einsitz in vorbereitenden Gremien der Ausstellung. Doch waren ihre Vorstösse «im Dickicht juristischer Argumentationen» versandet.[775] Das Frauenstimmrecht wurde im Pavillon «Vie civique» am Rand zwar mit der Frage «Politik ohne Frauen?» wenigstens angesprochen.[776] Wie eine Ohrfeige wirkte es aber, dass man die Gegnerinnen des Frauenstimmrechts ausführlich zu Wort kommen liess, nicht aber die Befürworterinnen! Die Frauen des Bunds ärgerten sich zudem, dass die Mutterschaftsversicherung völlig ausgeklammert war. Da war es ein schwacher Trost, dass es «Securitas-Wächterinnen» und «liebenswürdige Hostessen» gab, welche die Aufgabe hatten, den Besuchern und Besucherinnen die Schweizer Freiheit zu erklären – eine Freiheit, die sie selbst nicht besassen.[777]

Im Übrigen verabschiedete man an der Delegiertenversammlung 1964 einen Vorstoss zur «Eindämmung des Alkoholismus», ein altes Frauenanliegen, das wegen der anstehenden Revision von Art. 32bis der Bundesverfassung soeben neue Aktualität erhalten hatte.[778]

Eine zündende Idee: Das Konsumentinnenforum

Frauen in der Westschweiz hatten bereits 1959 die Fédération romande des consommatrices gegründet. Daraufhin, am 1. Dezember 1961, wurde auf Initiative des Frauen-Bunds, angeführt von Dora Rittmeyer, das Konsumentinnenforum der deutschen Schweiz und des Kantons Tessin aus der Taufe gehoben.[779] Darin waren 13 Frauenzentralen und 11 gesamtschweizerische Frauenverbände vertreten. Ein Jahr später schloss sich das Konsumentinnenforum mit der Fédération romande des consommatrices zum Schweizerischen Konsumentinnenforum zusammen. In der Frauenzentrale St. Gallen unter Dora Rittmeyer war, was den Konsum betraf, schon vieles vorgespurt worden. So hatte man die Forderung nach einer effizienten Lebensmittelkontrolle erhoben und, als es 1948 um die Erhöhung des Fleischpreises ging, sogar den Aufstand geprobt.[780]

Die Gründung des Konsumentinnenforums, so die Wirtschaftswissenschaftlerin Anita Dörler, sei auf ein Unbehagen in der Konsumgesellschaft zurückgegangen.[781] Es habe auf der Tatsache basiert, dass der Produzent Bedürfnisse schaffe, die der Konsument respektive die Konsumentin, sich quasi gezwungenermassen zu eigen machen müsse. Die Werbung werde zur Manipulation. Mit der gleichberechtigten Partnerschaft zwischen Produzent und Konsument sei es aus. Partizipation der Konsumentinnen statt Abhängigkeit müsse das Ziel sein. «Die Postulate für die weitere Entwicklung gehen von der Wünschbarkeit einer stärkeren und früheren Einflussnahme der Konsumenten auf das Güterangebot, eines Gleichgewichts mit der Umwelt und der Solidarität mit den

Entwicklungsländern aus.»[782] Über die Pionierzeit des Konsumentinnenforums heisst es bei dessen 30-jährigen Jubiläum:

> «1961 ist ein Anfang mit wenig Geld und ohne ‹Büro›, dafür mit dem hohen Ziel, als treuhänderischer Stosstrupp die Interessen der Konsumenten gegenüber Wirtschaft und Behörden zu vertreten. Überkonsum und Wohlstand haben zu diesem Zeitpunkt bereits Fuss gefasst, und der Verbraucherschaft fehlt jeglicher Durchblick angesichts einer zunehmend verdummenden und dümmlichen Werbung. Die männliche Wirtschaftswelt tut die ‹selbsternannten Konsumentenschützerinnen› anfänglich als ‹Hausfrauenchränzli› ab und hofft wohl auch, der ‹Spuk› werde bald wieder verschwinden. Aber dem ist nicht so. […] Mangelhafte Preisanschriften, fehlende Deklarationen, undurchsichtige Produktevielfalt und verunsicherte Käufer sind die Folgen. Man lese und staune: Schon 1962 hat das KF Anliegen des Umweltschutzes im Auge. Bereits die erste Informationstagung des Konsumentinnenforums zum Thema ‹Waschmittel und Gewässerschutz› setzt etwas in Bewegung. […] Ab Herbst kümmert sich dann tatsächlich eine bundesrätliche Kommission um die angesprochene Problematik. Ende der 60er Jahre

Karikatur aus «30 Jahre Konsumentinnenforum».

kommt dann [...] endlich eine eidgenössische Verordnung über Wasch-, Spül- und Reinigungsmittel zustande.»[783]

1962 forderte das Konsumentinnenforum die Qualitätsbezeichnung für Obst, protestierte 1964 gegen die Vernichtung der Überschüsse von Blumenkohl und Tomaten im Wallis, lancierte 1966 eine Informationstagung über das Spritzen und Düngen bei Obst und Gemüse. Von 1963 an stand ihm eine «Konsumentenseite» im *Schweizer Frauenblatt* zur Verfügung.

Von 1965 an prägte Emilie Lieberherr während eines Jahrzehnts das Konsumentinnenforum. Die Nationalökonomin und spätere Politikerin schrieb, es sei seltsam, dass der Konsum in den Wirtschaftswissenschaften bis etwa 1960 kein Thema gewesen sei. Das Interesse habe sich auf die Produktion und die Verteilung von Wohlstand konzentriert. Das habe sich radikal geändert:

> «Consumption became ‹a third force› in the economy. Production, distribution and consumption act together as originators of wealth and human welfare.»[784]

Mit dem Konsumentinnenforum gelang eine Pionierleistung, welche die Präsidentinnenjahre Dora Rittmeyers nicht nur überdauerte, sondern je länger je mehr an Bedeutung gewinnen sollte. Heute spielt die Konsumentenbewegung unter dem Namen Konsumentenforum (Bezeichnung seit 1988) eine grosse Rolle im öffentlichen Bewusstsein. Man denke an die seit 1974 bestehende Sendung «Kassensturz» des Schweizer Fernsehens.

Angefügt sei hier, dass Dora Rittmeyer von 1954 bis 1973 Vorstandsmitglied der Eidgenössischen Rundspruchgesellschaft war. Das lag zwar nicht direkt auf der Linie des Konsumentinnenforums, doch gab es Berührungspunkte: Nachdem Dora Rittmeyer in ihrer Eigenschaft als Mitglied des Vorstands der Eidgenössischen Rundspruchgesellschaft darauf aufmerksam geworden war, dass der Verkauf von Fernsehapparaten auch von den Behörden forciert werde, und zwar aus finanziellen Gründen, beschlossen die Präsidentinnen der Frauenzentralen eine Eingabe an den Vorsteher des eidgenössischen Post- und Eisenbahndepartements wegen der «grossen Gefahren für die Familien».[785] In der Frauenzentrale St. Gallen sagte Dora Rittmeyer:

> «Ob wir wollen oder nicht […], diese an sich grossartige Erfindung wird auch in der Schweiz immer mehr Eingang finden […]. Da gilt es für uns Frauen wach zu sein und die möglichen Gefahren für Jugend und Familie soweit es geht, zu beheben.»[786]

Es bestehe die Gefahr, dass das Fernsehen zu Propagandazwecken missbraucht werde, wie das bei Privatsendern in den USA der Fall sei. – Dora Rittmeyer habe «nur unregelmässig» an den Sitzungen der Rundspruchgesellschaft teilgenommen und sei «nicht die grosse Rednerin» gewesen, so eine Vertreterin der heutigen Radio- und Fernsehgesellschaft,[787] was ihr Sohn Heiner Rittmeyer allerdings bestreitet: Sie habe gerne und mit Eifer mitgewirkt! Zumindest in einem zweiten konkreten Fall brachte sie sich energisch ein, und zwar hinsichtlich der Alkoholwerbung im Fernsehen.[788] Selbstverständlich war sie dagegen.

Abschied vom Präsidium des Bunds Schweizerischer Frauenvereine

Die Delegiertenversammlung vom 14./15. Mai 1965 fand in St. Gallen statt. Dora Rittmeyer konnte die Ehrenmitglieder Clara Nef, Gertrud Haemmerli-Schindler und Elisabeth Nägeli begrüssen sowie auch die langjährige Mitkämpferin Lotti Ruckstuhl-Thalmessinger.[789] Sie selbst wurde als Präsidentin verabschiedet. Zum letzten Mal habe sie «in kluger und überlegter Weise» die Tagung geleitet, so die Nachfolgerin Rolande Gaillard.[790] Unter grossem Applaus wurde Dora Rittmeyer zum Ehrenmitglied ernannt.[791] Wie sie selbst einmal schrieb, war es bei der Zusammenarbeit oft fröhlich zu- und hergegangen.[792] Sie dankte für das Vertrauen und das erfreuliche Echo auf ihre Arbeit, und, was sie besonders geschätzt habe, für die «ehrliche Kritik».[793] Sie wolle nun ihr Amt in die Hand einer Frau legen, die als Waadtländerin bereits das Stimm- und wahlrecht besitze.[794]

Delegiertenversammlung 14./15. Mai 1965:
Dora Rittmeyer und ihre Nachfolgerin Rolande Gaillard.

Trotz überschäumenden Lobs und trotz Ernennung zum Ehrenmitglied: Die Stimmung bei der Verabschiedung Dora Rittmeyers scheint nicht so euphorisch wie bei ihrer Wahl gewesen zu sein. War es der Abschiedsschmerz? Oder hatte man von ihr Wunder hinsichtlich des Frauenstimmrechts erwartet? Jedenfalls fuhr der Frauen-Bund unter Dora Rittmeyers Ägide einen progressiven Kurs, hatte vieles angeregt und auch etliches erreicht, war seiner Zeit weit voraus.

Auf das Vorstandsmitglied Margrith Bigler-Eggenberger wirkte Dora Rittmeyer etwas bedrückt. Vermutlich habe sie mit ihrer intellektuellen und manchmal resoluten Art einige Leute vor den Kopf gestossen – und das zu spüren bekommen. Dora Rittmeyer sei wohl viel sensibler gewesen, als es manchmal den Anschein machte. Auch sei ihr der Tod ihres Mannes sehr nahe gegangen und noch immer präsent gewesen. Sie, Margrith Bigler-Eggenberger, habe den Rücktritt Dora Rittmeyers sehr bedauert. Die Nachfolgerin, Rolande Gaillard, habe nicht dasselbe Format gehabt und zudem kaum Deutsch gesprochen.[795]

Nach ihrem Abgang als Präsidentin arbeitete Dora Rittmeyer noch bis 1969 im siebenköpfigen Arbeitsausschuss mit und bis 1971 im Vorstand. Während zwölf Jahren bestimmte sie also dessen Kurs mit! Was Europa betrifft, blieb ihr Einsatz über ihren Rücktritt als Präsidentin hinaus massgebend. So war der Europarat nicht von ungefähr ein wichtiges Thema des Frauen-Bunds im Jahr 1965.

An dieser letzten Delegiertenversammlung mit Dora Rittmeyer als Präsidentin ging es erneut um die Berufsarbeit der Mütter.[796] Man erhob Forderungen, die bis heute nichts an Aktualität eingebüsst haben. Insbesondere müsse man prüfen, wie man den Müttern helfen könne, indem man die Teilzeitarbeit fördere und Kinderkrippen und Horte einrichte.[797] Zudem sandte man folgenden Appell an die Adresse der eidgenössischen Räte, des Bundesrats, des Bundesgerichts und der kantonalen und kommunalen Behörden:

> «Angesichts der Tatsache, dass die Kantone Waadt, Neuenburg und Genf für ihr Hoheitsgebiet die Schweizerinnen dem Schweizer Bürger politisch gleichgestellt haben und dass in verschiedenen Kantonen der deutschen Schweiz und im Tessin Ansätze zur Verwirklichung der Gleichberechtigung der weiblichen Staatbürger vorhanden sind, richten wir an alle diese Instanzen den dringenden Appell, es möge jede im Rahmen ihrer Zuständigkeit sich dafür einsetzen, dass durch sinn- und zeitgemässe Auslegung oder durch Abänderung der gesetzlichen und verfassungsmässigen Texte die Gleichstellung der Schweizerin mit dem Schweizer verwirklicht wird.»[798]

Mit Nachdruck kam das Frauenstimmrecht also wieder aufs Tapet.[799] Intern war es während Dora Rittmeyers Präsidialzeit immer ein Thema gewesen. Es erschien kaum eine Nummer des *Schweizer Frauenblatts*, in der das Frauenstimmrecht nicht in mindestens einem Artikel angesprochen worden wäre. Und alle paar Wochen gab es eine «Sonderseite Frauenstimmrecht». «Welche Stellung gibt Gott der Frau?» wurde etwa gefragt.[800] Damals war die «Feministische Theologie» im Entstehen. Man entdeckte die streitbare Mirjam im Alten und die Frauen um Jesus im Neuen Testament. Das *Frauenblatt* bot dem Vorstandsmitglied Marga Bührig ein Podium, die Gleichwertigkeit der Geschlechter unter christlichem Vorzeichen darzulegen. Kühn war der Artikel einer anderen Autorin: «Der Antifeminismus» entspringe «denselben Wurzeln wie der Antisemitismus»: Der, der sich für besser und wertvoller halte, schaue auf den «Minderwertigen» herab.[801] Das *Frauenblatt* hatte übrigens stattliche 20 000 Abonnentinnen (und wohl auch einige Abonnenten)!

Hinsichtlich der Frauenrechte kam dem Frauen-Bund übrigens bereits 1963 folgender Anlass entgegen: Die Regierung in Bern plante damals den Beitritt der Schweiz in den Europarat, was allerdings die Unterzeichnung der Europäischen Menschenrechtskonvention bedingte. «Ist das angesichts des fehlenden Frauenstimmrechts möglich?», fragte man im Frauen-Bund. Bern wusste um dieses Defizit und erwog deshalb eine Unterzeichnung mit Vorbehalt. Doch der Frauen-Bund und die angeschlossenen Verbände wehrten sich dagegen. Sie fürchteten, dass die politischen Frauenrechte in der Folge auf die lange Bank geschoben und bis zum Sankt-Nimmerleins-Tag «vermodern» würden, und listig erblickten sie in der Konvention ein Brecheisen, mit dem die frauenfeindlichen Fronten aufgebrochen werden könnten.[802] Den Frauen wurde von offizieller Seite bedeutet, nicht so stur zu sein. Doch sie liessen nicht locker. Der Beitritt zum Europarat wurde zwar vollzogen, die Menschenrechtskonvention jedoch bis auf weiteres nicht unterzeichnet. Der Stachel sass!

Schliesslich, kurz nach dem Rücktritt Dora Rittmeyers als Präsidentin, veranstaltete der Frauen-Bund eine Informationstagung zum Frauenstimmrecht, bestimmt nicht ohne ihr Zutun.[803] Zu erwähnen ist auch, dass die Mitglieder der Studienkommission für die Einführung des Frauenstimm- und wahlrechts, die nach der verlorenen Abstimmung von 1959 sistiert worden war, von 1965 an wieder zusammenkamen.[804]

Noch ein Wort zu Dora Rittmeyers Frauenbild: Im Lebenslauf, den sie 1959 verfasste, bekannte sie, sie hätte sich als junges Mädchen nie vorstellen können, sich in der Frauenbewegung zu betätigen. Die Musik sei ihr Ein und Alles gewesen. Doch sei sie schon als Studentin für das Frauenstimmrecht gewesen.[805] Kaum in St. Gallen, wurde sie Mitglied des Schweizerischen Verbands für Frauenstimmrecht. 1960 schrieb sie: «Die Frau von morgen soll zwar ihren Mann stellen, aber durchaus fraulich […] sein.»[806] Das führte sie 1961 näher aus:

> «‹Avoir le courage de son opinion›, […] das ist eine Kunst, die es wert ist, gelernt zu werden. […] Seit Jahren und Jahrzehnten führen verantwortungsbewusste Frauen einen zähen, hartnäckigen und […] gerechten Kampf um die soziale, wirtschaftliche und politische Besserstellung der Frau. Vieles ist schon erreicht worden. […] Frauen haben sich, allerdings noch nicht in grossen Haufen, verantwortungsvolle Posten in der Wirtschaft und Verwaltung erringen können […]. Und Schritt für Schritt bahnt sich die Schweizer Frau […] nun auch ihren Weg in die Politik. […] wir wollen gleichberechtigt neben dem Manne stehen, aber nicht als sein Abklatsch […] sondern als Frau, als Mutter. […] Mütterlichkeit […] hängt nicht von Ehe und leiblicher Mutterschaft ab. […] Und wenn bei uns Frauen in die Ratsäle […] eintreten, so sollen sie dort wohl ihr fachliches Wissen und kritischen Sinn mitbringen, aber sie sollen […] auch dort den Mut haben, anders zu sein als ihre männlichen Kollegen […].»[807]

Im Gegensatz zu vielen Aktivistinnen der Neuen Frauenbewegung ist Dora Rittmeyer nicht dem egalitären, sondern dem differenzierenden Feminismus zuzurechnen, wie wohl die meisten ihrer Mitstreiterinnen inklusive der Sozialdemokratin Regina Kägi-Fuchsmann.[808] Neuerdings scheint dieser wieder an Anhängerinnen zu gewinnen. So erklärt eine Kandidatin für ein politisches Amt etwa, sie als Frau brächte andere Themen und Argumente ein.[809] Und ein Gefängnisverwalter sagt, Gefängniswärterinnen wirkten harmonisierend auf das Team, was auch Auswirkungen auf die Insassen habe.[810]

Von grösster Bedeutung ist, dass Dora Rittmeyer den Emanzipationsgedanken 1963 in die Handelshochschule St. Gallen trug:

> «Ein Vorlesungszyklus über die Stellung der Frau in der heutigen Zeit wird von Frau Dr. Dora J. Rittmeyer-Iselin mit Gastreferenten durchgeführt. Es wird darin versucht werden, die Kreise, in denen sich die die Frau heute bewegen muss, zu umreissen und ihre Probleme aufzuzeigen.»[811]

Die Vorlesungsreihe wurde durch den St. Galler Rechtswanwalt Paul Steiner, wichtiges Mitglied der Sozialdemokratischen Partei und Gatte der oben vielfach erwähnten Susanne Steiner-Rost, eingeleitet. Unter den acht Referierenden waren sechs Frauen, darunter Dora Rittmeyers Mitkämpferin im Frauen-Bund Marga Bührig, die bekannte Basler Kunsthistorikerin und Kunstkritikerin am Schweizer Radio Dorothea Herzog-Christ – und selbstverständlich Dora Rittmeyer selber. Als der Zyklus beendet war, dankte ihr Rektor Otto Konstantin Kaufmann schriftlich für «diesen wertvollen Dienst, den Sie sowohl der Öffentlichkeit wie der Hochschule geleistet haben».

Die Unterscheidung «Alte Frauenbewegung» und «Neue Frauenbewegung» ist bei Dora Rittmeyer wenig sinnvoll. In ihrer Person und ihrem Wirken spiegelt sich der progressive Flügel der schweizerischen Frauenbewegung von den 1920er Jahren an bis zu ihrem Tod im Jahr 1974.

Die Europäerin: Dora Rittmeyer und das Centre Européen du Conseil International des Femmes

Dora Rittmeyer schreibt:

> «Wir leben nun aber in einer Zeit, die sozusagen täglich von uns verlangt, dass wir unsern Blick über die Landesgrenzen auf das übrige Europa richten. Die Entwicklungen innerhalb unseres Kontinents [...] fordern gebieterisch unsere Anteilnahme. Immer mehr verstärkt sich bei uns der Wunsch nach Kontaktnahme und Aussprache mit Mitgliedern europäischer Frauenverbände, und so liessen wir [...] Einladungen zu einem dreitägigen Treffen vom 21. bis 23. August [1961] auf dem Axenstein ergehen.»[812]

Blick vom Axenstein auf Urnersee und Urirotstock, historische Ansichtskarte.

Das Treffen auf dem Axenstein war die Geburtsstunde des Centre Européen du Conseil International des Femmes[813] als Unterorganisation des Conseil International des Femmes, mit welchem Dora Rittmeyer bereits 1960 anlässlich des Weltkongresses in Istanbul in Kontakt gekommen war. Damals waren ihr die unterschiedlichen Interessen der Frauen aus den fünf Kontinenten aufgefallen.[814] Dora Rittmeyer lud u. a. die bereits oben erwähnte dänischen Botschafterin in Bern, Bodil Begtrup, als Referentin an diesem Treffen ein.[815] Nach dem Anlass schrieb sie sichtlich aufgeräumt:

> «Das Echo auf unsere Einladung war sehr erfreulich. Von den 14 eingeladenen Nationalverbänden waren 10 mit 1–3 Frauen vertreten. [...]. Zu unserer Freude nahm auch die Präsidentin des CIF, Marie-Hélène Lefaucheux, an dem Treffen teil. Vier Vorträge in französischer und englischer Sprache orientierten uns über diese Fragen, die uns alle so sehr beschäftigen. Unter dem Titel ‹Our common heritage› wurde darauf hingewiesen, dass auch bei einem europäischen Zusammenschluss auf die historisch bedingte Verschiedenheit und die christliche Basis Rücksicht genommen werden müsse [...]. Die Referentin [Marga Bührig] betonte besonders, dass Europa durch den Eisernen Vorhang in zwei Teile getrennt sei und dass die Vorkommnisse hinter dem Vorhang auch uns beträfen. – Das zweite Referat ‹Etapes de l'intégration européenne› orientierte in klarer, verständlicher Weise über die Entwicklung der wirtschaftlichen Zusammenschlüsse [...]. Das dritte Referat ‹Woman's interests and how to maintain them› [Bodil Begtrup] ging davon aus, dass der Zusammenschluss aller Länder in der EWG nur eine Frage der Zeit sei. Von grösster Wichtigkeit werde es sein, dass sich die Frauen [...] um alle Fragen kümmerten. [...] Das letzte Referat ‹Est-il désirable que les Conseils nationaux établissent entre eux des rapports plus réguliers› bildete sodann die Grundlage für die Beschlüsse zur Weiterarbeit.»[816]

Das lebhafte Interesse, so Dora Rittmeyer, habe gezeigt, dass sich der Bund Schweizerischer Frauenvereine nicht auf die Arbeit im eigenen Land beschränken dürfe, sondern auch auf europäischem

Botschafterin Bodil Begtrup (links) und Henriette Cartier, in: Schweizer Frauenblatt vom 23. Oktober 1959.

und internationalem Boden seine Aufgaben habe.[817] 1965 beschrieb sie die Anfänge der weltweiten Organisation sowie die ersten paar Jahre der Tochterorganisation wie folgt:

> «Seit 1903 ist der Bund Schweizerischer Frauenvereine (BSF) Mitglied des ‹Conseil International des Femmes› (CIF). Diesem grossen internationalen Zusammenschluss der Frauen, der 1888 von Amerikanerinnen in Washington gegründet wurde, kann immer nur ein Dachverband eines Landes als Mitglied angehören [...]. Verschiedentlich hatte die Schweiz auch die Ehre, die Präsidentin des CIF zu stellen. Bis zum Zweiten Weltkrieg waren vor allem die nationalen Frauenverbände von Amerika, Europa und aus Ländern des British Empire die tragenden Kräfte des CIF. Nach 1948 hat sich der Mitgliederbestand sehr rasch vergrössert, und es gehören dem CIF heute Frauenverbände aus allen fünf Kontinenten [...] an. Es liegt

auf der Hand, dass die Probleme sozialer, berufsständischer, rechtlicher und hygienischer Natur […] ganz anders gelagert sind, ob sie aus europäischer oder nordamerikanischer Sicht betrachtet werden oder ob sich diese Probleme aus der Perspektive eines Entwicklungslandes aus Asien oder Afrika stellen. […] So […] entstand das CECIF, zu dessen Leiter […] Dr. Marguerite Jadot, Brüssel, berufen wurde.[818] Dr. Jadot, sehr aktives Mitglied der Liberalen Weltunion, zur Zeit Senator in Belgien, hatte schon seit längerer Zeit ausgezeichnete Beziehungen zu Organen des Europarates in Strassburg sowie zu den Behörden der EWG. Dank ihrem tatkräftigen Einsatz erhielt das CECIF bereits im Mai 1963 das ‹statut consultatif, cat. A›. Dieses berechtigt das CECIF, Beobachterinnen an alle Kommissionssitzungen des Europarates zu senden und auch selbst Anträge zur Behandlung bestimmter Fragen an die Kommissionen zu stellen. […]
Am 2. Mai [1965] führte das CECIF eine öffentliche Sitzung im Parlamentsaal des Europahauses in Strassburg durch. In Anwesenheit von etwas mehr als hundert Delegierten aus den Mitgliedländern des Europarates wurden Referate gehalten über Konsumentenfragen und über die Probleme der berufstätigen Bevölkerung. In der Erkenntnis, dass Entwicklungen auf sozialpolitischem oder wirtschaftlichem Gebiet innerhalb der EWG über kurz oder lang auch ihre gesamteuropäischen Rückwirkungen haben werden, unterhält das CECIF auch gute Beziehungen zu den Organen der Europäischen Wirtschaftsgemeinschaft. Zu verschiedenen Malen orientierten Experten der EWG die Delegierten des CECIF über Regelungen, die für die 6 Länder[819] verbindlich sind oder sein werden. […] Zur Zeit gehören dem CECIF die Nationalverbände folgender Länder an: Belgien, Dänemark, Deutschland, Finnland, Frankreich, Griechenland, Grossbritannien, Holland, Italien, Luxemburg, Norwegen, Österreich, Schweden, Schweiz und die Türkei.»[820]

Dora Rittmeyer nahm mit wachen Ohren am von ihr erwähnten Treffen der neuen europäischen Frauenorganisation beim Europarat in Strassburg von 1965 teil.

Damit zurück zu den Anfängen des Centre Européen: Das erste Treffen nach der Gründung auf dem Axenstein fand im Mai 1962 in Rom statt. Als Präsidentin des Bunds Schweizerischer Frauenvereine war Dora Rittmeyer automatisch Vertreterin der Schweiz im Comité des Centre Européen. Da die Leiterin noch nicht formell gewählt war, übernahm Dora Rittmeyer den Vorsitz der Tagung. Allerdings war bereits auf dem Axenstein Brüssel als Standort und Marguerite Jadot als Vorsitzende vorgesehen worden. Programmatisch hiess es in Rom:

> «The new Europe is being organised without the help of women, and, unless we make a definite effort to participate in it, we shall lose a great opportunity to influence matters affecting the community as a whole, and women, children, and the family in particular. We ought to be considering many important problems now under examination at European level, agreeing a constructive attitude, and taking steps to influence decisions in the European organisations.»[821]

Man wollte Europa nicht den Männern überlassen, plante, dabei den Fokus auf das allgemeine Wohl und auf die Menschenrechte zu richten, besonders hinsichtlich der Frauen und Kinder.

Ende 1962 trafen sich die Vertreterinnen des Centre Européen, darunter Dora Rittmeyer, in Brüssel. Die Tagung stand unter dem Vorsitz von Mme Marguerite Jadot. Sie war es, die nun, wie eingefädelt, «le poste de Directeur du Secrétariat Européen» mit Sitz in Brüssel übernahm.[822] Den Titel «Directeur» hatte sie sich ausbedungen. «Mme. Jadot prit alors des contacts avec les Communautés Européennes.»[823] Dank ihr erhielt das Centre bereits 1963 den Konsultativstatus beim Europarat. Unter Jadots Ägide versuchte das Centre bei Themen wie Luftverschmutzung, Niederlassungsfreiheit, Arbeitsmigration und Flüchtlinge Einfluss auf die europäischen Organisationen auszuüben. Beim Thema «Arbeitsmigranten» musste Dora Rittmeyer anlässlich der Sitzung des Centre vom Oktober 1964 unter Bedauern mitteilen: «[A] la suite d'une forte opposition des travailleurs suisses, le gouvernement suisse a postponé la signature d'un contrat pour les travailleurs italiens.»[824]

Die Tagung des Centre Européen vom 22./23. Oktober 1965 in Zürich soll im Folgenden als Beispiel für das Wirken des Centre zur Sprache kommen. Zudem war diese Tagung wegen des angekündigten Rücktritts von Marguerite Jadot von besonderer Bedeutung für Dora Rittmeyer:

> «Wir tagten im Karl dem Grossen,[825] der sich für solche Zusammenkünfte gut eignet. Die Delegierten bewunderten das Sitzungszimmer im dritten Stock mit seinem schönen Ofen und den originellen Wandmalereien [...]. Wie üblich begann man mit der administrativen Sitzung. [...] Auf Wunsch von Madame Jadot wurde ich zur administrativen Leiterin des CECIF bestellt mit dem vorläufigen Namen: administrateur déléguée [resp. chairman]. Mme. Jadot will nicht auf den Titel des Directeur verzichten, und gegen die Bezeichnung ‹présidente› wird angeführt, dass dies Konfusionen mit der internationalen Präsidentin [des CIF] geben würde.»[826]

Marguerite Jadot beabsichtigte, das Centre Européen weiterhin beim Europarat und anderen europäischen Organisationen zu vertreten. Dora Rittmeyer sollte das Centre repräsentieren, die Sitzungen leiten und dem Sekretariat vorstehen, welches nun nach Zürich verlegt wurde. Hinsichtlich ihres Titels und ihrer Kompetenzen bestand Unklarheit. Die Delegierten wollten bald darüber reden, was aber nicht geschah. 1969, nach dem Rücktritt von Marguerite Jadot als «Directeur», war Dora Rittmeyer dann eindeutig die «Präsidentin». Erst 1971, bei ihrem Rücktritt, wurde die Titelfrage der Jahre 1965 bis 1969 rückwirkend geklärt.[827]

Doch zurück zur Tagung vom Oktober 1965 in Zürich: Am ersten Sitzungstag widmete man sich der «Au pair»-Frage. Von der Gestaltung dieser Aufenthalte waren viele junge Schweizerinnen betroffen. Man beschloss, dass ein Einverständnis der Eltern zum Auslandaufenthalt vorliegen und das Mindestalter 18 Jahre betragen müsse (mündig wurde man damals mit 20). Die jungen Frauen, die in der Regel im Haushalt und bei der Kinderbetreuung eingesetzt wurden, sollten wie Familienmitglieder behandelt werden. Ihr Arbeitstag dürfe fünf Stunden nicht übersteigen. Es sei ihnen Zeit für den Besuch von Sprachkursen zu gewähren. Auch sollten sie neben freier Kost und Logis ein Taschengeld bekommen. Eine Kranken- und Unfallversicherung sei abzuschliessen. Und das alles müsse vertraglich festgehalten werden. Zudem sei es wünschbar, dass sowohl im Herkunfts- wie auch im Gastland eine Überwachungbehörde eingesetzt werde. Aufgrund dieser Forderungen wurde eine Empfehlung zuhanden der sozialen Kommission des Europarats erarbeitet.[828]

Anschliessend nahm man sich das europäische Adoptionsrecht vor. Der Europarat hatte dem Centre Européen konkrete Fragen zur geplanten Konvention vorgelegt. Nach eingehender Beratung verabschiedeten die Delegierten folgende Resolution:

> «1. La différence d'âge entre les parents adoptifs et l'adopté devra être aussi proche que possible de celle qui sépare normalement enfants et parents. 2. Une enquête approfondie, confiée à des personnes spécialisées par leur formation et leur expérience, devra précéder toute procédure administrative. 3. Un délai raisonnable d'attente devra être prévu avant que l'adoption devienne définitive. 4. Tout engagement pris avant la naissance sera sans valeur. 5. L'existence d'enfants légitimes ne devra pas constituer un obstacle légal à l'adoption.»[829]

Die Resolution stiess bei den Delegierten auf ein positives Echo. Doch beim Europarat in Strassburg erlitt sie eine Niederlage. Hingegen stiessen die Vorschläge zur «Au pair»-Frage auf Zustimmung.[830]

Am zweiten Sitzungstag hielt Lotti Ruckstuhl-Thalmessinger ein Referat über «parental rights». Laut schweizerischem Zivilgesetzbuch von 1912, begann sie, habe der Vater die alleinigen Rechte über die Kinder. Zwar müsse bei wichtigen Entscheidungen die Mutter konsultiert werden. Bei unterschiedlichen Meinungen stehe der Stichentscheid aber dem Vater zu. Ähnlich sei es in einigen anderen europäischen Ländern. Hingegen seien die Gesetze in den skandinavischen Ländern fortschrittlicher. Und im deutschen Grundgesetz von 1949 heisse es: «Männer und Frauen sind gleichberechtigt», was Konsequenzen für die Rechte der Frauen gegenüber den Kindern habe. Frau Ruckstuhl-Thalmessinger schlug eine Resolution zu den Eltern-Rechten vor:

> «[…] Les parents ont le droit et le devoir d'élever leurs enfants, de pourvoir à leur éducation et à leur établissement au mieux de leurs possibilités et de l'intérêt des enfants. Les décisions concernant les enfants doivent normalement être prises d'accord par les deux parents. Au cas ou l'un d'entre-eux est empêché de faire connaître sa volonté, l'autre pourra prendre seul une décision immédiatement nécessaire. […] La mére d'un enfant naturel doit avoir, dès qu'elle est majeure, automatiquement les droits parentaux […].»[831]

Dieser Vorschläge fanden Zustimmung. Doch trat in der Schweiz das neue Kindsrecht, laut welchem Mann und Frau gleichberechtigt die «elterliche Sorge» über ihre Kinder erhalten, erst 1978 in Kraft.

Dass das Centre Européen die Nase vorne hatte, zeigt auch Folgendes: Früh erkannte es die Gefahr des Lärms für die physische und psychische Gesundheit und appellierte deswegen an die nationalen Frauenorganisationen.[832] Und es wurde über die «Sicherheit der Hausfrau», d.h. die Unfallgefahr, diskutiert. Man besprach die Frage der getrennten Besteuerung der Ehepaare. In Belgien, wurde beiläufig mitgeteilt, wolle der Staat verhindern, dass die Ehefrau berufstätig sei, gehorche sie nicht, solle sie durch höhere Steuern «bestraft» werden. Das konnten die Delegierten nur mit Kopfschütteln quittieren. Sie hielten fest, es sei ein volkswirtschaftlicher Verlust, die Mädchen beruflich zu schulen und sie nachher von der Berufsausübung abzuhalten.[833] Der Vorschlag von Finninnen, ein europäisches Seminar zu «The Civic and Political Education of Women» durchzuführen, verwarf Dora Rittmeyer, da man sich überall und schon seit vielen Jahren mit der Schulung der Frauen beschäftige.[834]

Dora Rittmeyer nahm häufig teil an Beratungen des Europarats. Im Jahr 1970 ging es um zwei innovative Vorlagen, erstens um eine europäische «Carte sanitaire» und zweitens um die «Education permanente», die, wie Dora Rittmeyer an der nächsten Tagung des Centre Européen rapportierte, in allen europäischen Ländern forciert werden solle. Sie war begeistert von dieser Idee, fügte aber bei, es müsse darauf geachtet werden, dass sie nicht nur Männern, sondern gleichermassen auch Frauen zugute komme.[835]

Das Centre ermöglichte es Dora Rittmeyer, verschiedene europäische Städte kennen zu lernen. Häufig weilte sie in Strassburg und Brüssel, dazu in Bonn, Köln, Rom und Wien. Besonders beeindruckt war sie von Kopenhagen, und zwar wegen der fortschrittlichen sozialen Institutionen. Sie berichtet von einem Zentrum, in welchem eine Kinderkrippe, ein Kinderhort, ein Freizeitheim, Alterswohnungen und ein Haus für ältere invalide Menschen Platz fänden. Dass die alten Leute ihre eigenen Möbel ins Heim mitnehmen konnten, fand sie bedenkenswert. Ihr gefiel auch, dass man im Kinderhort das Familienprinzip nachzuahmen versuchte, indem man Grüppchen mit Kindern unterschiedlichen Alters bildete. Und ihr imponierte es, dass es im Freizeitheim viele Möglichkeiten zum Spielen und Basteln gab, wovon sowohl Jugendliche als auch ältere Menschen Gebrauch machten. Auch die Gymnastikhalle wurde von allen Bewohnern genutzt. Ähnliche Einrichtungen gab es in der Schweiz noch kaum.[836] Die ultramoderne kommunale Bibliothek in der Stadtmitte von Kopenhagen vermochte sie vollends zu begeistern. Dass man hier kleinen Kindern Märchen erzählte und ihnen einen eigenen Musikraum zur Verfügung stellte, gefiel ihr als Musikerin und als Musikwissenschaftlerin besonders. Und bei der Beschreibung der kulinarischen Köstlichkeiten, die Kopenhagen zu bieten hatte, geriet sie geradezu ins Schwärmen.[837]

Bei der Verabschiedung Dora Rittmeyers vom Centre Européen im Mai 1971 in Brüssel wurde endlich die Frage nach dem Titel ihrer Funktion geklärt:

> «Several delegates proposed to solve the problem *now*. A secret vote was taken as to whether Mme Rittmeyer's term of office as President had begun in 1965, when she was elected chairman only, while Mme Jadot continued to act as director of CECIF, or in 1969 when the Rules were adopted and Mme Jadot retired. [...] Vote: 10 for 1965, 3 for 1969, 1 abstention.»[838]

Die intensiven Jahre Dora Rittmeyers beim Centre Européen endeten also mit einer Genugtuung. Tatsächlich hatte sie sich auch bei diesem – nun offiziell sechsjährigen – Präsidium mit nie erlahmendem Eifer für die Sache der Frau engagiert. Es bedeutete den Gipfel ihrer Karriere. Umgekehrt eröffneten ihr das Centre und der Conseil International des Femmes neue Welten. So berichtet sie 1963 begeistert über die Tagung des Conseil International in Washington.[839] Auch freute sie sich über die herzliche Beziehung zur – wie sie selbst – europäisch und weltweit denkenden Bodil Begtrup:

> «In leuchtender Erinnerung stehe auch bei allen, welche dabei sein durften, das Geburtstagsfest auf der Dänischen Botschaft in Bern. Frau Bodil Begtrup, Königlicher Dänischer Botschafter, scharte eine stattliche Zahl von führenden Schweizer Frauen um sich, um in diesem ihr vertrauten Kreis ihren 60. Geburtstag zu feiern. Als ehemalige Präsidentin des dänischen Frauenrats hat sie für alle Frauenfragen grosses Interesse, und der BSF [Bund Schweizerischer Frauenvereine] durfte schon oft ihren guten Rat und ihre freundliche Teilnahme erfahren.»[840]

Dass sich die Frauen des Centre Européen gegenseitig anspornten, war für die Schweizerinnen von besonderer Bedeutung, da sie sich hinsichtlich der politischen und teilweise auch der sozialen Rechte gegenüber ihren europäischen Partnerinnen im Rückstand befanden. Dem Centre gehören zum heutigen Zeitpunkt die nationalen Frauenverbände von 23 Staaten an. Es entfaltet dank seines Beraterstatuts beim Europarat und bei der EU eine breite Tätigkeit, noch immer mit dem Fokus auf die Menschenrechte und auf die Bekämpfung jeder Art von Diskriminierung. Auch setzt sich das Centre entschlossen für die Friedensförderung ein.[841] Zudem nimmt das Centre via den Conseil International des Femmes Einfluss auf die UNO und speziell auf das Unicef. Das CECIF ist eines der wichtigsten Vermächtnisse Dora Rittmeyers.

Während 40 Jahren, von 1931 bis 1971, war Dora Rittmeyer in der Frauenarbeit engagiert, stets ehrenamtlich und stets mit vollem Einsatz. Sie tat es gern, es brachte ihr Freude und Erfüllung. Gelegentlich erhielt sie Kritik, oft aber grosse Anerkennung.

Zum Schluss

Mit der Gesundheit Dora Rittmeyers stand es schon seit Längerem nicht mehr zum Besten. Sie ging nie mehr ohne ihr Pillendöschen aus.[842] Doch hielt sie noch im Frühling 1974, 72-jährig, einen viel gerühmten, eindrücklichen Vortrag über ihren «geliebten Meister» Wolfgang Amadeus Mozart.[843] Kurz darauf wurde sie von einem heftigen Ischias geplagt. Ein Spitalaufenthalt wurde notwendig. Halbwegs geheilt, erlitt sie einige Wochen später einen Herzinfarkt. Erneut musste sie sich in Spitalpflege begeben. Wieder zu Hause plante sie, Ferientage in Braunwald zu verbringen, und begann, allerdings nur zögerlich, den Koffer zu packen. Es kam nicht mehr zur Abreise. Nach einem erneuten Herzanfall endete ihr Leben am 8. August 1974. Sie starb in den Armen der ihr zur Freundin gewordenen Haushälterin Margrit Lutz. Wie sehr Margrit Lutz von der Familie geschätzt wurde, zeigt sich darin, dass auch sie die Todesanzeige unterzeichnen durfte.

Dora Rittmeyer hatte ein intensives Leben geführt. Es war reich an Höhepunkten, aber auch an Rückschlägen. Es ist bewundernswürdig, wie sie die Trauer um zwei ihrer Kinder und um ihren Mann in Hingabe an Mitmenschen ummünzen konnte. Besonders deutlich wird dies in ihrer Sorge für die Flüchtlingskinder zu einer Zeit, da der Tod ihr den Sohn Dieter genommen hatte, aber auch in ihrem jahrzehntelangen selbstlosen Wirken zugunsten der Frauen. Trost fand sie in der Musik, in der Familie und im christlichen Glauben.

Vielen Mitmenschen war bewusst, was sie an Dora Rittmeyer verloren hatten. So wird im Artikel zu ihrem Tod im *St. Galler Tagblatt* ihre Fähigkeit zur Zusammenarbeit über die politischen und konfessionellen Grenzen hinweg gelobt. Sie sei eine «hochbegabte Frau» gewesen.[844] Vor allem ihr soziales Gewissen, ihr beherzter Einsatz für jüdische Flüchtlingskinder, ihr beharrlicher, jahrzehntlanger Einsatz für die Rechte der Frau sowie ihre ausgeprägte Weltoffenheit machten sie, so das *Tagblatt*, zu einer der grossen Frauen der jüngeren Schweizer Geschichte. Elisabeth Nägeli, einst enge Mitkämpferin im Bund Schweizerischer Frauenvereine, schrieb, die Verstorbene sei als «gescheite, energische, kluge und überlegene Frau» bezeichnet worden. «Alle diese Eigenschaften, die sie tatsächlich in hohem Masse besass, sowie ein ausgesprochener Sinn für Gerechtigkeit, fielen wohl zuerst auf. Wer aber Dora Rittmeyer näher kannte, wusste, dass sie auch viel Wärme und mitmenschliches Verständnis hatte. Sie war eine ganze Persönlichkeit.»[845]

Die 2017 verstorbene Marthe Gosteli (*1917), selbst Grande Dame der schweizerischen Frauenbewegung, kannte Dora Rittmeyer gut und bezeichnet sie als eine der herausragenden Präsidentinnen des Frauen-Bunds.[846] Ähnlich urteilt Margrith Bigler-Eggenberger, die erste Bundesrichterin der Schweiz.[847] Idel Heene-Rietmann hatte bis kurz vor ihrem Tod ihre längst verstorbene Freundin Dora Rittmeyer als «klare Frau» in bester Erinnerung. Sie sei klug, energisch, dabei gütig und offen gewesen und habe einen «kolossalen Gerechtigkeitssinn» gehabt: «Sie war ein prächtiger, ein kostbarer Mensch».[848]

An der Trauerfeier vom 13. August 1974 hob Elisabeth Biaudet-Hedinger, Vizepräsidentin des Bunds Schweizerischer Frauenvereine, Dora Rittmeyers Fähigkeit hervor, Zusammenhänge zu erkennen und gleichzeitig spezielle Probleme wahrzunehmen. Sie lobt ihren Blick für das Ganze der Schweiz und gleichzeitig für die Minderheiten. Auch sei ihr «internationaler Weitblick so herrlich kombiniert» gewesen mit einer «wirklichkeitsnahen Beurteilung» der Probleme:

> «Frau Dr. Rittmeyer hatte eine ausgesprochene politische Begabung. Diese wurde mir so recht bewusst während der Sitzungen einer Kommission, die sich unter ihrem Vorsitz mit der Revision der Bundesverfassung befasste. Es war ein Freude zu erleben, wie sie die Begriffe klärte, die Kompetenzen unterschied, den Dingen den ihnen gehörigen Platz zuwies, ohne Parteilichkeit, ohne Sentimentalität, aber unbeugsam, wenn es um moralische Werte ging. Es ist sehr schade, dass das Frauenstimmrecht erst eingeführt wurde, als Frau

Dr. Rittmeyer nicht mehr kandidieren konnte. Sie wäre eine glänzende Nationalrätin geworden. Sie hätte der Sache der Frauen bestens und für die Männer überzeugend gedient. […] Sie war uns eine sehr gute Kameradin, klug, offen, interessant, nie kleinlich.»[849]

Die Trauerfeier wurde von Pfarrer Karl Graf in der St.Galler Stadtkirche St.Laurenzen gestaltet, die sie sonntags regelmässig besucht hatte. Die Verstorbene hatte der sechsköpfigen Pfarrfamilie Graf zu Weihnachten jeweils durch ihre Haushälterin und Freundin Margrit Lutz einen Korb mit exotischen Früchten und anderen Leckereien zukommen lassen.[850] Pfarrer Graf stellte seine Predigt unter einen Vers aus Psalm 27,1:

«Der Herr ist mein Licht und mein Heil,
vor wem sollte ich mich fürchten?
Der Herr ist meines Lebens Zuflucht,
vor wem sollte ich erschrecken?»

In seiner Predigt hob er hervor, dass Menschen, die im Glauben an Gott und im Vertrauen auf Christus wurzelten, «nicht erschrecken und sich nicht fürchten, sondern sich getrost ans Werk machen», das ihnen aufgetragen ist.[851]

Dora Rittmeyers Sohn Heiner Rittmeyer vermerkt in seiner Gedenkschrift, seine Mutter sei vorbereitet gewesen. Sie habe sich wohl schon längere Zeit gewünscht «heimzukehren».[852] In einem Artikel für die Tagespresse schreibt er über sie:

«Dora Rittmeyer war eine ausgesprochene Führerpersönlichkeit, sehr gewandt im mündlichen und schriftlichen Ausdruck. Ihr Einsatz in der Öffentlichkeit prägte einen grossen Teil ihres Lebens und war als Ausdruck der Mitverantwortung für das Gemeinwesen für sie im Grunde eine Selbstverständlichkeit, basierend auf ihrer evangelischen Erziehung. Sie stellte ihren ‹Mann› in einer Zeit, als Frauen in der Schweiz noch keine politischen Rechte besassen und öffentliche Mitarbeit von Frauen meist nur in untergeordneten Funktionen geduldet war. Es leuchtet ein, dass die intelligente Frau sich mit dieser Situation nicht abfinden konnte und ihr die Gleichberechtigung der Frau in beruflicher, sozialer und politischer Hinsicht ein Grundanliegen war. Dora Rittmeyer war eine mutige und engagierte Frau, auch humorvoll und konziliant, aber offen und direkt, was ihr oft Feinde schuf. […] Viele Errungenschaften, die von den heutigen Frauen als Selbstverständlichkeit hingenommen werden, mussten in jahrzehntelanger, zäher Arbeit erkämpft werden von einer Generation, zu der auch Dora Rittmeyer zählte.»[853]

Zum Schluss soll Dora Rittmeyer nochmals selbst zu Wort kommen. 1963 schrieb sie zum Tod der ihr vom Bund Schweizerischer Frauenvereine her nahe stehenden Elisabeth Vischer-Alioth Sätze,[854] die so oder ähnlich auch über sie selbst hätten ausgesagt werden können:

«Ihr scharfer Verstand, ihre gewandte Feder, ihr rastloser Arbeitseifer – alles das waren Dinge, die man sehr schätzte. Aber darüber hinaus waren es ihre liebenswürdige, bei aller Sachlichkeit immer warme Art, ihr tiefes Verständnis für menschliche Unzulänglich-

Elisabeth Nägeli: Zum Hinschied von Dr. Dora Rittmeyer-Iselin, in: Schweizer Frauenblatt vom 9. September 1974.

keiten und darum nie schroffes oder liebloses Vorgehen, die sie zu einer so wertvollen, und wir dürfen sagen, geliebten Mitarbeiterin machten. Der BSF schuldet Frau Vischer, dieser unermüdlich für die Besserstellung der Frau eintretenden Kämpferin, welche sich auch durch immer neue Rückschläge weder verbittern noch entmutigen liess, tiefste Dankbarkeit.»[855]

Anhang

Rede Ludwig Rittmeyers an der Flüchtlingsdebatte im Nationalrat, 22. September 1942[856]

Wenn ich heute das Wort ergreife, so bin ich dazu gezwungen, weil ich der Erklärung, die von meinem Freunde Gut im Namen der radikaldemokratischen Fraktion[857] verlesen wurde, nicht zustimmen kann, und weil es mir mit dem besten Willen nicht möglich ist, sowohl der Begründung wie auch den Schlussfolgerungen von Herrn Bundesrat v. Steiger,[858] die er uns gestern dargelegt hat, beizupflichten. Dabei mache ich darauf aufmerksam, dass diese Tatsache, dass ich mich dieser Erklärung nicht anschliesse, nur der Beweis dafür ist, dass wir in der radikaldemokratischen Fraktion keinen Fraktionszwang haben. Es ist mir deshalb auch nicht verübelt worden, dass ich mir diese freie Stellung vorbehalte.

Ich muss offen gestanden erklären, dass ich diese verlesenen Erklärungen sowohl der radikaldemokratischen wie auch der Bauern- und der konservativen Fraktion[859] insofern bedaure, als dadurch ein ganz falsches Bild entstehen und etwa die Meinung auftreten könnte, dass die Haltung des Schweizervolkes[860] nun tatsächlich die ist, wie sie heute vonseiten der bürgerlichen Fraktionen abgegeben worden ist. Man könnte infolgedessen glauben, dass dieser Schrei, der vonseiten sowohl der katholischen Kirche wie auch protestantischer Kirchen und vieler Flüchtlingsorganisationen nach der Grenzsperre beim Bundesrat laut geworden ist, wirklich ausschliesslich aus nicht bürgerlichen Kreisen stamme. Das ist ganz falsch. Diese Kreise haben sich in der Zwischenzeit nicht etwa eines andern belehren lassen. Sie sind zweifelsohne weitgehend der Auffassung, die ich heute hier vertreten werde.

Wenn Herr Bundesrat v. Steiger gestern plädiert hat, so hat er das wie immer in einer ganz meistervollen Weise getan. Es ist nicht leicht, einer so meisterhaften Form entgegenzutreten. Ich muss auch sagen, dass ich in einigen Punkten mit dem, was Herr Bundesrat v. Steiger gestern vorgetragen hat, einig gehe. So möchte ich vor allem erklären, dass es sich nicht darum handeln kann, etwa eine Kluft zwischen Volk und Regierung zu schaffen, sondern ich möchte Herrn Bundesrat v. Steiger dabei behaften, dass er am Schluss seines gestrigen Votums erklärt hat, es müsse sich darum handeln, gemeinsam einen Weg zu finden. Wenn ich jetzt plädiere, so tue ich es ausschliesslich zur Beschreitung dieses gemeinsamen Weges und zur Erreichung des gemeinsam gesteckten Zieles.

Ich bin auch [nicht] der Erste, der auf die Schwierigkeiten hinweist, die bei diesem Problem natürlich bestehen. Der gestrigen Aufforderung von Bundesrat v. Steiger an die Parlamentarier, dass sie im Volke auf die Schwierigkeiten hinweisen sollen, bin ich schon früher nachgekommen. Ich werde der Aufforderung auch weiterhin nachkommen. Ich bin auch einig mit Herrn Bundesrat v. Steiger, dass es sich nicht darum handeln kann, dass das Asylrecht ein Recht der Emigranten und des Flüchtlings sei, sondern dass es eben lediglich ein Recht ist, das unser Staat ausüben kann oder nicht ausüben kann. Ich bin auch der Erste, der Herrn Bundesrat v. Steiger unterstützt, dass die Regierung sich unter Umständen im einen oder andern Fall einmal unpopulär machen müsse. Es handelt sich hier aber um ganz andere Dinge.

Herr Bundesrat v. Steiger hat gestern erklärt, dass bei der Abwägung der Flüchtlingsfrage nicht der Verstand allein und nicht das Gefühl allein sprechen dürfe. Ich bin sicher mit Herrn Bundesrat v. Steiger einverstanden, möchte ihn aber darauf aufmerksam machen, dass es sich nicht darum handeln kann, nur den Verstand und ein vages Gefühl sprechen zu lassen. Hier hat wohl Prof. Max Huber[861] das Richtige getroffen, wenn er erklärte: Wir haben schwierige Fragen, die an uns herantreten, mit dem Verstand abzuwägen. Aber es gibt viele Fälle, wo letzten Endes das Argument pro und das Argument contra, also der Verstand, zu keinem Schluss und Ergebnis kommen kann. Dann, in dieser letzten Entscheidung, wie sie auch in dieser Emigrantenfrage getroffen werden muss, hat nicht nur ein Gefühl, sondern *das Gewissen* zu sprechen.[862] Ich bin fest überzeugt, wenn nach Abwägung all dieser Probleme für und gegen in der Flüchtlingsfrage wir uns sagen, dass das, was bis jetzt geschehen ist, nicht recht ist und dass wir es daher nicht billigen können.

Ich bin auch damit einverstanden, dass in der Emigrantenfrage Ordnung sein muss. Herr Bundesrat v. Steiger hat gestern mit Recht darauf hingewiesen, dass die Ordnung eine Grundlage für alle staatlichen Massnahmen und daher für diese Flüchtlingsfrage sei, dass Ordnung immer Härten bringe. Er hat an wohltätige Institutionen erinnert, die den Schützlingen gegenüber, die sie betreuen, unter Umständen auch hart sein müssen. Ich anerkenne das auch, weiss, dass Ordnung sein muss und wir in der Emigrantenfrage nicht um Härten herumkommen werden. Aber ich bin mit der Frage, wo diese Härten Platz greifen sollen, mit dem Bundesrat nicht einig, und bin der Auffassung, dass sie erst unter zwei Bedingungen Platz greifen dürfen: einmal, wenn wir wirklich darlegen können, dass wir nicht mehr weiter gehen können, wenn wir das, was uns zugemutet werden kann, erfüllt haben. Das wird auch bei jeder Fürsorgeinstitution erste Bedingung sein, wenn sie hart werden will, dass sie das Maximum ihrer Leistungsfähigkeit erreicht hat. Und zweitens bin ich bei der Emigrantenfrage der Auffassung, dass, wenn wir die Leute hereingelassen und sie in Arbeitslagern untergebracht haben, wir dann allerdings hart sein müssen, wenn es unter den Aufgenommenen Elemente gibt, die keine Ahnung davon haben, was Anstand und was ihre Pflichten sind. Wenn Herr Bundesrat v. Steiger gestern auf zwei Männer hingewiesen hat, die nicht einmal aufgestanden waren, als er hereinkam, so hätte diesen Leuten von beiden Seiten eine Ohrfeige gehört, und es hätten weitere Massnahmen ergriffen werden können. Das hat mit dem Prinzip und der Tatsache, dass wir bis jetzt auf dem falschen Weg gewesen sind, aber nichts zu tun.

Was nun die materielle Seite der Sache anbelangt, so hat Herr Bundesrat v. Steiger uns gestern darauf aufmerksam gemacht, dass er die Fälle, die vorgekommen seien, bedaure.[863] Ich habe von dieser Erklärung des Bedauerns Kenntnis genommen, aber ich kann sie nicht anerkennen. Sie wäre nur dann am Platze und gerechtfertigt, wenn wir die Garantie dafür hätten, dass das, was passiert ist und nun bedauert wurde, sich nicht mehr wiederholen könne. Aber wir haben leider die Garantie dafür nicht. Wenn Sie die Erklärungen von Herrn Bundesrat v. Steiger gestern genau verfolgt haben, sind Sie im Gegenteil zur Auffassung gekommen, dass faktisch an dem, was bisher geschehen ist, nichts geändert wird, dass diese bedauerlichen Fälle sich wiederholen werden und dass es sich lediglich darum handeln kann, mit diesem Bedauern einen untergeordneten Beamten, der faktisch an der Grenze nichts anderes getan hat, als den Weisungen seiner vorgesetzten Behörde nachzukommen und diese Emigranten hinausstellte, zu desavouieren. Dabei ist das kleine Detail, ob der Beamte dabei etwas mehr oder weniger taktvoll vorgegangen sei, von untergeordneter Bedeutung. Auf der einen Seite wird das Bedauern ausgesprochen, aber auf der andern Seite wird nicht etwa erklärt, dass eine wesentliche Änderung, Lockerung in diesen Dingen eintrete, sondern im Gegenteil, Herr Bundesrat v. Steiger hat wiederholt in verschiedenen Punkten darauf gepocht, dass diese Praxis, die nun eingenommen worden sei, in ihrer ganzen Härte, von ganz kleinen Ausnahmen abgesehen, auch die Praxis der Zukunft sein soll. Herr Bundesrat v. Steiger hat gestern wiederholt darauf gepocht, dass die beiden Vollmachtenbeschlüsse, auf die sich die Praxis stützt, ja von uns [Nationalräten] sanktioniert worden seien und daher nach wie vor in Kraft stehen. Herr Bundesrat v. Steiger hat sodann hinzugefügt und erklärt, dass die Heerespolizei verstärkt werden müsse und, wenn das geschieht, geschieht es doch, um die Flüchtlinge abzufangen und zurückzuweisen. Bis die Heerespolizei genügend ausgebildet ist, werden etwa die Truppen einspringen müssen, mit anderen Worten, wir sind uns klar darüber geworden, dass die Praxis nicht gelockert, sondern nach wie vor im Grunde genommen grundsätzlich die gleiche bleiben wird, wie sie bis jetzt eingehalten worden ist.

Worin besteht nun diese Praxis? Sie besteht darin, dass die Deserteure und politischen Flüchtlinge von uns aufgenommen und nicht zurückgeschickt werden. Herr Bundesrat v. Steiger hat gestern unterlassen, noch zu sagen, dass eine weitere Kategorie noch dazu kommt, die Flüchtlinge aus Gefangenenlagern, die für ihr Land gekämpft und dann in deutsche Gefangenschaft gekommen und endlich an unsere Grenze geflohen sind. In dieser Beziehung hat sich die ursprüngliche Praxis, nur Deserteure und politische Flüchtlinge aufzunehmen, also erweitert. Aber was für ein Kampf war es, bis diese Erweiterung Platz griff. Indessen möchte ich nicht unterlassen, dafür zu danken, dass in dieser Frage ein günstiger Abschluss eingetreten ist. Auf der andern Seite können aber nicht aufgenommen werden und gehören nicht zu den politischen Flüchtlingen Leute, die aus rassischen Gründen, sagen wir jetzt Frankreich, verlassen und an unsere Grenze flüchten.

Wenn wir die Praxis des Bundesrates, die sich auf beide Bundesratsbeschlüsse stützt und die ich jetzt auseinandergesetzt habe, auf ihre Gesichtspunkte hin untersuchen, wenn wir uns fragen, welcher leitende Gesichtspunkt bei dieser Praxis wegleitend sei, so ist er offenbar der, dass wir wissen, dass wir bei einer Rückweisung der politischen Flüchtlinge und der Deserteure diese in den Tod schicken würden. Unsere Praxis ist daher die: Wir können sie nicht zurückweisen, weil sie ihr Leben verlieren würden und wir dafür mitverantwortlich wären.

Ich halte es nun für eine Inkonsequenz des Bundesrates und bin darüber gestern nicht eines Besseren belehrt worden, wenn der Bundesrat auf der einen Seite die Deserteure und die politischen Flüchtlinge hereinlässt, auf der anderen Seite aber diesen Leuten, die jetzt aus Frankreich kommen, mag es aus rassischen oder aus anderen Gründen sein, die Grenzen verschliesst. Denn wenn der Bundesrat konsequent sein wollte, müsste er auch diesen Leuten die Grenze öffnen, weil wir uns ja alle klar darüber sind, dass die Konsequenzen, die dieser Leute im Fall der Zurückschiebung harren, genau die gleichen sind, wie die der Deserteure und der politischen Flüchtlinge. Es mag eine Nuance anders sein, indem vielleicht nicht ohne weiteres ein Füsilieren stattfindet. Die Männer werden zu Sklavenarbeit verschickt, was mit den Frauen geschieht, können wir uns etwa vorstellen. Aber im Grunde genommen ist das, was ihrer harrt und das Schicksal, dem sie entgegengehen müssen, nichts anderes als das der zurückgeschickten Deserteure und der politischen Flüchtlinge. Ich muss daher dem Bundesrat den Vorwurf machen, dass er bei dieser Praxis inkonsequent ist. Wenn er konsequent sein wollte, müsste er die Grenze auch für diese Leute öffnen. Das tut er leider nicht. Oder dann, wenn er das nicht will, dann müsste auch bezüglich der Behandlung der Deserteure und der politischen Flüchtlinge in Zukunft eine andere Haltung ergriffen werden, dann müsste man auch da fragen, können wir diese Leute noch ernähren, haben wir genug Geld für sie, verträgt sich ihre Aufnahme mit unserer Sicherheit? Diese Konsequenz hat aber der Bundesrat nicht gezogen. Ich möchte Herrn Bundesrat v. Steiger bitten, die Frage auch einmal unter diesem Gesichtspunkt zu prüfen.

Sie werden mir doch nicht etwa angeben können, dass eine grosse Differenz zwischen den Deserteuren und Flüchtlingen, die an die Wand gestellt werden, wenn wir sie zurückweisen, und den aus Frankreich zu uns geflüchteten Emigranten besteht, d.h. eine grosse Differenz zwischen den Konsequenzen, die der einen oder andern im Falle des Zurückschickens durch uns harren. Den besten Beweis für die harten Konsequenzen geben uns ja die Franzosen selber, und sogar einzelne Deutsche, die das Herz noch auf dem rechten Fleck haben. Glauben Sie, dass sie es auf sich nähmen, die Leute auf der Flucht zu beherbergen und zu verstecken, obschon ihnen dafür die Todesstrafe angedroht ist von Herrn Laval[864], und dass sie diese Flüchtlinge nicht der Polizei ausliefern würden, wenn sie nicht wüssten, dass ihnen das Allerschlimmste bevorsteht, wenn sie nicht versteckt werden. Ich könnte Ihnen einen Fall aus der jüngsten Zeit erzählen, wie Leute, die sogar aus Deutschland selbst flohen, hier an der Grenze angekommen sind, nachdem sie 6 Monate unterwegs waren, sie sind dabei vielfach von arischen Deutschen beherbergt worden. Was diese sogenannt Arier zu befürchten hatten, wissen Sie, aber sie haben die flüchtigen Juden doch beherbergt, weil sie wussten, was diesen Flüchtlingen bevorstand, das Schlimmste. Daher glaube ich, dass die Praxis des Bundesrates inkonsequent sei und dass wir uns etwas Falsches vormachen, wenn wir glauben, dass diesen Leuten nichts besonders Schlimmes drohe, wenn wir sie nicht aufnehmen. Es droht ihnen das Allerschlimmste, wie den Deserteuren und den andern, politischen Flüchtlingen.

Nun sind für die Rechtfertigung dieser verschiedenen Praxis verschiedene Erwägungen angestellt worden, die den Ausschlag dafür gegeben haben, dass man die Grenze schloss und erklärte, wir können sie nicht aufnehmen. Was sind die verschiedenen Gründe, die massgebend waren und uns zum Teil genannt wurden? Nicht genannt hat Herr Bundesrat v. Steiger aus begreiflichen Gründen die Frage der internationalen Beziehungen und Rückwirkungen. Auch ich will sie nur kurz streifen, aber ich möchte sagen, dass wir uns auf diesem Gebiet vom Ausland nichts vorschreiben lassen sollen. Aber wenn wir trotzdem Überlegungen internationaler Natur anstellen, können wir immerhin sagen: Ich glaube kaum, dass etwa die vermehrte Aufnahme von Flüchtlingen uns bei den Mächten, die uns geografisch näher liegen, etwas schaden oder umgekehrt etwas nützen. Wenn man uns von dorther schaden will, dann wird man immer genügend andere Gründe finden, sodass wir gar kein Recht haben, diese Flüchtlinge etwa aus solchen Erwägungen zum Opfer unserer Vorsicht zu machen.[865] Aber man darf, wenn man schon bei internationalen Erwägungen anfangen will, auch solche im Hinblick auf die andere Seite machen und sich fragen: Was riskieren wir, wenn wir die Sympathien der andern Seite mit einer allzu starren und rücksichtlosen Haltung verscherzen? Denken wir an die ständigen internationalen Verhandlungen in London und Washington. Glauben Sie, es gereiche unseren Unterhändlern zum Vorteil, wenn man uns vorhalten kann, dass wir da verschiedene Masse anwenden und allzu ängstlich verfahren? Von den psychologischen Konsequenzen für die Zeit nach dem Krieg ganz zu schweigen.

Nun aber die Gründe innerschweizerischer Natur. Hier hat Herr Bundesrat v. Steiger auch eine Frage nicht angeschnitten, die ich ebenfalls berühren will. Müssen wir riskieren, dass, wenn wir diese Flüchtlinge aufnehmen, ein Antisemitismus entsteht, und dass wir ihm damit begegnen, indem wir den Juden die Grenze verschliessen? Ich weiss, dass das Schweizervolk in Fragen des Antisemitismus und der Rassenverschiedenheiten immer einen absolut gesunden Instinkt gehabt hat. Es ist ganz ausgeschlossen, dass wegen dieser paar Flüchtlinge anderer Rasse etwa aus Frankreich im Schweizervolk irgendwie ein Antisemitismus entstehen sollte, soweit er nicht in kleinen Kreisen schon vorhanden ist. Es ist auch ganz klar, dass wegen dieser vertriebenen Juden, die nicht arbeiten dürfen und die Schweiz nach dem Krieg ja sofort wieder werden verlassen müssen, kein Anlass zu Antisemitismus entsteht. Wenn etwa jüdische Organisationen selber einen gewissen Antisemitismus befürchten, so könnte ich diese Überlegungen nicht billigen und müsste sie als unangebrachten Egoismus ablehnen. Allerdings könnte schliesslich vonseiten schweizerischer Juden die Überlegung angestellt werden, dass in finanzieller Hinsicht des Guten genug geschehen sei. Und da gebe ich zu, dass das, was bis jetzt den jüdischen Organisationen überbunden worden ist, die Grenze des Tragbaren erreicht hat, und dass wir als Volk einmal helfend werden eingreifen müssen.

Es sind aber andere Gründe genannt worden, die ich auch noch streifen will. Es wurde die Furcht vor Erkrankungen angeführt. Das ist aber ein so untergeordneter Punkt, dass ihm sehr leicht an der Grenze wie im Inland begegnet werden kann und dass es nicht notwendig ist, darauf besonderes Gewicht zu legen. Es ist dann auf die Ernährungslage hingewiesen worden. Nun gehöre ich zu denen, die genau wissen, dass unsere Ernährungslage für die Zukunft auch nicht rosig ist. Aber ich glaube nicht, dass wir einen Grund haben zu erklären, dass das Volk von 4 Millionen, das sich Schweizervolk nennt, erklären dürfte: Nachdem wir nun über 7000 Emigranten haben, müssen wir die Grenze schliessen. Denn die Proportion 4 Millionen zu 7000 ist nun erreicht, und das Maximum, das tragbar ist, ist gegeben, und infolgedessen schliessen wir bei dieser Zahl von 7000 Emigranten die Grenze. Im Gegenteil gehöre ich zu denen, die der Auffassung sind: Gewiss wird möglicherweise einmal der Zeitpunkt kommen, wo wir die Grenze schliessen müssen, wo wir das Mass des Zumutbaren erreicht haben. Aber dieser Zeitpunkt ist heute nicht erreicht. Wenn wir das Gegenteil behaupten wollten, würden wir uns damit sicher keinen Ruhm erwerben. Die Proportion ist gegenwärtig noch unheimlich bescheiden.

Was die finanziellen Leistungen anbetrifft, so glaube ich, dass Schweizervolk und Parlament und bürgerliche Fraktionen nicht ein ganz klares Bild haben. Haben wir, oder haben Sie wirklich das Recht, zu erklären, wir haben unsere finanziellen Mittel erschöpft, und darum lehnen wir das weitere Hereinlassen von Emigranten ab. Was hat Herr Bundesrat v. Steiger gestern erklärt?

Es wurden für die Emigranten 17 Millionen ausgegeben. Davon haben die Privaten 11,5 Millionen aufgewendet, 5,5 Millionen sind vom Bund bezahlt worden. Aber ich vermisse wenigstens im Budget die Zahl von 5,5 Millionen, die darüber Auskunft gäben. Ich muss daher annehmen, dass diese 5,5 Millionen Franken grösstenteils aus der Ausgleichsabgabe bezahlt worden sind, die, meines Erachtens mit Recht, von den Emigranten, die in der Schweiz Vermögen haben, erhoben worden ist.[866] Das ist also nicht eine Zahlung, die Sie, meine Herren Kollegen, gemacht haben und auch nicht der Bund, sondern die Zahlung kam aus anderer Quelle. Selbst wenn von Seiten des Bundes aber bestimmte Summen bezahlt worden wären, so wären diese Summen nicht so hoch im Verhältnis zu unseren übrigen Ausgaben, dass man hier erklären könnte, sie seien untragbar, und es gehe bis hierher und nicht weiter.

Es ist von Herrn Bundesrat v. Steiger darauf hingewiesen worden, dass die Frage der Unterbringung der Emigranten eine ganz besonders schwierige sei, dass wir auch deshalb die Flüchtlinge nicht aufnehmen könnten. Es müsse immerhin versucht werden, mit den Kantonen und mit den verschiedenen Flüchtlingsorganisationen zu reden. Ich begrüsse es, wenn der Bund mit den Kantonen und allen diesen Hilfsorganisationen in Kontakt bleibt und mit ihnen spricht. Ich bin fest überzeugt, wenn Herr Bundesrat v. Steiger an diese Hilfsorganisationen die Frage stellt, ob sie einige weitere Tausend übernehmen wollten, dass sie dann mit Ja antworten würden. Sie würden dies tun nicht deshalb, weil sie ihr Scherflein im Trockenen haben, sondern es ist bei allen wohltätigen Institutionen religiöser und sozialer Natur immer so gewesen, dass das Geld nachher von irgendwoher gekommen ist, wenn sie es nötig hatten. Wenn Herr Bundesrat v. Steiger seine Ahnen zitiert hat, so bin ich fest überzeugt, dass seine Ahnen das notwendige Gottvertrauen hatten und nachher die Erfahrung machten, dass ihnen das Geld wieder zufloss, nachdem sie es vorher, kaufmännisch ausgedrückt, leichtfertig ausgegeben hatten. Mit andern Worten, die Hilfsorganisationen werden weiterhin tätig sein.

Im Übrigen bin ich der Auffassung, dass natürlich nicht ausschliesslich diese Organisationen helfen sollen, sondern dass der

Bund seine Hand aufmachen muss, nachdem wir von den Kirchen und von vielen andern Seiten ein solches Echo in der Emigrantenfrage erhalten haben. Ich bin überzeugt, dass das Schweizervolk eine offene Hand des Bundes in dieser Hinsicht begrüssen würde. Der Beweis dafür liegt auch darin, dass das Schweizervolk den französischen und den andern Kindern gegenüber so ausserordentlich aufgeschlossen ist.[867]

Wie gesagt, eine Lösung wird sich mit den sozialen Organisationen finden lassen, vielleicht auch mit den Kantonen. Aber auch hier soll der Bund in organisatorischer Hinsicht etwas tun. Zwischen den Grenzen und dem Réduit[868] sind noch Gebiete, wo man etwas machen kann. Man braucht nicht ein grosses Konzentrationslager zu machen, es können auch dezentralisierte Lager sein. Ich weiss, dass Schwierigkeiten entstehen, sie sind auch bei den Polen entstanden. Wenn Schwierigkeiten entstehen, so darf man nicht das Kind mit dem Bad ausschütten, wie das der Fall gewesen ist. Wenn zwei Emigranten Herrn Bundesrat v. Steiger gegenüber unanständig gewesen sind, so darf man nicht erklären, sie seien alle unanständig.

Zum Schluss noch die Bemerkung: Die Furcht, es könnten zu viele kommen, ist wohl das Entscheidende, was Herrn Bundesrat v. Steiger bei der Sperre geleitet hat. Also wenn wir wüssten, es kämen im ganzen noch z. B. 2000, sagte man sich, könnten wir sie noch ernähren, finanzieren und unterbringen. Aber gouverner c'est prévoir. Ich halte dieses Argument für unangebracht und habe das Gefühl, das das Herz irgendwo deplaciert worden ist, als an einem Tag 200 oder noch mehr Emigranten gekommen sind. Herr Dr. Rothmund hat gestern erklärt, dass einmal auch die Polen massenweise kamen. Nachher kamen sie dann plötzlich nicht mehr. Er schrieb das unseren Massnahmen zu. Ich bin anderer Auffassung. Wenn die Flüchtlinge massenweise fliehen, so wird der Zustrom vom Herkunftsland, wenn es darauf aufmerksam wird, gestoppt. Frankreich[869] hat heute zusammen mit Deutschland ein Interesse daran, diese Leute, vor allem die Männer, nicht ziehen zu lassen. Wenn wir in 8 oder 14 Tagen die Situation wieder ansehen und in der Zwischenzeit die Türe offen liessen, so würden wir feststellen, dass von den Hunderttausend, von denen gestern gesprochen wurde, und die eventuell noch kommen könnten, ein ganz kleiner Teil käme, weil diese gegenwärtige Konjunktur durch die Massnahmen Frankreichs und Deutschlands weggebremst werden wird.

Wenn man erklärt, vom 1. bis 17. September seien 733 Emigranten über die Grenze gekommen, also eine Höchstzahl, so sage ich, dass diese nicht mehr erreicht wird in Bälde. Wir müssen daher auch das berücksichtigen und mit Mut den Tatsachen in die Augen sehen.

Ich möchte nicht länger werden, sondern nur noch erklären, dass es bei dieser ganzen Emigrantenfrage, über die sich die Fraktionen ausgesprochen haben, eigentlich viel weniger um eine ganz prinzipielle, sondern vielmehr um eine quantitative Frage geht, wenn ich das so grob sagen darf. Ich bin der Auffassung, dass die Überlegungen, die gestern von Herrn Bundesrat v. Steiger bezüglich der Ernährung, der Unterbringung und des Zustroms, der ins Ungemessene anwachsen könnte, angestellt worden sind, an und für sich richtig sein können. Ich bin aber vielleicht erst in ein oder zwei Jahren der gleichen Meinung wie er. Jetzt ist das Mass des Zumutbaren noch nicht erreicht, jetzt müssen wir noch nicht hart sein. Meine Gegenargumentation gegen den Bundesrat ist also einfach die, dass die Grenze des Tragbaren noch nicht erreicht ist. obwohl sie einmal eintreten kann. Ich bin der Auffassung, wenn Herr Bundesrat v. Steiger die Geschichte und die Zukunft zitiert hat, dass wir vor der Geschichte nicht werden standhalten können, wenn wir erklären, wir haben uns einschüchtern lassen wegen 733 Emigranten, die in einem halben Monat in unser Land geflüchtet sind, wir haben deswegen den Mut verloren. Wir haben die Proportion: 4 Millionen Einwohner und 9000 Emigranten.[870] Die 9000 Emigranten können nicht die Grenze des Tragbaren darstellen. Ich kann deshalb den Bericht des Bundesrates nicht genehmigen. In ein oder zwei Jahren wird vielleicht meine Haltung die gleiche sein wie die des Bundesrates, wenn die Zahl eine grössere ist.

Dank

Dank an

Lisa Briner und ihr Team beim TVZ für ihr grosses Engagement
Doris Überschlag von der VGS Verlagsgenossenschaft St. Gallen
Heiner († 2017) und Dorothe Rittmeyer-Homberger, Verena Cornaz-Pestalozzi, Renate Meyer-Koprio, Georg Koprio, Bernhard Christ und Attila Szücs für Gespräche und Durchforstung ihrer Familienarchive
Marina Widmer, Leiterin des Archivs für Frauen-, Geschlechter- und Sozialgeschichte Ostschweiz, St. Gallen
Mitarbeiterinnen der Gosteli-Stiftung – Archiv zur Geschichte der schweizerischen Frauenbewegung, Worblaufen
Mitarbeitern des Schweizerischen Bundesarchivs, Bern
Mitarbeiterinnen des Schweizerischen Sozialarchivs, Zürich
Mitarbeiterinnen der Kantonsbibliothek Vadiana, St. Gallen
Thomas Schwabach, Leiter des Universitätsarchivs St. Gallen
Wolfgang Göldi, Kantonsbibliothek Vadiana, St. Gallen
Marcel Mayer, Leiter des Archivs der politischen Gemeinde St. Gallen
Gilbert Cutaz, Direktor des Staatsarchivs des Kantons Waadt
Rolf Peter für die Erzählung über seine Mutter
Gesine Reetz-Surbir für die Durchsicht des Manuskripts
Heinz Surber für die Durchsicht der Anmerkungen
Markus Rohner für die juristische Beratung
Johannes Anderegg und Hans und Silvia Widmer für das Zuverfügungstellen eines Bildes
Freundinnen und Freunde und viele andere für ihr Nachfragen und ihr Interesse
Frank, Christoph, Andreas, Sigrid und Michael Jehle für die unermüdliche Unterstützung

Verzeichnis der Abkürzungen

AFGO	= Archiv für Frauen-, Geschlechter- und Sozialgeschichte
AHV	= Alters- und Hinterlassenenversicherung
allianceF	= alliance des sociétés féminines Suisse (früher BSF)
BAR	= Schweizerisches Bundesarchiv, Bern
BGB	= Bauern-, Gewerbe-und Bürgerpartei (heute SVP)
BSF	= Bund Schweizerischer Frauenvereine (heute allianceF)
CECIF	= Centre Européen du Conseil International des Femmes
CIF	= Conseil International des Femmes
CIMADE	= Comité intre-mouvements auprès des évacués

Club	= Lyceum Club
CVP	= Christlichdemokratische Volkspartei (seit 1970)
DV	= Delegiertenversammlung
EFS	= Evangelischer Frauenbund der Schweiz (heute: Evangelische Frauen Schweiz)
EFTA	= European Free Trade Organisation
EJPD	= Eidgenössisches Justiz- und Polizeidepartement
ESAP	= Eidgenössisch-Soziale Arbeiterpartei
EU	= Europäische Union
EWG	= Europäische Wirtschaftsgemeinschaft, Vorläufer der EU
EXPO64	= Exposition 1964 in Lausanne
FDP	= Freisinnig-Demokratische Partei
FHD	= Frauenhilfsdienst
FZ	= Frauenzentrale
GESTAPO	= Geheime Staatspolizei
HEKS	= Hilfswerk der Evangelischen Kirchen Schweiz
HSG	= Hochschule St. Gallen (Universität), früher: Handelshochschule
IFUW	= International Federation of University Women
IV	= Invalidenversicherung
KF	= Konsumentinnenforum
KK	= Katholisch-Konservative Partei (bis 1970)
NZZ	= Neue Zürcher Zeitung
OLMA	= Ostschweizerische Land- und Milchwirtschaftsausstellung
Prot.	= Protokoll
SAFFA 58	= Schweizerische Ausstellung für Frauenarbeit 1958
SAK	= Schweizerische Arbeitsgemeinschaft für kriegsgeschädigte Kinder
SEK	= Schweizerischer Evangelischer Kirchenbund
SHEK	= Schweizerisches Hilfswerk für Emigrantenkinder
SGF	= Schweizerischer Gemeinnütziger Frauenverein
SIG	= Schweizerischer Israelitischer Gemeindebund
SP	= Sozialdemokratische Partei
SRK	= Schweizerisches Rotes Kreuz
SRK Kh	= Schweizerisches Rotes Kreuz Kinderhilfe
SUVA	= Schweizerische Unfallversicherungsanstalt
SVA	= Schweizerischer Verband der Akademikerinnen
SVF	= Schweizerischer Verband für Frauenstimmrecht
Unesco	= United Nations Educationel, Scientific and Cultural Organization
Unicef	= United Nations Children's Fund
UNO	= United Nations Organization
ZGB	= Zivilgesetzbuch

Quellenverzeichnis

Mündliche Quellen

Heiner und Dorothe Rittmeyer-Homberger (Sohn und Schwiegertochter Dora Rittmeyers)
Verena Cornaz-Pestalozzi (Nichte Dora Rittmeyers)
Georg Koprio (Neffe Dora Rittmeyes)
Renate Meyer-Koprio (Nichte Dora Rittmeyers)
Bernhard Christ (Neffe und Patenkind Dora Rittmeyers)
Elisabeth Druey-Burckhardt (entfernt Verwandte Dora Rittmeyers)
Margrith Bigler-Eggenberger (Vorstandsmitglied BSF, a. Bundesrichterin)
Marthe Gosteli (†, Gründerin des Archivs zur Geschichte der schweizerischen Frauenbewegung)
Marina Widmer, (Leiterin Archiv für Frauen- und Geschlechter- und Sozialgeschichte St. Gallen AFGO)
Idel Heene-Rietmann (†, langjährige Freundin Dora Rittmeyers)
Magdalena Graf
Karl Graf
Rolf Peter
Marianne Schatz-Rehsteiner
Robert Nef

Schriftliche Quellen

Archiv Verena Cornaz-Pestalozzi (hier: Preiswerk-Staehelin, Beatrice: Die «Trotte» – das verlorene Paradies der Kindheit, Typoskript)
Archiv für Frauen- Geschlechter- und Sozialgeschichte St. Gallen, Jahresberichte und Protokolle der Frauenzentrale des Kantons St. Gallen, 1931 bis 1960
Archiv der Kantonsbibliothek Vadiana St. Gallen: Nachlass Fanny Rittmeyer; einzelne Tätigkeitsberichte der St. Galler Hilfe für Emigrantenkinder; St. Galler Tageszeitungen 1931 bis 1974
Archiv Georg Koprio
Archiv Renate Meyer-Koprio
Archiv Lyceum Club St. Gallen
Archiv Heiner und Dorothe Rittmeyer-Homberger (Stammbaum Familie Rittmeyer und Fotos)
Archiv Zivilstandsamt St. Gallen Urkunde «Rittmeyer»
Archiv der Universität St. Gallen: Öffentliche Vorlesungen
Gosteli-Stiftung – Archiv zur Geschichte der schweizerischen Frauenbewegung, Worblaufen: Archivalien BSF (allianceF), CECIF und SVA
Schweizerisches Bundesarchiv, Bern: Dora Rittmeyer, Schlussbericht der St. Galler Hilfe für Emigrantenkinder, 3. Feb. 1948, Typoskript, BAR J. II. 55, Bd. 47, 1935–1948
Schweizerisches Bundesarchiv, Bern: Rede Ludwig Rittmeyer, 22. Sept. 1942, BAR E 1303–1 V, Bd. 352, S. 89–97

Schweizerisches Sozialarchiv Zürich, *Schweizer Frauenblatt* 1958–1966
Staatsarchiv des Kantons Basel-Stadt: Erziehung Privatschulen Lehrer MM 7.7 Marie Grunauer, Diez-Stähelin, Diez-Kellerhals sowie MM 7.8 J. P. Gutlé und E. Jachmann, Staatsarchiv Basel, PA, 182 B 84, 3 Briefe von Dora Iselin an John E. Staehelin
Staatsarchiv des Kantons St. Gallen: Tätigkeitsberichte der St. Galler Hilfe für Emigrantenkinder sowie Erlasse des Kirchenrates der Evang.-ref. Kirche des Kantons St. Gallen
Stadtarchiv St. Gallen: Kirchenarchiv (Evang.-ref. Kirche des Kantons St. Gallen)

Literaturverzeichnis

Periodika

Basler Nachrichten
Bücher am Sonntag (Beilage zur NZZ am Sonntag)
Der Bund
Die Garbe, Schweizerisches Familienblatt, Tavel von, Rudolf (Hg.), Basel: Friedrich Reinhardt
Gewerkschaftliche Rundschau
[Gedruckte] Jahresberichte des Schweizerischen Hilfswerks für Emigrantenkinder (SHEK), Sektion St. Gallen (1935–1947)
[Gedruckte] Jahresberichte der Frauenzentrale St. Gallen (FZ), 1945–1960
[Gedruckte] Jahresberichte des Bundes Schweizerischer Frauenvereine (BSF), 1958–1966
Judaica
Luzerner Tagblatt
National Zeitung Basel
Neue Zürcher Zeitung (NZZ)
145. und 155. Neujahrsblatt 2005 und 2015, St. Gallen
Die Ostschweiz / Die Ostschweiz am Sonntag
Pariser Tageblatt
Schweizer Frauenblatt. Publikationsorgan des Bundes Schweizerischer Frauenvereine. Organ für Fraueninteressen und Frauenaufgaben, Winterthur
St. Galler Tagblatt
Volksstimme St. Gallen (Volksstimme)

Einzeluntersuchungen

Alioth-Vischer, Elisabeth: Chronik der Schweizerischen Frauenbewegung. Juni 1958–Juni 1959, in: Gosteli, Marthe (Hg.): Vergessene Geschichte.Illustrierte Chronik der Frauenbewegung 1914–1963, Bd. 2, Bern 2000, S. 965–975
Altermatt, Urs (Hg.): Die Schweizer Bundesräte. Ein biografisches Lexikon, Zürich/München 1991

Barben, Marie-Louise/Ryter, Elisabeth (Hg.): Verflixt und zugenäht! Frauenbildung – Frauenerwerbsarbeit 1888–1988. Beiträge zur gleichnamigen Ausstellung im Rahmen des hundertjährigen Jubiläums der Berufs-, Fach- und Fortbildungsschule Bern, Zürich 1988

Barth, Karl: Eine Schweizer Stimme 1938–1945, Zürich 1945

Barth, Karl: Offene Briefe 1935–1942 (Karl Barth-Gesamtausgabe, Bd. 36), hg. von Diether Koch, Zürich 2001

Benz-Burger, Lydia/Lang-Porchet, Berthe (Hg.): 50 Jahre SVA/ASFU 1924–1974, Zürich 1974

Biaudet-Hedinger, Elisabeth: Ansprache, in: Zur Erinnerung an Dora J. Rittmeyer-Iselin Dr. phil. I, 6. März 1902–8. August 1974, Privatdruck 1974, S. 20–23.

Bischof, Franz Xaver/Dora, Cornel: Ortskirche unterwegs. Das Bistum St. Gallen 1847–1997, St. Gallen 1997

Bräuniger, Renate (Hg.): Clara Nef, in: Frauen Leben Appenzell, Schwellbrunn 1999

Braunschweig, Sabine (Hg.): «Als habe es die Frauen nicht gegeben». Beiträge zur Frauen- und Geschlechtergeschichte, Zürich 2014

Brodbeck, Doris (Hg.): Dem Schweigen entronnen. Religiöse Zeugnisse von Frauen des 16. bis 19. Jahrhunderts, Würzburg/Markt Zell 2006

Bucher, Silvio: Frontisten im «Gau Ostschweiz», in: Die Zeit des Kantons 1914–1945, in: Wissenschaftliche Kommission der Sankt-Galler Kantonsgeschichte (Hg.): St. Galler Geschichte, Bd. 7, St. Gallen 2003, S. 205–224

Bürgerrat St. Gallen (Hg.): Bürgerbuch der Ortsbürgergemeinde St. Gallen, St. Gallen 1960

Businger, Susanne: Stille Hilfe und tatkräftige Mitarbeit. Schweizer Frauen und die Unterstützung jüdischer Flüchtlinge, 1938–1947, Zürich 2015

Butz, Richard: Von Wagnissen. Utopisten, Visionäre, Aussenseiter und Pioniere zwischen Walensee und Bodensee im 20. Jahrhundert, St. Gallen 2008

Dora, Cornel: Antisemitismus vor und nach dem Krieg, in: Bischof, Franz Xaver/Cornel, Dora: Ortskirche unterwegs. Das Bistum St. Gallen 1847–1997, St. Gallen 1997, S. 103–107

Dörler, Anita: Konsumentenpolitik in der Schweiz – eine gesellschaftspolitische Entscheidung, Diessenhofen 1982

Ehrenzeller, Ernst: Geschichte der Stadt St. Gallen, St. Gallen 1988

Ehrenzeller, Ernst: Kirchen- und Schulgeschichte der Stadt St. Gallen. Vierter Band. St. Gallen 1993

Einstein, Alfred: Italienische Musiker am Hofe der Neuburger Wittelsbacher (1614–1716), in: Seiffert, Max (Hg.): Sammelbände der Internationalen Musikgesellschaft Bd. IX (1907–08), Leipzig 1909, S. 336–424,

Frauenzentrale St. Gallen (Hg.)/Anderegg Elisabeth u. a.: St. Galler-Frauen. Mit Zeichnungen von Fredi Thalmann, St. Gallen 1991

Freisinnig-Demokratische Partei des Kantons St. Gallen (Hg.): Vom liberalen Verein zur modernen Geschichte des St. Galler Freisinns 1857–1982, St. Gallen 1982

Früh, Rosmarie: Drei Schwestern, denen Viele Vieles verdanken (Berta Hohermuth, Marta Hohermuth, Hanni Hohermuth), in: Widmer, Marina/Witzig, Heidi/Bräuniger, Renate (Hg.): blütenweiss bis rabenschwarz, St. Galler Frauen – 200 Porträts, Zürich 2003, S. 192–194

Gerhard, Georgine: Die Lehrerinnenverhältnisse in der Schweiz, Basel 1928

Gilg, Peter/Gruner, Erich: Nationale Erneuerungsbewegungen in der Schweiz 1925–1940, in: Institut für Zeitgeschichte, München – Berlin (Hg.): Vierteljahrshefte für Zeitgeschichte, 14. Jg. 1966, 1. Heft, S. 1–25

Gleixner, Ulrike/Hebeisen, Erika (Hg.): Gendering Tradition. Erinnerungskultur und Geschlecht im Pietismus, Korb 2007

Gosteli, Marthe (Hg.): Vergessene Geschichte. Illustrierte Chronik der Frauenbewegung 1914–1963, 2 Bde., Bern 2000

Graf, Karl: Predigt über Psalm 27,1, in: Zur Erinnerung an Dora J. Rittmeyer-Iselin Dr. phil. I, 6. März 1902–8. August 1974, Privatdruck 1974, S. 24–28

Greyerz, Hans von (überarbeitet von Hans Ulrich Jost): Der Bundesstaat seit 1848, in: Handbuch der Schweizer Geschichte, Bd. 2, S. 1019–1246, Zürich 1977

Greyerz, Hans/Gruner, Erich/Gilg, Peter: Nationale Erneuerungsbewegungen in der Schweiz 1925–1940, in: Institut für Zeitgeschichte (Hg.): Vierteljahrshefte für Zeitgeschichte, München/Berlin, 14. Jg. 1966, 1. Heft, S. 1–25

Grossi, Verdiana: Femmes, Culture et Société/Frauen, Kultur und Gesellschaft/Donne, Cultura e Società. Hundert Jahre internationaler Lyceum Club der Schweiz (1912–2012), Genf 2012

Häsler, Alfred A.: «Das Boot ist voll.» Die Schweiz und die Flüchtlinge 1933–1945, Zürich 1967

Häsler, Alfred A.: Die Geschichte der Karola Siegel. Ein Bericht in Zusammenarbeit mit Ruth Westheimer, Bern 1976

Hasler, Eveline: Mit dem letzten Schiff, München 2013

Häusler, Eric/Meili, Caspar: Erfolg und Krise der Schweizer Stickerei-Industrie 1865–1929, in: Historischer Verein des Kantons St. Gallen (Hg.): 155. Neujahrsblatt 2015, St. Gallen, S. 7–103

Historisches Lexikon der Schweiz (http://www.hls-dhs-dss.ch)

Hohermuth, Berta: 50 Jahre Frauenzentrale St. Gallen, 1914–1964 (o. O., o. J.)

Hubacher-Constam, Annemarie/Leuenberger-Koehli, Hedi: Saffa 58. 2. Ausstellung: Die Schweizerfrau, ihr Leben, ihre Arbeit, Zürich 1958

Huber, Christian: Geistliche Seelenmusik, St. Gallen, 1. Aufl. 1682, 2. Aufl. 1694

Imboden-Kaiser, Frida: Aus Lebenserfahrung und Erinnerung, St. Gallen 1958

Interkantonale Lehrmittelzentrale (Hg.): Das Werden der modernen Schweiz, Quellen, Illustrationen und andere Materialien, Bd. 2, Luzern 1989

Iselin, Ulrich: Alfred Iselin-Merian (1826–1904) sowie Alfred Iselin-Vischer (1863–1924), in: Lebensbilder aus der Familie Iselin, S. 120–124 und 139–144, Basel 1964

Jäger, Martin: Forschungsprojekt zur Aufarbeitung der Aktenbestände des Staatsarchivs St. Gallen zur Flüchtlings- und Migrationsgeschichte der Jahre 1920 bis 1950, St. Gallen 2000 (nicht im Buchhandel erhältlich)

Jehle, Frank: Grosse Frauen der Christenheit. Acht Porträts, Freiburg Schweiz 1988

Dominik Zili: Zu Lob und Dank Gottes, hg. von Frank Jehle, St. Gallen und Zürich 2008

Jehle-Wildberger, Marianne: Geschichte des Evangelischen Frauenbunds der Schweiz, in: Bietenhard, Sophia/Dellsperger, Rudolf/Kocher, Hermann/Stoll, Brigitta (Hg.): Zwischen Macht und Dienst, S. 183–195, Bern 1991

Jehle-Wildberger, Marianne: Christliche Tradition und Zukunftsvisionen. Schweizerinnen lieferten wichtige Beiträge zur Idee Europa, in: Evangelischer Frauenbund der Schweiz (Hg.): Frauen in Europa. Christliche Tradition und Zukunftsvisionen, S. 7–16, Zürich 1992

Jehle-Wildberger, Marianne: Das Gewissen sprechen lassen. Die Haltung der St. Galler Kirche zu Kirchenkampf und Flüchtlingsnot 1933–1945, Zürich 2001

Jehle-Wildberger, Marianne: Ein Herz für jüdische Kinder. Zum 100. Geburtstag der St. Gallerin Dora Julia Rittmeyer-Iselin (1902 bis 1974), in: St. Galler Tagblatt, 5. März 2002

Jehle-Wildberger, Marianne: Anna Schlatter-Bernet 1773–1826. Eine weltoffene St. Galler Christin, St. Gallen/Zürich 2003

Jehle-Wildberger, Marianne: «Die Frau von morgen soll ihren Mann stellen» (Dora Julia Rittmeyer-Iselin), in: Widmer, Marina/Witzig, Heidi/Bräuniger, Renate (Hg.): blütenweiss bis rabenschwarz. St. Galler Frauen – 200 Porträts, Zürich 2003, S. 311–313

Jehle-Wildberger, Marianne: Beherzte religiöse Sozialistin (Susanne Steiner-Rost), in: Widmer, Marina/Witzig, Heidi/Bräuniger, Renate (Hg.): blütenweiss bis rabenschwarz. St. Galler Frauen – 200 Porträts, Zürich 2003, S. 375–377

Jehle-Wildberger, Marianne: Zwischen Heiligsprechung und Domestizierung. Anna Schlatter-Bernet (1773–1826), in: Gleixner, Ulrike/Hebeisen, Erika (Hg.): Gendering Tradition. Erinnerungskultur und Geschlecht im Pietismus, S. 47–66, Korb 2007

Jehle-Wildberger, Marianne: Adolf Keller (1872–1963). Pionier der ökumenischen Bewegung, Zürich 2008. Zur Flüchtlingsproblematik: S. 347–447 und 460–464

Jehle-Wildberger, Marianne: Adolf Kellers Einsatz für Opfer des Rassismus, in: Stiftung Zürcher Lehrhaus Judentum Christentum Islam (Hg.): Judaica. Beiträge zum Verstehen des Judentums, Bd. 70, 2014 4, S. 399–413

Joris, Elisabeth/Witzig, Heidi (Hg.): Frauengeschichte(n) aus zwei Jahrhunderten, zur Situation der Frauen in der Schweiz, Zürich 4. Aufl. 2001
Jungliberale Bewegung der Schweiz (Hg.): Diktatur oder Demokratie? Kampfschrift der Jungliberalen Bewegung der Schweiz, St. Gallen: vermutlich Ende 1933/Anfang 1934
Kaufmann, Doris: Frauen zwischen Aufbruch und Reaktion. Protestantische Frauenbewegung in der ersten Hälfte des 20. Jahrhunderts, München 1988
Keller, Stefan: Grüningers Fall. Geschichten von Flucht und Hilfe, Zürich 1993
Kocher, Hermann: Rationierte Menschlichkeit. Schweizerischer Protestantismus im Spannungsfeld von Flüchtlingsnot und öffentlicher Flüchtlingspolitik der Schweiz 1933–1948, Zürich 1996
Kocher, Hermann: «Flüchtlingsmutter» Gertrud Kurz, in: Bräuniger, Renate (Hg.): FrauenLeben Appenzell, Herisau 1999
Konsumentinnenforum Schweiz (Hg.): 30 Jahre Konsumentinnenforum, Zürich 1991
Kopp, Barbara: Die Unbeirrbare. Wie Gertrud Heinzelmann den Papst und die Schweiz das Fürchten lehrte, Zürich 2003
Köppli, Marcel: Protestantische Unternehmer in der Schweiz des 19. Jahrhunderts – christlicher Patriarchalismus im Zeitalter der Industrialisierung, Zürich 2012
Krummenacher, Jörg: Flüchtiges Glück. Die Flüchtlinge im Grenzkanton St. Gallen zur Zeit des Nationalsozialismus, Zürich 2005
Lemmenmeier, Max: Krise, Klassenkampf und Krieg, in: Die Zeit des Kantons 1914–1945, in: Wissenschaftliche Kommission der Sankt-Galler Kantonsgeschichte (Hg.): St. Galler Geschichte Bd. 7, St. Gallen 2003, S. 9–54
Lemmenmeier, Max: Politik zwischen Klassenkampf und nationalem Konsens, in: Die Zeit des Kantons 1914–1945, in: Wissenschaftliche Kommission der Sankt-Galler Kantonsgeschichte (Hg.): St. Galler Geschichte Bd. 7, St. Gallen 2003, S. 55–92
Lemmenmeier, Max: Die Kirchen zwischen den Ideologien, in: Die Zeit des Kantons 1914–1945, in: Wissenschaftliche Kommission der Sankt-Galler Kantonsgeschichte (Hg.): St. Galler Geschichte Bd. 7, St. Gallen 2003, S. 93–100
Lemmenmeier, Max: Hochkonjunktur und mittelständische Sozialordnung, in: Die Zeit des Kantons 1945–2000, in: Wissenschaftliche Kommission der Sankt-Galler Kantonsgeschichte (Hg.): St. Galler Geschichte Bd. 8, St. Gallen 2003, S. 10–82
Lemmenmeier, Max: Politik zwischen Stabilität und neuen Strömungen, in: Die Zeit des Kantons 1945–2000, in: Wissenschaftliche Kommission der Sankt-Galler Kantonsgeschichte (Hg.): St. Galler Geschichte Bd. 8, St. Gallen 2003, S. 83–109
Leuenberger-Koehli, Hedi/Hubacher-Constam, Annemarie: Saffa 58. 2. Ausstellung: Die Schweizerfrau, ihr Leben, ihre Arbeit, Zürich 1958

Lienert, Salome: «Wir wollen helfen, da wo Not ist.» Das Schweizer Hilfswerk für Emigrantenkinder 1933–1947, Zürich 2013
Mächler, Stefan: Hilfe und Ohnmacht. Der Schweizerische Israelitische Gemeindebund und die nationalsozialistische Verfolgung 1933–1945, Zürich 2005
Mäder Claudia: Der Platz der Frau, in: «Sind die Weiber auch Menschen», NZZ Geschichte, Ausgabe 4 2016, S. 36–48
Maissen, Thomas: Geschichte der Schweiz, Baden 2010
Merian-Genast, Heinz (Hg.): Goethes Werke, Basel 1944
Mesmer, Beatrix: Staatsbürgerinnen ohne Stimmrecht. Die Politik der schweizerischen Frauenverbände 1914–1971, Zürich 2007
Mesmer, Beatrix: «Ausgeklammert-eingeklammert»: Frauen und Frauenorganisationen in der Schweiz des 19. Jahrhunderts, Basel 1988
Miles, Rosalind: Weltgeschichte der Frau, Düsseldorf 1990
Mitscherlich, Margarete: Über die Mühsal der Emanzipation, Frankfurt 1990
Müller, Verena E.: Bewegte Vergangenheit. 20 Jahre Archiv zur Geschichte der schweizerischen Frauenbewegung, Bern 2002
Naegeli, Verena: Himmelblau und Rosarot. Vom Haus für gefallene Mädchen zum Sozial-Medizinischen Zentrum für Frau, Mutter und Kind, Zürich 2004
Nef, Karl: Geschichte unserer Musikinstrumente, Leipzig 1926
Nef, Karl: Einführung in die Musikgeschichte, Basel 1920, 3. Aufl. Zürich 1945
Niedermann, Vera: «... weil bei jedem Versuch die Politik mich angewidert hat» (Elsa Mettler-Specker), in: Widmer, Marina/Witzig, Heidi/Bräuniger, Renate (Hg.): blütenweiss bis rabenschwarz. St. Galler Frauen – 200 Porträts, Zürich 2003, S. 179–281
Parzer Epp, Verena/Wirz, Claudia (Hg.): Wegbereiterinnen der modernen Schweiz. Frauen, die die Freiheit lebten, Zürich 2014
Redolfi, Silke: Frauen bauen Staat. 100 Jahre Bund Schweizerischer Frauenorganisationen, Zürich 2000
Refardt, Edgar/Ehinger, Hans/Merian, Wilhelm (Hg.): Festschrift Karl Nef zum 60. Geburtstag, Zürich/Leipzig 1933
Rikli, Erika: Einführung, in: Hubacher-Constam, Annemarie/Leuenberger-Koehli, Hedi: Saffa 58. 2. Ausstellung: Die Schweizerfrau, ihr Leben, ihre Arbeit, Zürich 1958
Riklin, Ursula: Traumspiegel, in: blütenweiss bis rabenschwarz, St. Galler Frauen – 200 Porträts, Zürich 2003, S. 104–106.
[Rittmeyer-]Iselin, Dora J.: Biagio Marini, sein Leben und seine Instrumentalwerke, Dissertation Basel, Hildburghausen 1930
Rittmeyer-Iselin: Vom Wesen des Cembalos, in: *Die Garbe*, 13. Jg. 1929/30, S. 30–32
Rittmeyer-Iselin: Weihnachtsmusik, in: *Die Garbe*, 13. Jg. 1929/30, S. 156–158
Rittmeyer-Iselin: Lob der Flöte, in: *Die Garbe*, 13. Jg. 1929/30, S. 350–352
Rittmeyer-Iselin: Nietzsche und Wagner, in: *Die Garbe*, 15. Jg. 1931/32, S. 28–31

Rittmeyer-Iselin: Joseph Haydn, in: *Die Garbe*, 15. Jg. 1931/32, S. 411–415
Rittmeyer-Iselin: Das Violoncello in der Hausmusik, in: *Die Garbe*, 16. Jg. 1932/33, S. 29–31
Rittmeyer-Iselin: Richard Wagner und die Schweiz, in: *Die Garbe*, 16. Jg. 1932/33, S. 279–284
Rittmeyer-Iselin: Goethe und die Musik, in: *Die Garbe*, 16. Jg. 1932/33, S. 348
Rittmeyer-Iselin, Dora J.: Das Rebec. Ein Beitrag zur Geschichte unserer Streichinstrumente, in: Refardt, Edgar/Ehinger, Hans/Merian, Wilhelm (Hg.): Festschrift Karl Nef zum 60. Geburtstag (22. August 1933), dargebracht von Schülern und Freunden, Zürich/Leipzig 1933, S. 210–219
Rittmeyer-Iselin: Chinesische Musik, in: *Die Garbe*, 17. Jg. 1933/34, S. 29f.
Rittmeyer-Iselin: Die musikalische Passion, in: Die Garbe, 17. Jg. 1933/34, S. 403–406
Rittmeyer-Iselin: Vierhändiges Klavierspiel, in: *Die Garbe*, 17. Jg. 1933/34, S. 765–767
Rittmeyer-Iselin, Dora J.: Konzertverein der Stadt St. Gallen 1877–1952. Festschrift, hg. von der Kommission des Konzertvereins: St. Gallen 1952
Rittmeyer-Iselin: Die Frau im Dienste des Volkes, in: Hubacher-Constam, Annemarie/Leuenberger-Koehli, Hedi: Saffa 58. 2. Ausstellung: Die Schweizerfrau, ihr Leben, ihre Arbeit, Zürich 1958
Rittmeyer-Iselin, Dora J.: Lebenslauf, in: Zur Erinnerung an Dr. iur. Ludwig Rittmeyer, 5. Juli 1897–26. Sept. 1963, Privatdruck, S. 5–14
Rittmeyer-Iselin, Dora J.: Das Musikleben St. Gallens von der Gründung des Klosters um 719 bis zum Beginn des 20. Jahrhunderts, St. Gallen, Sonderdruck, in: Blume, Friedrich (Hg.): Die Musik in Geschichte und Gegenwart. Allgemeine Enzyklopädie der Musik, Kassel/Basel/London/New York 1964
Rittmeyer-Iselin, Dora J.: Musikalischer Spaziergang durch die Vergangenheit, in: Der Kanton St. Gallen: Geschichte – Kultur – Wirtschaft, Aarau 1974, S. 231–242
Rittmeyer-Iselin, Beitrag in: Benz-Burger/Lang-Porchet: 50 Jahre SVA/ASFU 1924–1974, Zürich 1974, S. 71f.
Rittmeyer, Fanny: Geschichte der alten Stickereifabrik in Bruggen und der Familie Rittmeyer, St. Gallen 1943, Sonderausgabe, in: Staehelin, Johannes: Straubenzell in seiner Geschichte, St. Gallen 1943, S. 115–124
Rittmeyer, Heiner: Lebenslauf, in: Zur Erinnerung an Dora J. Rittmeyer-Iselin Dr. phil. I, 6. März 1902–8. August 1974, Privatdruck 1974, S. 7–16
Rittmeyer, Ludwig: Der Irrtum in der Äusserung. Ein Beitrag zur Lehre vom Irrtum beim Rechtsgeschäft, Diss., Zürich 1923
Rogger, Franziska: «Gebt den Schweizerinnen ihre Geschichte». Marthe Gosteli, ihr Archiv und der übersehene Kampf ums Frauenstimmrecht, Zürich 2015
Roten von, Iris: Frauen im Laufgitter, Bern 1958
Ruckstuhl, Brigitte/Ryter, Elisabeth: Beraten, Bewegen, Bewirken. Zürcher Frauenzentrale 1914–2014, Zürich 2014

Ruckstuhl, Liana: Frauen bewegen. 26 St. Gallerinnen im Porträt, Schwellbrunn 2014
Ruckstuhl, Lotti: Frauen sprengen die Fesseln. Hindernislauf zum Frauenstimmrecht in der Schweiz, Bonstetten 1986
Rusterholz, Heinrich/Schmid-Ackeret Therese/Reich, Ruedi: Ohne Wenn und Aber dem Gewissen verpflichtet. Flüchtlingspfarrer Paul Vogt 1900–1984, Elsbeth Kasser 1910–1982, Zürich 2. Aufl. 2000
Schmidlin, Antonia: Eine andere Schweiz. Helferinnen, Kriegskinder und humanitäre Politik 1933–1942, Zürich 1999
Schmidlin, Antonia: «Die Ehre des weiblichen Lehrpersonals voll und ganz sicher gestellt», in: Braunschweig, Sabine (Hg.): «Als habe es die Frauen nicht gegeben». Beiträge zur Frauen- und Geschlechtergeschichte, Zürich 2014, S. 177 ff.
Schnegg, Brigitte/Wecker Regina: Zur Geschichte weiblicher Arbeits- und Lebensbedingungen in der Schweiz, Basel 1984
Schrade, Leo: Musikwissenschaft, in: Lehre und Forschung an der Universität Basel zur Zeit der Feier ihres Fünfhundertjährigen Bestehens, Basel 1960, S. 257–262.
Schweizerische Frauenverbände (Hg.): Die Schweizerfrau 1939, (o. O) 1939
Specker, Louis: «Links aufmarschieren». Aus der Frühzeit der Ostschweizer Arbeiterbewegung, Zürich 2010
Studer, Brigitte: Das Frauenstimm- und wahlrecht in der Schweiz 1848–1971. Ein «Fall» für die Geschlechtergeschichte, in: Braunschweig, Sabine (Hg.): «Als habe es die Frauen nicht gegeben». Beiträge zur Frauen- und Geschlechtergeschichte, Zürich 2014
Sutro, Nettie: Jugend auf der Flucht, Zürich 1952
Suttner von, Bertha: Die Waffen nieder! Eine Lebensgeschichte, Dresden 38. Aufl., o. J.
Thürer, Georg: St. Galler Geschichte, Bd. II, St. Gallen 1972
Unabhängige Expertenkommission Schweiz (Hg.): Die Schweiz und die Flüchtlinge zur Zeit des Nationalsozialismus, Bern 1999 (Präsident: Jean-Francois Bergier) (Bergier-Bericht)
Unabhängige Expertenkommission Schweiz – Zweiter Weltkrieg (Hg.): Die Schweiz, der Nationalsozialismus und der Zweite Weltkrieg. Schlussbericht, Zürich 2002
Vinzenz, Bettina: Biederfrauen oder Vorkämpferinnen? Der Schweizerische Verband der Akademikerinnen (SVA) in der Zwischenkriegszeit, Baden 2011
Vischer-Alioth, Elisabeth: Chronik der Schweizerischen Frauenbewegung. Juni 1958–Juni 1959, in: Gosteli, Marthe (Hg.): Vergessene Geschichte. Illustrierte Chronik der Frauenbewegung 1914–1963, Bd. 2, Bern 2000, S. 965–975
Voegeli, Yvonne: «Man legte dar, erzählte, pries – und wich dem Kampfe aus». SAFFA 1928 – SAFFA 1958, in: Barben, Marie-Louise/Rythen, Elisabeth

(Hg.), verflixt und zugenäht! Frauenberufsbildung und Frauenerwerbsarbeit 1888–1988, Zürich 1988 S. 121–130

Voegeli, Yvonne: Zwischen Hausrat und Rathaus. Auseinandersetzungen um die politische Gleichberechtigung in der Schweiz 1945–1971, Zürich 1997

Wanner, Gustav Adolf (Hg.): Lebensbilder aus der Familie Iselin, Bas 1964

Wecker, Regina/Schnegg, Brigitte: Zur Geschichte weiblicher Arbeits- und Lebensbedingungen in der Schweiz, Basel 1984

Wecker, Regina: Der Anfang des 20. Jahrhunderts und die Schweiz. Versuch einer historischen Situierung der Schriften von Karl Barth, in: Georg Pfleiderer/Harald Matern (Hg.): Theologie im Umbruch der Moderne. Karl Barths frühe Dialektische Theologie, Zürich 2014, S. 51–62

Widmer, Marina/Witzig, Heidi/Bräuniger, Renate (Hg.): blütenweiss bis rabenschwarz. St. Galler Frauen – 200 Porträts, Zürich 2003

Widmer, Marina: Die Anfänge der Frauenbewegung zwischen Fürsorge und Politik 1880–1930, in: Die Zeit des Kantons 1914–1945, Wissenschaftliche Kommission der Sankt-Galler Kantonsgeschichte (Hg.): St. Galler Geschichte Bd. 7, St. Gallen 2003, S. 159–180

Widmer, Marina: Die Neue Frauenbewegung bewegte die Gesellschaft, in: Historischer Verein des Kantons St. Gallen (Hg.): Die Neue Frauenbewegung, 145. Neujahrsblatt 2005, St. Gallen, S. 13–30

Witzig, Heidi/Joris, Elisabeth (Hg.): Frauengeschichte(n) aus zwei Jahrhunderten, zur Situation der Frauen in der Schweiz, Zürich 4. Aufl. 2001

Witzig, Heidi: Stickerfamilien im Rheintal, in: Wissenschaftliche Kommission der Sankt-Galler Kantonsgeschichte (Hg.): St. Galler Geschichte, St. Gallen 2003, Bd. 7, S. 141–158

Witzig, Heidi: Alte und Neue Frauenbewegung – Ein Vergleich, in: Historischer Verein des Kantons St. Gallen (Hg.): Die Neue Frauenbewegung, 145. Neujahrsblatt 2005, St. Gallen, S. 9–11

Wolf, Walter: Faschismus in der Schweiz. Die Geschichte der Frontenbewegung in der deutschen Schweiz 1930–1945, Zürich 1969

Ziegler, Ernst: Als der Krieg zu Ende war ... Zur Geschichte der Stadt St. Gallen von 1935 bis 1945, St. Gallen 1996

Personenverzeichnis

Bildnachweis

Frontispitz, S. 16, 19, 26, 33, 40, 94, 95, 152 Archiv Heiner und Dorothe Rittmeyer-Homberger

S. 13, 21 Archiv Georg Koprio

S. 15, 17 In: Beatrice Preiswerk-Staehelin: Die «Trotte» – das verlorene Paradies der Kindheit.

S. 35 © Frank Jehle

S. 43 Gerard David, Virgo inter virgines, inv. D. 1803.4 © Agence La Belle Vie/Réunion des Musées Métropolitains Rouen Normandie

S. 50 Kantonsbibliothek Vadiana St. Gallen

S. 57 Gosteli-Stiftung – Archiv zur Geschichte der schweizerischen Frauenbewegung, Worblaufen, Foto O. Rohr (AGoS/78)

S. 68, 69 In: Freisinnig-Demokratische Partei des Kantons St. Gallen (Hg.): Vom liberalen Verein zur modernen Geschichte des St. Galler Freisinns 1857–1982, St. Gallen 1982, S. 82

S. 70, 78, 80 Staatsarchiv des Kantons St. Gallen (Bild S. 70: A 116/111-2.05)

S. 88, 89, 105 In: Alfred A. Häsler: Die Geschichte der Karola Siegel. Ein Bericht von Alfred A. Häsler in Zusammenarbeit mit Ruth K. Westheimer, Bern 1976 (Bild S. 88: S. 23; Bild S. 89: S. 30; Bild S. 105: S. 61)

S. 99, 100 Schweizerisches Bundesarchiv J2.55#1970/95#219*, Az. 07, Korrespondenz mit der Zentralstrasse des SHEK, 1935–1948

S. 114 © Fotostiftung Schweiz / Schweizerisches Bundesarchiv E5792#1988/204#1188*, Internierung Internierte Flüchtlinge KZ-Insasse; Nordgrenze (Foto-Nr. 29785), 1945

S. 121, 149, 159, 163 In: Marthe Gosteli (Hg.) Vergessene Geschichte. Illustrierte Chronik der Frauenbewegung 1914–1963, Bd. 2, Bern 2000 (Bild S. 121: S. 721; Bild S. 149: S. 1033: Bild S. 159: S. 966; Bild S. 163: S. 951)

S. 125 Gregor Rabinovitch, Weihnachtsmärchen für Flüchtlinge © Erben Isa Hesse-Rabinovitch

S. 131 Wikimedia Commons

S. 136, 138, 139 Archiv für Frauen-, Geschlechter- und Sozialgeschichte (AFGO) (Bild S. 136: AFGO 036/490, Vorlage zur Verfügung gestellt von Johannes Anderegg, St. Gallen; Bild S. 138f: AFGO 036/491)

S. 148 In: Interkantonale Lehrmittelzentrale (Hg.): Das Werden der modernen Schweiz. Quellen, Illustrationen und andere Materialien, Bd. 2, Luzern 1989, S. 261

S. 183 In: Konsumentinnenforum Schweiz (Hg.): «30 Jahre Konsumentinnenforum», Zürich 1991, S. 8

S. 186 Stadtarchiv St. Gallen, PA Kühne Künzler, Foto: Karl Künzler

S. 191 © Historic Collection / Alamy Stock Foto

Anmerkungen

Vorwort *(Seite 9 f.)*

1 SAFFA 58 = Schweizerische Ausstellung für Frauenarbeit 1958 in Zürich.

2 CECIF = Comité Européen du Comité International des Femmes, Dachorganisation der nationalen Frauenverbände Europas.

3 Sutro: Jugend auf der Flucht, S. 28, sowie Lienert: Wir wollen helfen, S. 61 f.

4 Heiner Rittmeyer: Lebenslauf, S. 16.

5 Parzer Epp/Wirz: Wegbereiterinnen der modernen Schweiz. – Dora Rittmeyer fehlt in diesem Buch. Vgl. auch die Artikel über Dora Rittmeyer im Schweizer Lexikon, Visp 1999, und im Historischen Lexikon der Schweiz.

Kindheits- und Jugendjahre *(Seite 11–22)*

6 Schappe = Seidengarn resp. Florettseide.

7 Heiner Rittmeyer: Lebenslauf, S. 7. – Bei den Ausführungen zur Kindheit und Jugend Dora Rittmeyers folge ich weitgehend den Angaben ihres Sohnes Heiner Rittmeyer und ihrer Nichten Verena Cornaz-Pestalozzi und Renate Meyer-Koprio.

8 Das heisst, die Familie Iselin-Vischer gehörte dem Basler «Daig» (Teig) an, wie man zu sagen pflegt.

9 Karl Barths Vater Fritz Barth, ebenfalls aus dem «Daig», war in jungen Jahren Professor an dieser Schule.

10 Hinsichtlich der Mentalität der alten Basler Familien verdanke ich Verena Cornaz-Pestalozzi zahlreiche Hinweise sowie auch Elisabeth Druey-Burckhardt.

11 Ulrich Iselin: Alfred Iselin-Merian (1826–1904), S. 120–124.

12 A. a. O., S. 139–144.

13 Die Geschwister hiessen: Elisabeth (Lisebeth), Ulrich, *Julia Dorothea (Dora)*, Adèle, Helene, Hans-Jörg, Esther, siehe Foto S. 15 – Mitgeteilt von Verena Cornaz-Pestalozzi, Tochter von Adèle Pestalozzi-Iselin, 25. Nov. 2013.

14 Iselin: Alfred Iselin-Vischer, S. 141.

15 Ebd.

16 Zu Wilhelm Vischer siehe Historisches Lexikon der Schweiz.

17 Verena Cornaz-Pestalozzi, Gespräch 25. Nov. 2013.

18 Heiner Rittmeyer: Lebenslauf, S. 7.

19 Siehe dazu S. 119.

20 Die Angaben über das Haus an der Gartenstrasse verdanke ich Verena Cornaz-Pestalozzi, die oft und während der Ausbildung monatelang in diesem Haus weilte. – Das Haus steht nicht mehr.

21 Beatrice Preiswerk-Staehelin (Tochter von Elisabeth Staehelin): Die «Trotte» – das verlorene Paradies der Kindheit, Typoskript (im Besitz von Verena Cornaz-Pestalozzi, die selbst Ferien in der «Trotte» genossen hat).
22 Dittibadeanstalt = Puppenbadeanstalt
23 Zum «Anstältli» (Mädchenanstalt) siehe S. 17 – Laut Magdalena Graf, St. Gallen, die Dora Rittmeyer gut kannte, mussten sich die Mädchen nach Empfang des Schals im Kreis hinstellen, sich verneigen und im Chor sagen: «Danke, Frau Iselin»! – Gespräch 22. April 2015.
24 Mitgeteilt von Verena Cornaz-Pestalozzi, 25. Nov. 2013.
25 Heiner Rittmeyer: Lebenslauf, S. 9.
26 Frieda Diez führte die seit 1876 bestehende Privatschule zusammen mit der patentierten Lehrerin Margrit Stähelin. Siehe Staatsarchiv Basel, Signatur: Erziehung Privatschulen Lehrer MM 7.7 Marie Grunauer, Diez-Stähelin, Diez-Kellerhals.
27 Staatsarchiv Basel, Dossiers Erziehung Privatschulen MM 7.8 J.P. Gutlé und E. Jachmann.
28 Nachruf auf J.P. Gutlé, in: *Basler Nachrichten*, 2. Juli 1921, Staatsarchiv Basel, MM 7.8; Nachruf auf E. Jachmann, in: *Basler Nachrichten*, 21. Feb. 1940, sowie Gedicht auf E. Jachmann von 1940, ebd.
29 Nachrufe in: *Basler Nachrichten*, 2. Juli 1921, und *Basler Nachrichten*, 21. Feb. 1940.
30 Carl Jakob Burckhardt: Briefe 1908–1974. Frankfurt a.M. 1986, S. 386. Brief vom 24. Nov. 1961.
31 Rittmeyer: Lebenslauf, S. 8.
32 Mitgeteilt von Verena Cornaz-Pestalozzi, Patenkind von Esther Christ-Iselin, 25. Nov. 2013.
33 Mitgeteilt von Renate Meyer-Koprio, Tochter von Helene Koprio-Iselin, 27. Aug. 2017.

Begeisterung für die Musik *(Seite 23–30)*
34 [Rittmeyer-]Iselin, Dora J.: Vita, in: dies.: Biagio Marini, S. 49.
35 Ebd.
36 Zu Emile Jaques-Dalcroze siehe Historisches Lexikon der Schweiz.
37 Heiner Rittmeyer: Lebenslauf, S. 8. – Anna Hegner (1881–1963), Violinistin, Komponistin und Pädagogin, Lehrerin von Paul Hindemith. Als Solistin trat sie in Leipzig, Berlin und London auf. Ihre Wohngemeinde Münchenstein benannte eine Strasse nach ihr.
38 [Rittmeyer-]Iselin, Dora J.: Vita, in: dies.: Biago Marini, S. 49.
39 Dora Iselin an John. E. Staehelin, 14. Dez. 1920 und 18. März 1921, beide Manuskripte Staatsarchiv Basel, PA, 182 B 84.
40 John E. Staehelin (1891–1969), Psychiater, heiratete 1921 Elisabeth (Lisebeth) Iselin. Staehelin wurde 1927 Leiter der Psychiatrischen Universitätspoliklinik, 1929 ordentlicher Professor der Universität Basel und Direktor

der kantonalen Heil- und Pflegeanstalt Friedmatt. Vgl. Bulletin der Schweizerischen Akademie der Medizinischen Wissenschaften, 25 (1969), S. 200f.

41 Rittmeyer-Iselin: Vierhändiges Klavierspiel, in: *Die Garbe*, 14. Jg. 1933/34, S. 765–767, 767.

42 Rittmeyer-Iselin: Das Violoncello in der Hausmusik, in: *Die Garbe*, 16. Jg. 1932/33, S. 29–31, 30.

43 Heiner Rittmeyer entwickelte eine grosse Leidenschaft für das Cello und machte in späteren Jahren oft mit Freunden und gelegentlich mit seiner Frau zusammen Kammermusik. – Mitgeteilt von Dorothe Rittmeyer-Homberger, Ehefrau von Heiner Rittmeyer, 15. Jan. 2014.

44 Heiner Rittmeyer: Lebenslauf, S. 9.

45 Verena Cornaz-Pestalozzi, Gespräch 25. Nov. 2013.

46 Verena Cornaz-Pestalozzi wohnte als Jugendliche mit ihrer Familie in St. Gallen. Sie besuchte ihre Tante Dora auch später oft. Diese sei die Gescheiteste der fünf Iselin-Töchter gewesen. Gespräch 25. Nov. 2013. – Zu Esther Christ-Iselin siehe S. 21. Zu Helene: Renate Meyer-Koprio, Gespräch 27. Aug. 2017.

47 Vinzenz: Biederfrauen oder Vorkämpferinnen?, S. 25.

48 [Rittmeyer-]Iselin, Dora J.: Vita, in: dies.: Biago Marini, S. 49.

49 Karl Nef (1873–1935), Prof. Dr., studierte Cello und Musikwissenschaft. 1912 gründete er an der geisteswissenschaftlichen Fakultät der Universität Basel gegen einigen Widerstand das Seminar für Musikwissenschaft, denn dieses Fach hatte an den schweizerischen Universitäten keine Tradition.

50 Schrade: Musikwissenschaft, in: Lehre und Forschung an der Universität Basel, S. 257–262. – Neben Nef erwähnt Dora Iselin Handschin, Hübener, Janner, Joel, Latte, Merian, Meuli, Tappolet, Tschudi, Walser als ihre Lehrer in Basel und Geratewohl, Nadolecny, Sandberger, Vossler in München. [Rittmeyer-]Iselin, Dora J.: Vita, in: dies.: Biago Marini, S. 49.

51 Nef: Einführung in die Musikgeschichte.

52 Refardt/Ehinger/Merian: Festschrift Karl Nef. Einführung von Merian, S. 5.

53 Vgl. auch: Nef, Karl siehe Historisches Lexikon der Schweiz.

54 Abgeschlossen 1928.

55 [Rittmeyer-]Iselin, Dora J.: Vita, in: dies.: Biago Marini, S. 49.

56 Laut Nef war Marini beteiligt an dem «wie ein kurzer Traum in der Musikgeschichte Italiens sich ausnehmenden Liederfrühling», der charakterisiert war durch eine Solostimme plus Basso, in: Nef: Einführung in die Musikgeschichte, S. 143.

57 Einstein: Italienische Musiker am Hofe der Neuburger Wittelsbacher (1614–1716), S. 336–424. – Zu Einstein siehe Anm. 72.

58 [Rittmeyer-]Iselin, Dora J.: Vorwort in: dies.: Biagio Marini.

59 A. a. O., S. 1f. – Laut Taufregister wurde Marini am 3. Februar 1594 in Brescia geboren und am 5. Februar in S. Afra in S. Eufemio getauft, siehe Dizionario Biografico degli Italiani, Volume 70, 2007.

60 A. a. O., zu Monteverdi S. 9 und 16. – Laut dem Dizionario Biografico war Marini 1615 als Violonist in San Marco in Venedig tätig, wo Monteverdi Kapellmeister war.

61 Laut Internetseite des Biagio-Marini-Wettbewerbs für junge Musiker in Neuburg war die Musik im Fürstentum Pfalz-Neuburg sehr präsent. Abgesehen von Marini wirkten dort weitere bedeutende Musiker. https://www.sommerakademie-neuburg.de/Biagio-Marini-Wettbewerb.

62 Die Anstellung Marinis in Deutschland und die zwei Heiraten werden vom Dizionario Biografico bestätigt. – Laut Dizionario hiessen Helene Hanins Kinder Maddalena und Giovanni Nicola.

63 [Rittmeyer-]Iselin, Dora J.: Biagio Marini, S. 3, Anm. 3.

64 A. a. O., S. 3 f.

65 Laut Dizionario Biografico verliess Marini Deutschland 1628.

66 Der Dizionario Biografico vermutet, dass Marini an der Palastkapelle in Mailand wirkte. – Laut Internetseite zum Biagio-Marini-Wettbewerb in Neuburg stand Marini fast 30 Jahre lang im Dienst des Pfalzgrafen. https://www.sommerakademie-neuburg.de/Biagio-Marini-Wettbewerb.

67 Der Dizinario Biografico setzt die Heirat auf 1632 an. Die Kinder hiessen Carlo Giacinto, Feliciano und Elena.

68 [Rittmeyer-]Iselin, Dora J.: Biagio Marini, S. 5. – Laut Dizionario Biografico wurde Marini 1644 Kapellmeister in Düsseldorf.

69 Laut Dizionario Biografico wirkte er während einiger Jahre in Mailand, ab 1651 in Venedig, ab 1652 an der capella di S. Marco, 1655 am Dom von Vicenza.

70 [Rittmeyer-]Iselin, Dora J.: Biagio Marini, S. 4 f. und 6.

71 Laut Dizionario Biografico starb Marini am 17. November 1663 in Venedig.

72 Dr. Alfred Einstein (1880–1952), Musikwissenschaftler in Berlin, Schriftleiter der *Zeitschrift für Musikwissenschaft*. Er überarbeitete das Köchelverzeichnis (3. Aufl.), kannte sich aus in der italienischen Musik des 17. Jh., verfasste den Aufsatz «Italienische Musiker am Hofe der Neuburger Wittelsbacher» (SIMG, Jg. 9, Heft 3, S. 351). – Alfred Einstein war vermutlich mit dem Physiker Albert Einstein verwandt. Jedenfalls kannten sie sich schon als Schüler, waren später Nachbarn in Berlin. Beide emigrierten zur Zeit Hitlers in die USA.

73 [Rittmeyer-]Iselin, Dora J.: Vorwort, in: dies.: Biagio Marini.

74 So die Überschrift von Werk 1. – [Rittmeyer-]Iselin, Dora J.: Biagio Marini, S. 7 ff.

75 A. a. O., S. 16.

76 A. a. O., S. 8 f.

77 A. a. O., S. 12 f.

78 A. a. O., S. 13.

79 A. a. O., S. 15 f.

80 A. a. O., S. 17.

81 A.a.O., S. 17ff.
82 A.a.O., S. 18.
83 A, a. O., S 19.
84 A.a.O., S. 21.
85 A.a.O., S. 22ff.
86 A.a.O., S. 22 und 43.
87 A.a.O., S. 37.
88 A.a.O., S. 43.
89 Siehe https://www.sommerakademie-neuburg.de/Biagio-Marini-Wettbewerb.

Heirat mit Ludwig Rittmeyer und Familie *(Seite 31–42)*

90 Dora Iselin an John und Elisabeth Staehelin-Iselin, Typoskript mit handschriftlichem Nachtrag, Staatsarchiv Basel, PA 182 B 84. – Vgl. die beiden früheren Briefe Doras an John E. Staehelin, S. 24.
91 Kosename für Ludwig Rittmeyer.
92 Anspielung auf John E. Staehelins Beruf als Psychiater. – Dora Iselin wollte wohl, dass das Treffen mit Ludwig Rittmeyer nicht unter dem wachsamen Auge ihrer strengen Mutter stattfinde.
93 Siehe S. 26f., 31f. sowie 43.
94 Vinzenz: Biederfrauen oder Vorkämpferinnen, S. 47. Diese Zahl bezieht sich auf die Mitglieder des Schweizerischen Verbandes der Akademikerinnen.
95 Siehe Anm. 72 sowie S. 29.
96 Laut beglaubigter Kopie der Originalurkunde, Zivilstandsamt St. Gallen.
97 Heiner Rittmeyer: Lebenslauf, S. 10.
98 Dora Rittmeyer-Iselin: Lebenslauf, in: dies.: Zur Erinnerung an Dr. iur. Ludwig Rittmeyer, 1963, S. 5.
99 Fanny Rittmeyer: Geschichte der alten Stickereifabrik.– Vgl. Häusler/Meili: Erfolg und Krise der Schweizer Stickerei-Industrie, S. 21f.
100 Zum «Kosthaus für Mädchen. Das Mädchenasyl der Maschinenstickerei Sitterthal» siehe Joris/Witzig: Frauengeschichte(n), S. 252ff., 138. – Specker: «Links aufmarschieren», S. 430f. – Vgl. Bürgerrat St. Gallen: Bürgerbuch der Ortsbürgergemeinde, S. 683, sowie Ehrenzeller: Geschichte der Stadt St. Gallen, S. 329f. und 457 und ders.: Kirchengeschichte der Stadt St. Gallen. Vierter Band, S. 97. – Vgl. auch Marcel Köppli: Protestantische Unternehmer in der Schweiz des 19. Jahrhunderts – christlicher Patriarchalismus im Zeitalter der Industrialisierung, Zürich 2012.
101 Fanny Rittmeyer: Geschichte der alten Stickereifabrik.
102 Dora Fanny Rittmeyer (1892–1966), meist Fanny genannt, Zeichnerin, Malerin, Kunsthistorikerin, Lehrerin, Spezialistin der Geschichte der Gold- und Silberschmiedekunst. 1961 wurde ihr der Dr. phil. I h. c. von der Universität Bern verliehen. – Siehe Historisches Lexikon der Schweiz.
103 Mitgeteilt von Dorothe Rittmeyer-Homberger, 15. Jan. 2014.
104 Rittmeyer-Iselin: Lebenslauf, S. 5f.

105 Hans Fehrlin (1894–1968), Dr. phil. I, Stadtbibliothekar an der «Vadiana» (nach dem Bürgermeister und Reformator der Stadtrepublik St. Gallen genannt; heute Kantonsbibliothek).

106 Die Studentenverbindung Zofingia, die eine Sektion an der Kantonsschule St. Gallen hat, ist die älteste Studentenverbindung der Schweiz, gegründet 1819. Sie ist konfessionell neutral und vertritt liberale Ideale. Auch als Student engagierte sich Rittmeyer in der Verbindung.

107 Heiner Rittmeyer: Nachruf auf Ludwig Rittmeyer, Typoskript, 1 Seite, zur Verfügung gestellt von Renate Meyer-Koprio.

108 Ludwig Rittmeyer: Lebenslauf, in: ders., Der Irrtum in der Äusserung, S. 36 – Der Rechtsphilosoph Rudolf Stammler (1856–1938), suchte nach einem Ideal der Gerechtigkeit, welchem das Gesetz entsprechen und das die soziale Harmonie ermöglichen sollte.

109 Siehe S. 14.

110 Ludwig Rittmeyer: Der Irrtum in der Äusserung.

111 August Egger (1875–1954), 1905–1944 Professor für Zivilrecht an der Universität Zürich, 1912–1914 Rektor.

112 Ludwig Rittmeyer: Der Irrtum in der Äusserung, S. 22 f. und 17.

113 A. a. O., S. 53.

114 Heiner Rittmeyer: Nachruf auf Ludwig Rittmeyer, Typoskript.

115 Arthur Hoffmann (1857–1927), Rechtsanwalt, 1896–1911 Ständerat (FDP St. Gallen), 1911–1917 Bundesrat. Sein Rücktritt wurde erzwungen, da er und der Sozialdemokrat Robert Grimm einen Separatfrieden an der Ostfront vermitteln wollten, was den Westschweizer Politikern und den Alliierten missfiel. In: Altermatt: Die Schweizer Bundesräte, S. 33 ff.

116 Pfr. Christian Lendi-Wolff an der Abdankungsfeier für Ludwig Rittmeyer in St. Laurenzen. In: Rittmeyer-Iselin: Lebenslauf, S. 17.

117 Rittmeyer-Iselin: Lebenslauf, S. 8 f. und 12.

118 Heiner Rittmeyer: Nachruf auf Ludwig Rittmeyer, Typoskript.

119 Rittmeyer-Iselin: Lebenslauf, S. 11 f.

120 Mitgeteilt von Heiner und Dorothe Rittmeyer-Homberger, 27. Aug. 2014. – Wilhelm Schlatter (1865–1943), Lehrer am Missionshaus Basel, schrieb die «Geschichte der Basler Mission». – Vgl. den Artikel über Wilhelm Schlatter von Frank Jehle in: Historisches Lexikon der Schweiz.

121 Rittmeyer-Iselin: Lebenslauf, S. 6.

122 Die beiden Schweizer Karl Barth (1886–1968) und Emil Brunner (1889–1966) und der Deutsche Rudolf Bultmann (1884–1976) gehörten zu den einflussreichsten Theologen ihrer Zeit.

123 Christian Lendi-Wolff, Predigt bei Trauerfeier, in: Rittmeyer-Iselin: Zur Erinnerung 1963, S. 17.

124 Heiner Rittmeyer, Gespräch 27. Aug. 2014.

125 Heiner Rittmeyer: Lebenslauf, S. 14.

126 Rittmeyer-Iselin: Weihnachtsmusik, in: *Die Garbe*, 13. Jg. 1929/30, S. 156–158, 158.

127 Rittmeyer-Iselin: Die musikalische Passion, in: *Die Garbe*, 17. Jg. 1933/34, S. 403–406, 405 f.
128 Gespräch mit Heiner Rittmeyer, 27. Aug. 2014.
129 Heiner Rittmeyer: Lebenslauf, S. 14.
130 Gespräch mit Dorothe Rittmeyer-Homberger, 15. Jan. 2014.
131 Rittmeyer-Iselin: Lebenslauf, S. 8 f.
132 Gespräch mit Dorothe Rittmeyer-Homberger, 15. Jan. 2014.
133 Heiner Rittmeyer: Nachruf auf Ludwig Rittmeyer, Typoskript.
134 Gespräch mit Dorothe Rittmeyer-Homberger, 15. Jan. 2014.
135 Mitgeteilt von Dorothe Rittmeyer-Homberger, 15. Jan. 2014. – Das Mädchen wurde im Garten des Rittmeyer'schen Hauses beigesetzt. Ein Gedenkstein, auf dem auch die Namen von Dieter Rittmeyer (der als Kind verstarb) sowie von Fanny, Ludwig und Dora Rittmeyer angebracht sind, steht neben der Begräbnisstätte.
136 Heiner Rittmeyer: Lebenslauf, S. 9. – Dietrich: 31. 12. 1932–14. 6. 1941; Heinrich: 2. 1. 1935 (laut beglaubigter Kopie der Originalurkunde, Zivilstandsamt St. Gallen). – Heiner Rittmeyer starb 2017.
137 Rittmeyer-Iselin: Lebenslauf, S. 9.
138 Heiner Rittmeyer: Lebenslauf, S. 16.
139 Mitgeteilt von Heiner Rittmeyer, 27. Aug. 2014.
140 Gespräche mit Verena Cornaz-Pestalozzi, 25. Nov. 2013, und mit Dorothe Rittmeyer-Homberger, 15. Jan. 2014.
141 Gespräch mit Heiner Rittmeyer, 27. Aug. 2014.
142 Gespräch mit Dorothe Rittmeyer-Homberger, 15. Jan. 2014.
143 Heiner Rittmeyer: Lebenslauf, S. 13.

Musik als Berufung: Vorlesungen, Aufsätze und Kritiken *(Seite 43–52)*

144 Rittmeyer-Iselin: Das Rebec.
145 A. a. O., S. 210.
146 A. a. O., S. 211. Otfrid von Weissenburg, Mönch, Theologe und Dichter, starb 875.
147 A. a. O., S. 214 f.
148 A. a. O., S. 217.
149 A. a. O., S. 119.
150 Zum Rebec finden sich zahlreiche Informationen und Bilder im Internet.
151 Rudolf von Tavel (1866–1934), Berner Patrizier, Jurist, Mundartschriftsteller, Bataillonskommandant, setzte sich für Kriegsgefangene ein, engagierte sich für den Schweizerischen Evangelischen Kirchenbund.
152 Rittmeyer-Iselin: Vom Wesen des Cembalos, in: *Die Garbe*, 1929/30, S. 30–32.
153 Rittmeyer-Iselin: Lob der Flöte, in: Die Garbe, 13. Jg. 1929/30, S. 350–352.
154 A. a. O., S. 352.

155 Rittmeyer-Iselin: Nietzsche und Wagner, in: Die Garbe, 15. Jg. 1931/32, S. 28–31, sowie Richard Wagner und die Schweiz, in: Die Garbe, 16. Jg. 1932/33, S. 279–284.

156 Rittmeyer-Iselin: Goethe und die Musik, in: *Die Garbe*, 16. Jg. 1932/33, S. 348.

157 Rittmeyer-Iselin: Chinesische Musik, in: *Die Garbe*, 17. Jg. 1933/34, S. 29 f.

158 Rittmeyer-Iselin: a.a.O., S. 30. – Siehe zu den Zielsetzungen des Lyceum Clubs, S. 55.

159 Diese und weitere Einzelheiten nach dem Dossier Rittmeyer im Universitätsarchiv, freundlicherweise zusammengestellt von Dr. Thomas Schwabach. Siehe auch Dozentenliste und Vorlesungsverzeichnis Sommersemester 1932, Archiv Universität St. Gallen. – Weidenmanns Frau war die Dichterin Julie Weidenmann, er selbst trat 1935 dem Arbeitsausschuss der von Dora Rittmeyer präsidierten St. Galler Hilfe für Emigratenkinder bei.

160 In St. Gallen gab es damals drei Tageszeitungen: das *St. Galler Tagblatt* (der FDP nahe stehend), die *Ostschweiz* (dem katholischen Milieu nahe stehend) und die *Volksstimme* (der SP nahe stehend).

161 Rittmeyer-Iselin: Joseph Haydn, in: *Die Garbe*, 15. Jg. 1931/32, S. 411–415, 411.

162 A.a.O., S. 411.

163 A.a.O., S. 412.

164 Rudolf Stamm (1909–1991), 1950–1956 Professor in St. Gallen, war auf Shakespeare spezialisiert und gründete am Englischen Seminar Basel das Studententheater «The Gay Beggars».

165 Virginalisten = Komponisten des Elisabethanischen Zeitalters, die für das Virginal (lat. Virga = Stab), ein dem Spinett und dem Cembalo verwandtes Instrument, virtuose, teils polyphone Stücke komponierten.

166 Siehe *Die Ostschweiz*, 29. Okt. 1951.

167 Karl Gotthilf Kachler (1906–2000), Direktor des Stadttheaters St. Gallen, Dozent für Theaterwissenschaften.

168 Auch diese und die folgenden Einzelheiten nach dem Dossier Rittmeyer im Universitätsarchiv St. Gallen. Willibald Gurlitt (1891–1963), Musikwissenschaftler, 1937, da Jude, als Professor in Freiburg i. Br. abgesetzt, 1945 wieder eingesetzt, Gastprofessor in Bern und Basel (Quelle: Universitätsarchiv Freiburg i. Br.).

169 Am 3. Jan. 1931 findet sich im *St. Galler Tagblatt*, S. 3, eine mit -er (also vermutlich Rittmey-*er*) gezeichnete Rezension über das Konzert der Zigeuner-Symphoniker.

170 Rittmeyer-Iselin: Konzertverein der Stadt St. Gallen.

171 Rittmeyer-Iselin: Konzertverein der Stadt St. Gallen, S. 44 f.

172 A.a.O., S. 12 und 18 ff. – Othmar Schoeck (1886–1957), Dirigent und Komponist von Weltruf, 1917–1944 Dirigent in St. Gallen, in Zürich wohnhaft.

173 Gespräch mit Heiner Rittmeyer, 27. Aug. 2014.
174 Rittmeyer-Iselin: Konzertverein der Stadt St. Gallen, S. 40 f.
175 A. a. O., S. 47. – Die Musikschule St. Gallen wurde 1978 gegründet. 2014 zählte sie 3000 Schüler und 100 Lehrer. – Bereits 1942 hatte Dora Rittmeyer eine Musikschule gefordert.
176 Rittmeyer-Iselin: Das Musikleben.
177 Jehle (Hg.): Dominik Zili: Zu Lob und Dank Gottes.
178 Ferdinand Huber (1791–1863), Komponist.
179 Rittmeyer-Iselin: Musikalischer Spaziergang.
180 Huber, Christian (1627–1697), Pfarrer und Rektor des Gymnasiums): Geistliche Seelenmusik.
181 Rittmeyer-Iselin: Musikalischer Spaziergang, S. 235.
182 Ebd.
183 A. a. O., S. 237.

Einstieg in die Frauenbewegung *(Seite 53–66)*

184 Nachdem 1919 die International Federation of University Women (IFUW) gegründet worden war, entstanden 1923 in Genf und Bern die ersten kantonalen Sektionen, gefolgt von Basel, Zürich, Waadt und Neuenburg. Der Zusammenschluss zum Schweizerischen Verband der Akademikerinnen erfolgte 1925.
185 Grossi: Frauen, Kultur und Gesellschaft. – Der Schweizer Zweig des Clubs wurde 1912 in Genf gegründet.
186 Als Krönung gründete sie das Centre Européen du Conseil International des Femmes (CECIF).
187 So verschiedene Autorinnen, in: Neue Frauenbewegung, *145. Neujahrsblatt, St. Gallen 2005.*
188 Witzig: Alte und Neue Frauenbewegung, S. 9.
189 Widmer: Die Neue Frauenbewegung bewegte die Gesellschaft, S. 13 ff.
190 Margrith Bigler-Eggenberger (*1933) Dres. h. c., Tochter des St. Galler Politikers Mathias Eggenberger (1905–1975), sozialdemokratischer Regierungsrat 1951–1969, Ständerat 1971–1975. Sie war Mitglied des Vorstands des Bunds Schweizerischer Frauenvereine (BSF), heute allianceF, ab 1964; von 1966 an Dozentin an der HSG, von 1972 an Mitglied des Grossen Rats des Kantons St. Gallen, 1972 als erste Frau Ersatzrichterin am Schweizerischen Bundesgericht, dann ordentliche Bundesrichterin (1974–1996), während 17 Jahren als einzige Frau. – Gespräch 16. Sept. 2015.
191 So Äbtissinnen und Hebammen im Mittelalter und Frauen zur Reformationszeit. Die Aufklärerinnen Mary Woolstonecraft, Olympe de Gouges und Mme de Staël forderten die Gleichberechtigung der Frau.
192 Gleichzeitig begann die Industrialisierung. Bauern wurden Arbeiter, bürgerliche Frauen auf Haushalt und Kinder beschränkt, Arbeiterfrauen gezwungen, mitzuverdienen.

193 Die Universität Zürich öffnete sich in den 1860er-Jahren für Frauen, diejenigen von Bern und Genf 1872.

194 Josephine Butler (1828–1906) – Vgl. Jehle-Wildberger: Zur Geschichte des Evangelischen Frauenbundes der Schweiz, S. 183–197. – Sowie Jehle-Wildberger: Christliche Tradition und Zukunftsvisionen, S. 7–16. – Zu Butler siehe Jehle: Grosse Frauen der Christenheit.

195 Butlers Forderung nach Abschaffung dieser Gesetze figuriert auch unter der Bezeichnung «Abolition».

196 Marie Goegg-Pouchoulin (1826–1899) stammte aus einer in Genf niedergelassenen Hugenottenfamilie. – Zur Association siehe Grossi: Frauen, Kultur und Gesellschaft, S. 55.

197 So die Fédération Josephine Butler und die Freundinnen junger Mädchen und als Pendant der Schweizerische Mädchenschutzverein (1896, heute Pro Filia) und der Katholische Frauenbund der Schweiz (1912).

198 Redolfi: Frauen bauen Staat, S. 32 ff. – Die 1. Präsidentin des BSF, Helene von Mülinen (1850–1924), war von Butler und Goegg beeinflusst.

199 Arbeiterinnenvereine lehnten den Beitritt zum BSF ab, da er bürgerlich, die Freundinnen junger Mädchen, da er zu emanzipatorisch sei. A. a. O., S. 35 f.

200 Schweizerische Verband für Frauenstimmrecht (SVF). 1919 sprachen sich der BSF und der SGF für das Frauenstimmrecht aus. Der SVF heisst seit der Einführung des Frauenstimmrechts um 1971 Schweizerischer Verband für Frauenrechte.

201 Grossi: Frauen, Kultur und Gesellschaft, S. 25 f. und 39 f. – Die Lyceinnen, also Mitglieder des Clubs, hatten als junge Mädchen ein «Lyceum» absolviert, verfügten also über eine höhere Schulbildung.

202 Anlässlich des 17. Internationalen Friedenskongresses von 1908 in London unterhielt sich Smedley mit Bertha von Suttner, vgl. von Suttner: Die Waffen nieder!

203 Grossi: Frauen, Kultur und Gesellschaft, S. 29. – Emmeline Pankhurst gründete, ebenfalls 1903, die streitbare Suffragetten-Bewegung.

204 Diese hatte im nahen Coppet residiert. – Siehe Grossi: Frauen, Kultur und Gesellschaft, S. 43 f., 55 und 61.

205 Statuten, in: a. a. O., S. 19 ff.

206 A. a. O., S. 115 ff. und 121. – Auch die Frau von Karl Nef war Lycein.

207 A. a. O., S. 123 und 125.

208 A. a. O., S. 193. Das Buch schliesst mit dem Zitat der Lycein Lucienne Dalman: «Entweder sind wir ein aufgeschlossener oder wir sind ein exclusiver Club; im zweiten Falle können wir ebenso gut die Tür hinter uns zuschlagen und den Schlüssel unter die Matte legen!», a. a. O., S. 247.

209 Vinzenz: Biederfrauen oder Vorkämpferinnen?, S. 53.

210 A. a. O., S. 57.

211 Die Doppelrolle als Berufs- und Familienfrau war oft kaum zu realisieren, auch, da Teilzeitarbeit bis weit über den Zweiten Weltkrieg hinaus unüblich war. – Vgl. a.a.O., S. 155.

212 A.a.O., S. 146 f.

213 A.a.O., S. 24.

214 A.a.O., S. 67 ff. und 165.

215 Nach Vinzenz gab es 630 00 Eintritte. A.a.O., S. 19, 93 ff. und 169.

216 Lux Guyer (1894–1955) eröffnete 1925 als erste Schweizerin ein Architekturbüro in Zürich.

217 A.a.O., S. 169.

218 Die Frauenbewegung war 1928 bürgerlich bestimmt. Arbeiterinnen hatten keine Zeit, sich an der SAFFA zu beteiligen. Siehe Voegeli: «Man legte dar, erzählte, pries – und wich dem Kampfe aus», S. 121–130, 121. – Sowie: Wecker: Der Anfang des 20. Jahrhunderts, S. 51–62, 58.

219 Siehe Simon Gemperli: Kampfzone Gewerbeausstellung, *NZZ*, 13. Juli 2015, S. 7.

220 Widmer: Die Anfänge der Frauenbewegung, S. 159–180, 165 f.

221 Zu Hedwig Scherrer (1878–1940) siehe Witzig: Stickerfamilien im Rheintal, S. 156 f.

222 Dank Frida Imboden-Kaiser (1877–1962) sank die Säuglingssterblichkeit massiv. Vgl. Imboden-Kaiser: Aus Lebenserfahrung und Erinnerung. – Siehe Brief von Imboden an Dora Rittmeyer, S. 132, Anm. 533. – Zu weiteren bedeutenden Frauen siehe Widmer: Die Anfänge der Frauenbewegung, 161 f.

223 Vinzenz: Biederfrauen oder Vorkämpferinnen?, S. 148.

224 A.a.O., S. 149 f.

225 Benz-Burger/Lang-Porchet: 50 Jahre SVA/ASFU 1924–1974, S. 87.

226 Frieda Gsell-Trümpi (*1900), Frau von Emil Gsell (1899–1973), Professor an der Handelshochschule.

227 Rittmeyer-Iselin, Beitrag in: Benz-Burger/Lang-Porchet: 50 Jahre SVA/ASFU 1924–1974, S. 71 f. – Da die Archivalien des SVA Sektion St. Gallen unauffindbar sind, kann nur wenig Konkretes eruiert werden.

228 Jahresbericht SVA Schweiz 1931 und Jahresbericht SVA Schweiz 1932, S. 12 f., Gosteli-Archiv, Worblaufen (fortan Gosteli), SVA (133) A 2:1.

229 Dr. Elsa Nüesch (1894–1952), 1930–1952 Deutschlehrerin an der Kantonsschule St. Gallen, Dozentin an der Handelshochschule.

230 Rittmeyer-Iselin, Brief, Typoskript, Gosteli SVA (133) A 3:1 1930–1969.

231 Jahresbericht SVA Schweiz 1934, S. 19, Gosteli SVA (133) A 2:1.

232 Jahresbericht SVA Schweiz 1932, S. 19 f., und Jahresbericht SVA Schweiz 1934, S. 18, Gosteli SVA (133) A 2:1.

233 Vinzenz: Biederfrauen oder Vorkämpferinnen?, S. 240. Vgl. zu 1. den Jahresbericht SVA Schweiz 1932, S. 20.

234 A.a.O., S. 241. Auch diese Eingabe blieb erfolglos.

235 Ebd. – Die Töchterschule (Diplommittelschule) war städtisch.

236 Ihre Nachfolgerin war Antoinette Gabrielle Züblin, Dr. phil. I.

237 Jahresbericht der Frauenzentrale St. Gallen 1936, Typoskript, S. 7, Archiv für Frauen-, Geschlechter und Sozialgeschichte St. Gallen, (fortan: AFGO) 036/001-08.

238 Prot. DV SVA, 19./20. Nov. 1932, St. Gallen, Typoskript, Gosteli SVA (133) A 3:1 1930–1969, sowie Rittmeyer-Iselin, Jahresbericht SVA Schweiz 1932, S. 19 f., Gosteli SVA (133) A 2:1. – Der Völkerbund rang sich nicht zu einem nennenswerten Plädoyer für die Abrüstung durch.

239 Benz-Burger/Lang-Porchet: 50 Jahre SVA/ASFU 1924–1974, S. 32.

240 Rittmeyer-Iselin: Jahresbericht Lyceumclub St. Gallen Ende 1935, Typoskript, Archiv Lyceum Club St. Gallen. – Vera Suter war Leiterin der Sektion Musik. Eine Karte von Dora Rittmeyer an Idel Heene-Rietmann aus Ischia von 1967 blieb erhalten, AFGO 044 Frauendossiers. Idel überlebte Dora Rittmeyer um fast 30 Jahre.

241 Rittmeyer-Iselin: Jahresbericht Lyceum Club St. Gallen 1936/1937, vorgelegt an Hauptversammlung 9. Nov. 1937, Archiv Lyceum Club St. Gallen. Der Jahresbericht des Vorjahres ist nicht greifbar.

242 Zu Elsa Mettler und den Geschehnissen in der Frauenzentrale von 1934 siehe S. 117 ff.

243 Zu den Flüchtlingskindern siehe S. 71 ff.

244 Fronten = faschistische Gruppen in der Schweiz, die von 1933 bis 1935 grossen Zulauf hatten, dann an Bedeutung verloren. Der Antibolschewismus spielte eine wichtige Rolle. – Siehe Wolf: Faschismus in der Schweiz.

245 Zu Arnold Mettler, Mitglied der Eidgenössischen Sozialen Arbeiterpartei (ESAP), siehe S. 120.

246 Zu Elsa Nüesch siehe Anm. 229 und S. 59, 62 und 140.

247 Wilhelm Lehmann (1884–1974), Kobessenmühle Niederbüren.

248 Grossi: Frauen, Kultur und Gesellschaft, S. 225.

249 Siehe S. 94 ff.

250 In der Hoffnung, damit den drohenden Krieg zu verhindern, erklärten sich Daladier und Chamberlain einverstanden mit der Abtretung des Sudetenlandes an Deutschland. In der «Reichskristallnacht», wurden Synagogen zerstört, Juden verhaftet und deren Kinder aus den öffentlichen Schulen ausgeschlossen.

251 1Kor 12,26. – Die Hervorhebung «Mitglieder» stammt von Dora Rittmeyer.

252 «Frl.» Fehrlin und «Frl.» Eberhart. Zur Familienfürsorge der Frauenzentrale siehe S. 129 f.

253 Die 200 Franken wären heute ca. 2000 Franken wert.

254 Rittmeyer-Iselin: Jahresbericht Lyceum Club St. Gallen 1942, Archiv Lyceum Club St. Gallen.

255 Doris Wegelin, Mitglied des Lyceum Clubs St. Gallen, erzählte oft, dass in den 1920er-Jahren alle gebildeten Frauen für das Frauenstimmrecht gewesen seien. Dass sich das ab 1930 zu ändern begann, habe sie irritiert.

256 Dies im Rahmen des Schweizerisches Hilfswerk für Emigrantenkinder (SHEK), siehe S. 73.
257 Siehe dazu S. 64 f.
258 Siehe Anm. 438, Schlussbericht Dora Rittmeyers zu ihrer Arbeit für jüdische Flüchtlingskinder.
259 So die fast 100-jährige Idel Heene-Rietmann, Gespräch 24. Jan. 2002.

Einsatz für jüdische Flüchtlingskinder *(Seite 67–116)*
260 «Debatter»: Ausdruck von Heiner Rittmeyer: Aus Heiner Rittmeyer: Nachruf auf Ludwig Rittmeyer.
261 Rittmeyer-Iselin: Lebenslauf, S. 10. – Vgl. Freisinnig-Demokratische Partei des Kantons St. Gallen: Vom liberalen Verein, S. 83.
262 Freisinnig-Demokratische Partei des Kantons St. Gallen: Vom liberalen Verein, S. 71 ff.
263 A. a. O., S. 70; vgl. S. 74 f. und 78 f. – Ernst Löpfe-Benz (1878–1970) gab den Nebelspalter heraus.
264 Freisinnig-Demokratische Partei des Kantons St. Gallen: Vom liberalen Verein, S. 74 f.
265 Unabhängige Expertenkommission Schweiz: Die Schweiz und die Flüchtlinge zur Zeit des Nationalsozialismus, S. 48 (fortan Bergier-Bericht).
266 Jungliberale Bewegung: Diktatur oder Demokratie?, S. 56 f. – Ludwig Rittmeyer behielt die Leitung der Jungliberalen bis 1935.
267 A. a. O., S. 3.
268 A. a. O., S. 65–73, sowie Gilg/Gruner: Nationale Erneuerungsbewegungen in der Schweiz, S. 1–25, S. 21.
269 A. a. O., S. 21. – Zur Parteienlandschaft der Dreissigerjahre im Kanton St. Gallen siehe Bucher: Frontisten im «Gau Ostschweiz», S. 207.
270 Thürer: St. Galler Geschichte, Bd. II, S. 513 f. – Siehe auch Bucher: Frontisten im «Gau Ostschweiz», S. 208.
271 Ehrenzeller: Geschichte der Stadt St. Gallen, S. 501. – Laut Ziegler: Als der Krieg zu Ende war, hatte die sankt-gallische Sektion der Nationalen Front um 1934 ca. 800 Mitglieder. Neben ihr gab es weitere acht, jedoch kleinere Fronten in St. Gallen. A. a. O., S. 23 ff.
272 Ludwig Rittmeyer: Demokratie in Gefahr, in: Jungliberale Bewegung: Diktatur oder Demokratie?, S. 15.
273 A. a. O., S. 16 f.
274 A. a. O., S. 26 f.
275 Ehrenzeller: Geschichte der Stadt St. Gallen, S. 501. Vgl. Brigitte Schmid-Gugler: Das Nazi-Nest auf dem Rosenberg, in: *Die Ostschweiz am Sonntag*, 12. Juli 2015, S. 14 f.
276 Rittmeyer-Iselin: Lebenslauf, S. 10.
277 A. a. O., S. 9 f.

278 Zum Engagement der Rittmeyers gegen den Nationalsozialismus und für die jüdischen Flüchtlinge siehe auch: Jehle-Wildberger: Das Gewissen sprechen lassen, S. 133–142.

279 Bergier-Bericht, S. 23.

280 Lemmenmeier: Krise, Klassenkampf und Krieg, S. 79.

281 Krummenacher: Flüchtiges Glück, S. 14. – Im Grossen Rat fand keine Debatte über die Flüchtlinge statt.

282 Lemmenmeier: Krise, Klassenkampf und Krieg, S. 43 ff.

283 Bergier-Bericht, S. 203. 46 Mio Franken sammelten sie bis 1947, auch mithilfe amerikanischer Juden.

284 Ebd. – Vgl. Sutro: Jugend auf der Flucht, Tabelle S. 237.

285 Georgine Gerhard (1886–1971), Dr. h. c. (für ihr humanitäres Wirken), Lehrerin am Mädchengymnasium Basel, Frauenrechtlerin, religiöse Sozialistin.

286 Schmidlin: Eine andere Schweiz, S. 30. – Zu Regina Kägi-Fuchsmann siehe Anm. 407.

287 Nettie Sutro-Katzenstein (1889–1967), aus München, jüdischer Herkunft, studierte Philosophie, Soziologie und Geschichte, heiratete den Neurologen Erich Katzenstein. 1919 floh das Ehepaar wegen politischer Wirren in die Schweiz, liess sich in Zürich nieder.

288 Lienert: «Wir wollen helfen, da wo Not ist», S. 50 f. – Siehe auch: Kocher: Rationierte Menschlichkeit.

289 A.a.O., S. 53.

290 Sutro: Jugend auf der Flucht, S. 26.

291 A.a.O., S. 26 f.

292 Schmidlin: Eine andere Schweiz, S. 26.

293 Sutro: Jugend auf der Flucht, S. 37 f.

294 Aus einem Bericht des *Luzerner Tagblatts*, Nov. 1934, zitiert nach Sutro: Jugend auf der Flucht, S. 9.

295 A.a.O., S. 9 und 26 f.

296 Salomon wurde später samt seinen Schützlingen in die Gaskammer verschickt, siehe a.a.O., S. 35.

297 Bericht vom Mai 1938, in: Sutro: Jugend auf der Flucht, S. 38.

298 *Volksstimme*, Organ der St. Galler Sozialdemokraten, 1. Aug. 1935.

299 Lienert: «Wir wollen helfen, da wo Not ist», S. 117.

300 A.a.O., S. 111.

301 Schmidlin: Eine andere Schweiz, S. 32.

302 *Volksstimme*, 1. Aug. 1935. Der Artikel beruft sich auf das *Pariser Tageblatt*, Organ der deutschen Emigranten.

303 Lienert: «Wir wollen helfen, da wo Not ist», S. 92.

304 Sutro: Jugend auf der Flucht, S. 64 und 261 ff., sowie Lienert: «Wir wollen helfen, da wo Not ist», S. 93 ff.

305 Schmidlin: Eine andere Schweiz, S. 47.

306 Sutro: Jugend auf der Flucht, S. 64, sowie Jehle-Wildberger: Adolf Keller, S. 407f. Die mehrköpfige Delegation im Bundeshaus einigte sich auf Adolf Keller und Georgine Gerhard als Sprecher.

307 Noch 1943 gelang es dem SHEK, etlichen jüdischen Kindern aus Frankreich zur Aufnahme zu verhelfen. Siehe Mächler: Hilfe und Ohmacht, S. 368.

308 Siehe Tätigkeitsbericht der Zentralstelle des SHEK 1935/36. – Die 10 Tätigkeitsberichte Dora Rittmeyers von 1935 bis 1945 liegen vollständig im Staatsarchiv St. Gallen.

309 Rittmeyer-Iselin: Schlussbericht der St. Galler Hilfe für Emigrantenkinder, 3. Feb. 1948, 16 S., Typoskript, BAR J. II. 55, Bd. 47, 1935–1948 (Sektion St. Gallen).

310 Vermutung von Salome Lienert: «Wir wollen helfen, da wo Not ist», S. 60f.

311 A. a. O., S. 61.

312 Sutro: Jugend auf der Flucht, S. 28, siehe auch das Vorwort.

313 Ebd.

314 Rittmeyer-Iselin: St. Galler Hilfe für Emigrantenkinder, in: *Die Ostschweiz*, 5. Juli 1935. – Ähnliche Artikel im *St. Galler Tagblatt* und in der *Volksstimme*.

315 Olga Adler-Reichenbach (1888–1983) war die Gattin von Karl Jakob Adler (1876–1962).

316 Ida Schlesinger-Lesser, Gattin des St. Galler Rabbiners Emil Schlesinger.

317 Siehe S. 46.

318 Schmidlin: Eine andere Schweiz, S. 43.

319 Unter den Unterzeichnern befanden sich: Nationalrat Dr. Johannes Duft, Regierungsrat Dr. Valentin Keel, Regierungsrat Dr. Albert Mächler, Elsa Reber (Präsidentin des Lehrerinnenvereins), Stadtammann Dr. Konrad Naegeli, Bischof Alois Scheiwiler, Chefarzt Dr. Richard Zollikofer, Buchdrucker Henry Tschudy, die Pfarrer von St. Laurenzen, Hans Rudolf Gut und Robert Rotach, und – selbstverständlich – Ludwig Rittmeyer. – Zu Alois Scheiwiler siehe Dora: Antisemitismus, S. 103ff.

320 Rittmeyer-Iselin: St. Galler Hilfe für Emigrantenkinder, 1. Tätigkeitsbericht, 1935/36, S. 8, gedruckt, BAR J. II. 55, Bd. 47, 1935–1948, sowie Staatsarchiv St. Gallen. – Dieser Summe müsste in heutigem Wert eine Null angefügt werden.

321 A. a. O., S. 3.

322 A. a. O., S. 5.

323 A. a. O., S. 4.

324 A. a. O., S. 5.

325 Rittmeyer-Iselin: St. Galler Hilfe für Emigrantenkinder, 2. Tätigkeitsbericht 1936/37, S. 2. – Alle Tätigkeitsberichte wurden von Dora Rittmeyer verfasst.

326 A. a. O., S. 5.

327 A.a.O., S. 4f.

328 St.Galler Hilfe für Emigrantenkinder, 3. Tätigkeitsbericht 1937/1938, S. 3f.

329 Adolf Keller, Sekretär des Schweizerischen Evangelischen Kirchenbunds (SEK), leitete die Europäische Zentralstelle für kirchliche Hilfsaktionen in Genf, die international, gleichzeitig auch Vorläufer des Hilfswerks der Evangelischen Kirchen der Schweiz (HEKS) war (der Präsident des SEK war in Personalunion Präsident der Zentralstelle). Keller empfing bereits im Frühjahr 1933 erste Flüchtlinge aus Deutschland. – Vgl. Jehle-Wildberger: Adolf Keller, S. 347–447 und 460ff., sowie Jehle-Wildberger: Adolf Kellers Einsatz für Opfer des Rassismus, S. 399–413.

330 Kirchenrat der Evang.-ref. Kirche des Kantons St.Gallen, Erlasse VII, Nr. 41, S. 354f., Staatsarchiv St.Gallen.

331 Jehle-Wildberger: Das Gewissen sprechen lassen, S. 56f.

332 Lienert: «Wir wollen helfen, da wo Not ist», S. 120ff.

333 St.Galler Hilfe für Emigrantenkinder, 4. Tätigkeitsbericht 1938/39. S. 1.

334 Lienert: «Wir wollen helfen, da wo Not ist», S. 119ff., sowie Sutro: Jugend auf der Flucht, S. 67ff.

335 Rittmeyer-Iselin an Heinrich Rothmund, 18. Nov. 1938, BAR J II. 55, Bd. 47, 1935–1948, Mappe «Korrespondenz mit der Zentralstelle» des SHEK. Rothmund war Chef der Polizeiabteilung des Eidgenössischen Justiz- und Polizeidepartements, der die eidgenössische Fremdenpolizei eingegliedert war.

336 Rothmund an Dora Rittmeyer, 19. Nov. 1938, BAR J II. 55, Bd. 47, 1935–1948, Mappe «Korrespondenz mit der Zentralstelle» des SHEK.

337 Rothmund an Georgine Gerhard, 19. Nov. 1938, BAR J II. 55, Bd. 47, 1935–1948, Mappe «Korrespondenz mit der Zentralstelle» des SHEK.

338 Dorothe und Heiner Rittmeyer, Gespräch 14. Nov. 2014.

339 So die Erinnerung von Heiner Rittmeyer, Gespräch 14. Nov. 2014.

340 Die von Präsident Franklin Roosevelt angeregte internationale Flüchtlingskonferenz von Ende Juli 1938 im französischen Evian war ein totaler Misserfolg. Sämtliche Regierungen erklärten, keine zusätzlichen Flüchtlinge aufnehmen zu können. – Siehe dazu: Jehle-Wildberger: Adolf Keller, S. 419.

341 Lienert: «Wir wollen helfen, da wo Not ist», S. 126ff.

342 Theodor Heymanns Bruder Siegfried Heymann, wohnhaft in Bayern, verheiratet und Vater von zwei Töchtern, sei, so der Briefschreiber, im Zusammenhang mit dem Judenpogrom vom November in «Schutzhaft» genommen worden. – Heymann: An die Flüchtlingshilfe St.Gallen, ohne Datum, vermutlich Ende 1938, BAR J. II. 55, Bd. 47, 1935–1948. – Ob die Einreise des Kindes zustande kam, kann nicht eruiert werden.

343 St.Galler Hilfe für Emigrantenkinder, 4. Tätigkeitsbericht, 1938/39, S. 1.

344 A.a.O., S. 1f. – Das war damals eine grosse Summe.

345 Lienert: «Wir wollen helfen, da wo Not ist», S. 131 f. Vgl. Häsler: Die Geschichte der Karola Siegel.
346 Häsler: Die Geschichte der Karola Siegel. Zu Karola Siegels weiterer Geschichte siehe S. 104.
347 Rittmeyer-Iselin: Kurzer Lebenslauf, 1. Mai 1959, Typoskript, Gosteli Mäppchen Dora Rittmeyer-Iselin 1943/BSF/5077.
348 Maissen: Geschichte der Schweiz, S. 269 ff.
349 Kley: Mit Macht durch den Krieg, S. 22 f.
350 St. Galler Hilfe für Emigrantenkinder, 5. Tätigkeitsbericht 1939/40, S. 1.
351 A. a. O., S. 1 f. – Die SAK ging auf eine Vorläuferin zurück, die sich in Frankreich der Kinder annahm, die Opfer des spanischen Bürgerkriegs geworden waren.
352 Schmidlin: Eine andere Schweiz, S. 131 ff.
353 A. a. O., S. 134 ff.
354 St. Galler Hilfe für Emigrantenkinder, 5. Tätigkeitsbericht 1939/40, S. 2.
355 A. a. O., S. 3.
356 St. Galler Hilfe für Emigrantenkinder, 6. Tätigkeitsbericht, 1940/41, S. 1 f.
357 St. Galler Hilfe für Emigrantenkinder, 7. Tätigkeitsbericht, 1941/42, S. 1.
358 Mächler: Hilfe und Ohmacht, S. 329.
359 Krummenacher: Flüchtiges Glück, S. 297.
360 Ludwig Rittmeyer war als Territorialkommandant für Aufnahmen und Rückweisungen zuständig, siehe Mächler: Hilfe und Ohmacht, S. 531 unter Ziffer 114. Vgl. auch S. 329–334 und 366 ff.
361 Bergier-Bericht, S. 143. Zitat im Zitat: Rittmeyer an die Abteilung für Nachrichten- und Sicherheitsdienst, Polizeisektion des Armeekommandos, 30. Okt. 1941, BAR E 4264, Bd. 104, 1985/196.
362 Bergier-Bericht, S. 88 ff.
363 G.M. Riegner (1911–2001), Jurist. Sein Büro befand sich in demselben Gebäude wie dasjenige des Flüchtlingsbeauftragten des provisorischen Ökumenischen Rats der Kirchen, Adolf Freudenberg.
364 Bergier-Bericht, S. 91. – Laut Bergier-Bericht wurde die Schweiz von Deutschland nie wegen der Flüchtlinge von einem militärischen Angriff bedroht, a. a. O., S. 56.
365 CIMADE = Comité intre-mouvements auprès des évacués. Das Komitee kümmerte sich auch um die Lagerhäftlinge im südfranzösischen Gurs und anderen Lagern.
366 BGB = Bauern-, Gewerbe-und Bürgerpartei (heute SVP), KK = Katholisch-Konservative Partei (heute CVP). Die Sozialdemokraten (SP) waren erst ab 1943 im Bundesrat vertreten.
367 Bergier-Bericht, S. 93.
368 Kocher: «Flüchtlingsmutter», S. 14.
369 Eduard von Steiger (1881–1962), Berner Patrizier, Mitglied der BGB, Bundesrat 1941–1951, Vorsteher des Eidgenössischen Justiz- und Polizeidepartements (EJPD). Am 30. August 1942 sprach er vor 8000 Mitgliedern

der evangelischen Jungen Kirche vom «stark besetzten Rettungsboot». Er erregte damit starken Unmut, siehe Bergier-Bericht, S. 320.

370 Die kommentarlos wiedergegebene Rede von Steigers in: *NZZ*, 21. Sept. 1942, Abendausgabe, S. 1.

371 So der St. Galler Johannes Huber (1879–1948), Nationalrat 1919–1947 und mehrmals Bundesratskandidat.

372 Albert Oeri (1875–1950), seit 1925 Chefredaktor der *Basler Nachrichten*, seit 1931 Nationalrat.

373 Kursivierungen durch die Autorin.

374 Ludwig Rittmeyer im Nationalrat, 22. Sept. 1942, BAR E 1303–1 V, Bd. 352, S. 89–97. – Ludwig Rittmeyer muss die lange Rede in Nachtarbeit nach dem Anhören der Rede von Bundesrat von Steiger geschrieben haben (Kursivierungen durch die Autorin). Sie wurde bis anhin nicht publiziert, findet sich aber im Anhang.

375 *NZZ*, 23. Sept. 1942, Abendausgabe S. 1f., *St. Galler Tagblatt*, 23. Sept. 1942, Abendblatt, S. 2.

376 Ludwig Rittmeyer: Einzelblatt, Stadtarchiv St. Gallen, Kirchenarchiv, Schachtel III, Umschlag 3: Flüchtlingshilfe.

377 Rittmeyer-Iselin: St. Galler Hilfe für Emigrantenkinder, 8. Tätigkeitsbericht 1942/43.

378 Die Pressezensur wurde zuerst von der Armeeführung, ab 1942 vom Bundesrat überwacht. – Im Schlussbericht der St. Galler Hilfe für Emigrantenkinder, 3. Feb. 1948, kritisierte Dora Rittmeyer die Einschränkungen, BAR J. II. 55, Bd. 47, 1935–1948, Typoskript, siehe S. 112f. – Vgl. von Greyerz: «Die der Presse auferlegten Einschränkungen waren zeitweise recht gross», in: Handbuch der Schweizer Geschichte, Bd. 2, S. 1019–1246, 1204f. – Ein berühmtes Opfer der Pressezensur war Karl Barth, u. a. wegen seines Vortrags «Im Namen Gottes, des Allmächtigen»; siehe Barth: Offene Briefe 1935–1942, S. 276–278, und Barth: Eine Schweizer Stimme, S. 201–232.

379 St. Galler Hilfe für Emigrantenkinder, 8. Tätigkeitsbericht 1942/1943, S. 1.

380 A. a. O., S. 1f.

381 Sutro: Jugend auf der Flucht, S. 97.

382 St. Galler Hilfe für Emigrantenkinder, 8. Tätigkeitsbericht 1942/1943, S. 2.

383 Rittmeyer-Iselin: Schlussbericht über die St. Galler Hilfe für Emigrantenkinder, 3. Feb. 1948, BAR J. II. 55, Bd. 47, 1935–1948, Typoskript, S. 10f (fortan: Schlussbericht).

384 St. Galler Hilfe für Emigrantenkinder, 8. Tätigkeitsbericht, 1942/1943, S. 2.

385 Rittmeyer-Iselin: Schlussbericht, S. 9.

386 A. a. O., S. 5.

387 St. Galler Hilfe für Emigrantenkinder, 8. Tätigkeitsbericht, 1942/1943, S. 2.

388 A. a. O., S. 3.

389 Rittmeyer-Iselin: Schlussbericht, S. 10.
390 Lienert: «Wir wollen helfen, da wo Not ist», S. 186 ff.
391 Liste, BAR J. II. 55, Bd. 47, 1935–1948.
392 Zu Henri Bronstein siehe S. 111.
393 St. Galler Hilfe für Emigrantenkinder, 8. Tätigkeitsbericht, 1942/1943, S. 3.
394 St. Galler Hilfe für Emigrantenkinder, 9. Tätigkeitsbericht, 1943/1944, S. 4.
395 Ebd.
396 Schweizerisches Rotes Kreuz Kinderhilfe = SRK Kh. – Schweizerische Arbeitsgemeinschaft für kriegsgeschädigte Kinder = SAK. Zur SAK siehe S. 90 und 101.
397 Bergier-Bericht, S. 256 ff., sowie Schmidlin: Eine andere Schweiz, S. 274 ff. – Remund war gleichzeitig Chefarzt des gesamten Schweizerischen Roten Kreuzes.
398 Schmidlin, Eine andere Schweiz, S. 277 ff.
399 A.a.O., S. 285 f.
400 A.a.O., S. 288.
401 Die Historikerin Eveline Hasler bezeichnet Remund in ihrem Buch «Mit dem letzten Schiff» als Antisemiten und Paragrafenreiter. Hasler: Mit dem letzten Schiff, S. 179 f. – Vgl. Anm. 307.
402 St. Galler Hilfe für Emigrantenkinder, 10. Tätigkeitsbericht, 1944/1945, S. 6.
403 St. Galler Hilfe für Emigrantenkinder, 9. Tätigkeitsbericht, 1943/1944, S. 6.
404 St. Galler Hilfe für Emigrantenkinder, 10. Tätigkeitsbericht, 1944/1945, S. 7.
405 Häsler: Die Geschichte der Karola Siegel, S. 78 und 96.
406 Businger: Stille Hilfe und tatkräftige Mitarbeit, S. 47 ff., S. 52, 67, 72.
407 Regina Kägi-Fuchsmann (1889–1972), Gymnasiallehrerin, Dr. h. c., Mitbegründerin und Präsidentin der Frauenzentrale Schaffhausen, Tätigkeit im Schweizerischen Arbeiterhilfswerk, Flüchtlingshelferin, Präsidentin der Schweizer Europahilfe, Gründungsmitglied der Helvetas. –Siehe auch: Historisches Lexikon der Schweiz und S. 116 und 171.
408 Businger: Stille Hilfe und tatkräftige Mitarbeit, S. 51 f.
409 Clara Nef (1885–1983), Ecole Supérieure de Commerce Neuenburg, 1916 Aufbau Pro Juventute AR, Einsatz für die staatsbürgerliche Schulung der Frauen, 1929 bis 1963 Präsidentin der Frauenzentrale AR, 1935–1944 Präsidentin des BSF, Einsatz für Flüchtlinge, Tätigkeit in internationaler Frauenkommission. – Vgl. Bräuniger: Clara Nef, in: Frauen Leben Appenzell, S. 182 ff., sowie Mesmer: Staatsbürgerinnen ohne Stimmrecht, S. 226 ff. – Clara Nef war «weit aussen» mit Ludwig Rittmeyer verwandt, so Heiner Rittmeyer, 23. März 2015.

410 Businger: Stille Hilfe, S. 96. – Elsa Mettler, Vizepräsidentin BSF, war gegen den Spendenaufruf.
411 A.a.O., S. 128f.
412 A.a.O., S. 143.
413 A.a.O., S. 184. – Beatrix Mesmer beurteilt Clara Nefs Flüchtlingseinsatz positiv, in: Mesmer: Staatsbürgerinnen ohne Stimmrecht, S. 226.
414 Rittmeyer-Iselin: Lebenslauf, S. 10f.
415 Freisinnig-Demokratische Partei des Kantons St.Gallen: Vom liberalen Verein, S. 83.
416 Siehe S. 93ff., sowie die vollständig wiedergegebene Rede im Anhang.
417 Zudem erfuhr Ludwig Rittmeyer von politischen Gegnern heftige persönliche Anfeindungen.
418 Mächler: Hilfe und Ohnmacht, S. 331.
419 Ebd. – fr. = freisinnig. – Der Journalist gab offenbar Rittmeyer die Schuld am Bruch mit der Partei.
420 Mächler: Hilfe und Ohnmacht, S. 365ff.
421 A.a.O., S. 386, S. 390 und 18.
422 Saly Mayer (1882–1950), Textilunternehmer, Stadtparlamentarier der FDP, vgl. Bergier-Bericht, S. 317 und Mächler: Hilfe und Ohnmacht, S. 43.
423 Mächler: Hilfe und Ohnmacht, S. 517, Ziffer 41. – Vgl. Rittmeyer-Iselin: Tätigkeitsberichte SHEK St.Gallen 8, 9 und 10.
424 Saly Mayer griff dem im April 1939 wegen «Amtsdienstverletzung» abgesetzten Paul Grüninger (1891–1972) kräftig unter die Arme.
425 Carl Lutz rettete Tausende von ungarischen Juden. – Adolf Keller kümmerte sich, wie er erzählte, von 1933 bis 1942 insgesamt um 2600 jüdische oder «judenchristliche» Flüchtlinge und verwendete sich mehrmals im Bundeshaus für sie. Vgl. Jehle-Wildberger: Adolf Keller, S. 347–432 und 460f., sowie dies.: Adolf Kellers Einsatz für Opfer des Rassismus.
426 So das Urteil von Jörg Krummenacher: Flüchtiges Glück, S. 297.
427 Rittmeyer-Iselin: Lebenslauf, S. 11.
428 So Heiner Rittmeyer, selbst Jurist. In: Heiner Rittmeyer: Nachruf auf Ludwig Rittmeyer.
429 Heiner Rittmeyer: Lebenslauf, S. 14.
430 Dorothe Rittmeyer-Homberger, Gespräch 15. Jan. 2014.
431 Die Familie Pestalozzi-Iselin war bei Kriegsausbruch 1939 aus Köln, wo der Vater als Chemiker eine gute Stelle innegehabt hatte, fluchtartig in die Schweiz zurückgekehrt, wo sie ab 1943/1944 in St.Gallen an der nahen Tannenstrasse und einige Jahre später im Haus Rittmeyer eine Wohnung bezog. Mitgeteilt von Verena Cornaz-Pestalozzi, 27. Aug. 2017.
432 Verena Cornaz-Pestalozzi, Gespräch 25. Nov. 2013 und 27. Aug. 2017, sowie Renate Meyer-Koprio, Gespräch 27. Aug. 2017 und 12. März 2018.
433 So Heiner Rittmeyer: Lebenslauf, S. 14.
434 Siehe S. 99f.

435 Das Ehepaar Heiner und Dorothe Rittmeyer-Homberger war zur Hochzeit eines der beiden Söhne Henri Bronsteins nach Paris eingeladen. Dorothe Rittmeyer-Homberger, Gespräch 22. Jan. 2014.

436 Mitgeteilt von Dorothe Rittmeyer-Homberger, 22. Jan. 2014.

437 Attila Scüzs, Gespräch 22. Nov. 2017.

438 Rittmeyer-Iselin: Schlussbericht, 3.2.1948, Typoskript, BAR J.II.55, Bd. 47.

439 Rittmeyer-Iselin: Tätigkeitsberichte 5–10 über die St. Galler Hilfe für Emigrantenkinder, S. 78 ff.

440 Rittmeyer-Iselin: Schlussbericht, S. 1.

441 A. a. O., S. 12 f.

442 Siehe dazu S. 101 f.

443 Georg Thürer (1908–2000), Literaturwissenschaftler und Historiker, Professor an der Handelshochschule, Verfasser einer St. Galler Geschichte, 1945 Gründer der St. Galler Grenzlandhilfe, siehe S. 124 ff.

444 Rittmeyer-Iselin: Schlussbericht, S. 2.

445 A. a. O., S. 4. – Eine offizielle Würdigung ihres Einsatzes scheint ausgeblieben zu sein.

446 Marc Tribelhorn: Streitgeschichte, *NZZ*, 4. März 2016, S. 12: «Nach dem Ende des Zweiten Weltkriegs betrieb die Schweiz eine Vergangenheitsbewältigung von oben. Retuschen am behördlich propagierten und damit in Glorie gepackten Geschichtsbild waren während Jahrzehnten unerwünscht. [...] Allerdings wurde einigen Historikern, deren ‹patriotische› Einstellung einwandfrei feststand, ein privilegierter Aktenzugang gewährt.»

447 Rittmeyer-Iselin: Schlussbericht, S. 5.

448 A. a. O., S. 8.

449 A. a. O., S. 9.

450 A. a. O., S. 9 f. – Dora Rittmeyer erinnert an das stattliche Ergebnis der ersten gesamteidgenössischen Sammlung für die Flüchtlinge kurz nach der Rede Ludwig Rittmeyers im Nationalrat, siehe S. 93 ff.

451 A. a. O., S. 9. – 4800 Kinder betreute das SHEK insgesamt vom Anfang des Kriegs an. Davon reisten im ersten Jahr nach dem Krieg 3400 aus, siehe Lienert: «Wir wollen helfen, da wo Not ist», S. 322.

452 Rittmeyer-Iselin: Schlussbericht, S. 14.

453 Heiner Rittmeyer: Lebenslauf, S. 14.

454 *Schweizer Frauenblatt*. Publikationsorgan des BSF, Organ für Fraueninteressen und Frauenaufgaben. Erschien wöchentlich.

455 Anspielung an das Jesuswort: «Kommt zu mir, all ihr Geplagten und Beladenen: Ich will euch erquicken», Mt 11,28.

456 Das Kinderdorf Kiriat Yearim wurde 1951 von Schweizer Juden und von Freunden aus dem Umkreis des SHEK gegründet. Es dient der Förderung von jüdischen und arabischen Kindern.

457 *Ad multos annos* (lat.) = auf viele Jahre!

458 Rittmeyer-Iselin: Georgine Gerhard 75 -jährig, S. 3.

459 Kaufmann: Frauen zwischen Aufbruch und Reaktion, S. 31 f.

460 Clara Ragaz-Nadig (1874–1957), Frau von Leonhard Ragaz, Begründer des religiösen Sozialismus.
461 Schmidlin: Eine andere Schweiz, S. 38 f.

Einsatz für die Frauen. Präsidium der Frauenzentrale St. Gallen (1945–1960)
(Seite 117–152)

462 Zu Elsa Mettler siehe S. 61 f. und Anm. 242.
463 Zu Frida Imboden-Kaiser und zum ursprünglichen Namen der FZ siehe S. 57, 59 und Anm. 222.
464 Elsa Mettler-Specker (1881–1971). Sie war Mutter von vier Söhnen und einer Tochter, die sie schon früh Französisch und Englisch lernen liess. Für die FZ und die zahlreichen Kommissionen, in denen sie Einsitz hatte, investierte sie viel Zeit. Sie identifizierte sich mit der frontistischen Haltung ihres Mannes. – Siehe Hohermuth: 50 Jahre Frauenzentrale St. Gallen, 1914–1964, S. 11 ff.
465 Zu den folgenden Beispielen siehe die Jahresberichte der FZ 1921–1938, AFGO, bis 1947 zumeist handschriftlich oder Typokript (ab 1948 gedruckt), AFGO 036/008. Daselbst die Typoskripte der Protokolle der Haupt- und Monatsversammlungen der FZ sowie der Vorstandssitzungen.
466 Hohermuth: 50 Jahre Frauenzentrale St. Gallen, 1914–1964, AFGO 036/001-08.
467 Prot. Vorstand FZ 6. Jan. 1932, Protokolle 1914–1933, handschriftl., AFGO 036/029.
468 Elsa Mettler an Clara Nef, Präsidentin BSF, 21. Jan. 1939. Siehe Niedermann: «... weil bei jedem Versuch die Politik mich angewidert hat, S. 179.
469 Hohermuth: 50 Jahre Frauenzentrale St. Gallen, 1914–1964, S. 15.
470 Jahresbericht FZ 1933, S. 6, AFGO 036/008.
471 FZ 20. Feb. 1934, Prot. S. 2, AFGO 036/030.
472 Ebd. – Zu Dora Rittmeyer und Frau Mettler siehe S. 61 f.
473 Es handelte sich um «Frl.» Dr. Schefer, Vorstandssitzung FZ, 20. Feb. 1934, Prot. S. 6.
474 Niedermann: «... weil bei jedem Versuch die Politik mich angewidert hat, S. 280.
475 Prot. Vorstand FZ 29. April 1938, AFGO 036/031.
476 Klara Niederer-Schoop (1892–1969), verwitwet 1937.
477 Arnold Mettler-Specker (1867–1945), Textilunternehmer, 1927–1934 Kantonsrat FDP, Sympathisant des Nationalsozialismus, wurde 1938 wegen «polit. Verwirrung» als Verwaltungsratspräsident der Mettler und Co. abgesetzt, siehe Historisches Lexikon der Schweiz.
478 Prot. Vorstand FZ 3. Nov. 1938, AFGO 036/031.
479 Elsa Mettler an die Präsidentin des BSF, Clara Nef, 16. Sept. 1938, in: Businger, Stille Hilfe, S. 98 f. – Im Vorstand des BSF, in welchem Elsa Mettler seit 1926 einsass, ab 1932 als 2. und ab 1935 als 1. Vizepräsidentin, war es schon zuvor zu Zusammenstössen wegen ihrer politischen Hal-

tung gekommen. Einmal wurde sie von Clara Nef aufgefordert, ihre Einstellung zur Demokratie zu erklären. Siehe Redolfi: Frauen bauen Staat, S. 165 f.

480 25 weitere Schweizer aus dem Kanton St. Gallen schlossen sich ebenfalls der SS an. – Ziegler: Als der Krieg zu Ende war …, S. 45.

481 «Mein Hannes! – Ein Winkelried, nein, schwerer wog sein Los; / Du trugst schon lange in Deines Herzens Schoss / Den Willen, dich zu opfern, tät es not, / er aber fand spontan den Opfertod. / Du fühltest sehend, dass Europa krank, / Du wusstest drum dem deutschen Führer Dank / Für Volksgemeinschaft, Ehre, Boden, Blut, / die Überzeugung gab dir Heldenmut! / Du wolltest nicht nur kämpfen mit dem Geist, / es opfert sich, wer sich als voll erweist! / Drum, lieber Hannes, gingst Du in den Tod, / Du gabst dein Leben für ein Morgenrot. / Dieweil der Dank der Heimat heut' noch karg, / Scheint erst die Sonne über Sorg und Sarg, / wirst du als leuchtend Vorbild aufersteh'n, / wenn die im Dunkel Wandelnden einst seh'n. – St. Gallen, 21. Oktober 1941. Dein Vater.» In: Lemmenmeier: Politik zwischen Klassenkampf und nationalem Konsens, S. 83. – 1963 wurde Elsa Mettler wegen ihres sozialen Engagements zur Ehrenpräsidentin der FZ St. Gallen erkoren!

482 Ziegler: Als der Krieg zu Ende war …, S. 83 ff.

483 1944 waren es 2239 Familien. Jahresbericht FZ 1944, AFGO 036/010.

484 An der Jungbürgerfeier von 1953 hielt Dora Rittmeyer das Referat.

485 Statuten FZ St. Gallen 1941: «Art. 1: Die Frauenzentrale beweckt den Zusammenschluss der verschiedenen Frauenvereine aus Stadt und Kanton zu gegenseitiger Anregung und zur Förderung gemeinsamer Interessen. / Art. 2: Die FZ stellt sich grundsätzlich in den Dienst der schweizerischen Demokratie und ist politisch und konfessionell neutral. / Art. 3: Die Tätigkeit der FZ erstreckt sich auf freie Aussprache über Zeitfragen, auf die Prüfung und Weiterleitung von Anregungen, die Gründung von nötig erscheinenden Institutionen, die Ausarbeitung von Petitionen, die Ausführung öffentlicher und behördlicher Aufträge», AFGO 036 Verzeichnisse.

486 Hohermuth: 50 Jahre Frauenzentrale St. Gallen, 1914–1964, S. 21.

487 Monatsversammlung 18. Feb. 1942.

488 Prot. Vorstand FZ 10. März 1944, AFGO 036/032.

489 Vortrag der Juristin Dr. Elisabeth Nägeli, Vizepräsidentin BSF, Prot. Vorstand FZ, 19. Feb. 1945, AFGO 036/032.

490 Prot. Vorstand FZ 12. März 1945, AFGO 036/032.

491 Martha Bersinger-Huber, Vizepräsidentin, empfahl Frau «Prof.» Luise Wyss-Hosch «mit warmen Worten» als Kandidatin. Gattinnen von Professoren wurden damals so angesprochen.

492 Prot. Hauptversammlung FZ 4. April 1945, Typoskript, AFGO 036/048.

493 *NZZ*, 27. Aug. 1974, Hilde Custer-Oczeret: Abschied von Dora Rittmeyer-Iselin, Cutting, Gosteli Mäppchen Dora Rittmeyer-Iselin, 1943/BSF/5077, Disk. vr.: 115/Seite A/Tit. Nr. 62.

494 Rogger: Gebt den Schweizerinnen ihre Geschichte, S. 19ff.
495 Prot. Hauptversammlung FZ 26. März 1947, AFGO 036/049.
496 Prot. Vorstand FZ 20. Okt. 1947, AFGO 036/033.
497 Marguerite Rehsteiner-Wegelin (1906–1990), Bankierstochter und -gattin, in den 1940er-Jahren Präsidentin des «Kinder- und Frauenschutzes» (heute: Beratungsstelle für Frauen und Familien), vertrat die freisinnige Frauengruppe im Vorstand. – Mitgeteilt von Marianne Schatz-Rehsteiner, 17. April 2015.
498 Rittmeyer-Iselin: 37. Jahresbericht FZ 1950, AFGO 036/033. Alle Jahresberichte der FZ von 1945 bis 1959 wurden von ihr verfasst.
499 Prot. Vorstand FZ 14. Mai 1945, AFGO 036/033.
500 32. Jahresbericht FZ 1945, ab diesem Jahr gedruckt, S. 3, AFGO 036/010.
501 Zu Georg Thürer siehe Anm. 443. – Das Präsidium übernahm Regierungsrat Paul Müller. – Zur Grenzlandhilfe siehe Lemmenmeier: Politik zwischen Klassenkampf und nationalem Konsens, S. 85.
502 Zu ihnen gehörten – neben Dora und Ludwig Rittmeyer – Karl Barth, Adolf Keller und Vertreter der Caritas.
503 Jahresbericht FZ 1945, S. 4, AFGO 036/010.
504 Gestapo = Geheime Staatspolizei.
505 Rittmeyer-Iselin: Vortrag an Monatsversammlung FZ 27. Feb. 1946, AFGO 036/085.
506 Monatsversammlung FZ 30. Mai 1951, AFGO 036/086.
507 Jahresbericht FZ 1951, S. 6 und 1956, S. 7f., AFGO 036/012 und 013.
508 Jahresbericht FZ 1945, S. 5f., AFGO 036/010.
509 Prot. Vorstand FZ 24. Sept. 1945, AFGO 036/032.
510 Zu Clara Nef siehe Anm. 409.
511 Prot. Monatsversammlung FZ 27. Nov. 1946, AFGO 036/085.
512 Hanny Thalmann (1912–2000), wurde 1943 als erste Frau an der Handelshochschule promoviert, an Berufsschulen tätig, ab 1968 Mitglied des Erziehungsrats St. Gallen, 1971, nach Annahme des Frauenstimmrechts, erste Nationalrätin der Ostschweiz. Sie war eine der Hauptverantwortlichen dafür, dass das «Fräulein» durch «Frau» ersetzt wurde.
513 Prot. Hauptversammlung FZ 26. Juni 1956, AFGO 036/054.
514 Susanne Steiner-Rost (1908–1991), Dr. iur., Freundin von Leonhard Ragaz, Oberin der Pflegerinnenschule Zürich, 1945 Heirat mit dem Rechtsanwalt Paul Steiner in St. Gallen, zwei Söhne, ab 1953 im Vorstand der FZ, Mitglied der Aufsichtskommission der Kantonsschule, arbeitete ab 1966 im Versicherungsgericht, gab den Anstoss zur Familienplanungs- und Budget-Beratungsstelle der Frauenzentrale St. Gallen.
515 Prot. Monatsversammlung FZ 27. Feb. 1957, AFGO 036/087, sowie Jahresbericht FZ 1949, S. 5ff., AFGO 036/011.
516 Das war noch vor dem II. Vatikanischen Konzil. – 40. Jahresbericht FZ 1953, S. 3f. AFGO 036/012.
517 Jahresbericht FZ 1945, S. 7f., AFGO 036/010.

518 Jahresberichte FZ 1952, S. 5 und 1958, S. 6, AFGO 036/012 und 013.

519 Elsa Mettler übergab dem Heim 1945 ein Legat von 1500 Franken. 1948 wurde sie zur Präsidentin der Subkommission Zufluchthaus gewählt. Dora Rittmeyer musste also wieder mit ihr zusammenarbeiten.

520 Jahresbericht FZ 1945, S. 8 f., AFGO 036/010.

521 Jahresbericht FZ 1957, S. 5., AFGO 036/013.

522 Prot. Vorstand FZ 3. Sept. 1945, AFGO 036/032, sowie Jahresbericht FZ 1948, S. 4 f., AFGO 036/011.

523 Prot. Monatsversammlung FZ 31. Okt. 1951, AFGO 036/086.

524 Jahresbericht FZ 1953, S. 8., AFGO 036/012.

525 Prot. Vorstand FZ 7. Jan. 1955 und 10. Okt. 1958, AFGO 036/033 und 034 und Jahresbericht 1959, S. 9, AFGO 036/013.

526 Jahresbericht FZ 1956, S. 6, AFGO 036/013.

527 Prot. Hauptversammlung FZ 1951, AFGO 036/051.

528 Prot. Vorstand FZ 16. Nov. 1951, AFGO 036/033.

529 Siehe zum Konsumentinnenforum S. 182 ff.

530 Prot. Vorstand FZ 2. Mai 1958, AFGO 036/034.

531 Steiner-Rost: Prot. Monatsversammlung FZ 28. Mai 1947, AFGO 036/085.

532 Zu Frida Imboden-Kaisers Tätigkeit am Burghölzli in Zürich siehe S. 57.

533 Frida Imboden-Kaiser an Dora Rittmeyer, 19. Feb. 1953, AFGO 036/485. – Siehe Anm. 222.

534 OLMA = Ostschweizerische Land- und Milchwirtschaftsaustellung. – Prot. Monatsversammlung FZ 30. Mai und 26. Sept. 1951, AFGO 036/086. – 1952 gab es einen gemeinsamen Vorstoss der katholischen, evangelischen und christkatholischen Kirche, Jahresbericht FZ 1952, S. 9, AFGO 036/012.

535 Erstmals an der OLMA 1956. – Jahresbericht FZ 1956, S. 8, AFGO 036/013.

536 Prot. Monatsversammlung FZ 24. Nov. 1948, AFGO 036/085, sowie *St. Galler Tagblatt*, 26. Nov. 1948. Siehe auch Rogger: «Gebt den Schweizerinnen ihre Geschichte», S. 29 ff.

537 Siehe S. 54 und Anm. 190.

538 Jahresbericht FZ 1952, S. 6, AFGO 036/012.

539 Prot. Monatsversammlung FZ 28. Feb. 1945, AFGO 036/084, sowie Jahresbericht 1946, S. 3, AFGO 036/011.

540 Aufforderung des kantonalen Volkswirtschaftsdepartements, Jahresbericht FZ 1948, S. 4 f., AFGO 036/011.

541 Jahresberichte FZ 1950, S. 5, 1952, S. 10 und 1958, S. 5, AFGO/012 und 013.

542 Prot. Monatsversammlung FZ 29. Okt. 1958, AFGO 036/087.

543 Heute wird die Institution «Valida» genannt.

544 Prot. Vorstand FZ 19. Okt. 1951 und 12. Sept. 1958, AFGO 036/033 und 034 und Jahresbericht FZ 1952, S. 7, AFGO 036/012.

545 Prot. Monatsversammlung FZ 30. Jan. 1946 und 27. Feb. 1946, AFGO 036/085.

546 Prot. Vorstand FZ 21. April 1947, AFGO 36/033.

547 Prot. Vorstand FZ 16. Juni 1947, AFGO 36/033.

548 Prot. Monatsversammlung FZ 24. Sept. 1952, AFGO 036/086 und Jahresbericht 1952, S. 7, AFGO 036/012.

549 Prot. Monatsversammlung FZ 26. Sept. und 31. Okt. 1956, AFGO 036/087 und Jahresberichte FZ 1956, S. 7 und 1958, S. 6, AFGO 036/013. –Heidi Seiler (1914–1982), Dr. iur., Heilsarmeeoffizierin, Jugendstaatsanwältin, Präsidentin der FDP-Frauengruppe 1957–1973, Kantonsrätin. Die Evang.-ref. Paar- und Familienberatung St. Gallen geht auf ihre Anregung im Jahr 1945 zurück.

550 Prot. Vorstand FZ 12. März 1954, AFGO 036/033.

551 Prot. Vorstand FZ 8. Jan. und 19. Nov. 1954, AFGO 036/033.

552 Jahresbericht FZ 1949, S. 5, AFGO 036/011.

553 Siehe S. 32 sowie Prot. Monatsversammlung FZ 24. April 1946, AFGO 036/085.

554 Siehe S. 127ff.

555 Die Pflegerinnenschule wurde 1901 von Frauen gegründet und geführt, vgl. Anm. 514.

556 Prot. Hauptversammlung FZ 25. April 1951, AFGO 036/051.

557 Prot. Vorstand FZ 14. Nov. 1952, AFGO 036/033. – Dora Rittmeyer wurde zum offiziellen Festakt eingeladen. – Prot. Vorstand FZ 18. Sept. 1953, AFGO 036/033. Zum Festakt siehe S. 141.

558 Die Präsidentin Hanni Pestalozzi (1905–1986) erhielt den Titel «Mutter der St. Galler Bäuerinnen», war Ehrenbürgerin von Wil, siehe Max Lemmenmeier: Hochkonjunktur und mittelständische Sozialordnung, S. 25.

559 1. Die Frau in Industrie, Gewerbe, Gastgewerbe, Hauswirtschaft und Landwirtschaft, 2. Die Frau als Erzieherin in Kindergarten, Schule und Berufsausbildung, 3. Die Frau als schaffende Künstlerin in bildender Kunst, Musik, Literatur, Tanz und Kunstgewerbe, 4. Die Frau in akademischen Berufen, 5. Die Frau in den Vereinen: Dachorganisationen, Sportvereine, konfessionelle Vereine, politische Vereine, soziale Vereine. – Ordner «150 Jahre Frauenarbeit im Kanton St. Gallen», AFGO 036/479.

560 Heute: Historisches und Völkerkundemuseum.

561 Prot. Vorstand FZ 22. Mai 1953, AFGO 036/033.

562 Emil Anderegg an Dora Rittmeyer, 8. Aug. 1953: «Es hat in dieser Sache lediglich eine kurze Besprechung stattgefunden zwischen Ihnen und mir, bei welcher Gelegenheit Sie mir die Frage einer Subvention durch die Stadt vorlegten und ich Ihnen die übliche Zurückhaltung äusserte [...].» AFGO 036/484.

563 Rittmeyer-Iselin an Emil Anderegg, Entwurf, undatiert, nach 8. Aug., AFGO 036/484.

564 Rittmeyer-Iselin an Herrn Landammann P. Müller 20. Juli 1953, AFGO 036/485.

565 *Die Ostschweiz*, 20. Aug. 1953: 150 Jahre Frauenarbeit im Kanton St. Gallen, Abendblatt, gez. r.

566 *St. Galler Tagblatt*, 20. Aug. 1953: Zwei Jubiläumsveranstaltungen, Abendblatt, gez. -a-.

567 *Volksstimme*, 20. Aug. 1953, gez. P-y.

568 Das Gemälde war inspiriert vom Prospekt des BSF zum internationalen Übereinkommen «Gleicher Lohn für gleiche Arbeit» von 1951. – Siehe dazu Müller: Bewegte Vergangenheit, S. 78 ff.

569 Zur Erinnerung an den Pavillon der Schweizerfrau. Schweizerische Landesaustellung Zürich, in: Schweizerische Frauenverbände (Hg.): Die Schweizerfrau 1939.

570 In der Stellenanzeige des *St. Galler Tagblatts*, 19. Aug. 1953, Abendblatt, werden beispielsweise fast nur Frauen für untergeordnete Positionen gesucht: Serviertöchter, «Haustöchter», «Ladentöchter», Näherinnen, eine Wäscherin, und: eine gut präsentierende «Dame» für den Aussendienst!

571 Regina Ullmann (1884–1961), befreundet mit Rainer Maria Rilke und Thomas Mann, liiert mit dem Psychoanalytiker Otto Gross, flüchtete 1936, da jüdischer Herkunft, nach St. Gallen, wo sie 1954 den Kulturpreis erhielt. – Ihr Porträt an der Ausstellung wurde von Nora Anderegg gemalt.

572 Olga Diener (1890–1963). Als Autorin schrieb sie: «Warum bin ich Weib? Ist das nicht Fessel? So nah der Erde. Ich muss die Erde lieben lernen wie die Wolken ...» Sie komponierte auch Kammermusik. Vgl. Ursula Riklin: Traumspiegel.

573 Jehle-Wildberger: Anna Schlatter-Bernet 1773–1826.

574 *NZZ*, 27. Aug. 1953, Betty Knobel: 150 Jahre Frauenarbeit im Kanton St. Gallen, Abendausgabe. Gemeint sind die Bürgersfrauen der damaligen Stadtrepublik St. Gallen.

575 Cutting aus *Basler Nachrichten*, ohne Datum, gez. M. K., AFGO 036/488 und 489.

576 *Bulletin* des Bernischen Frauenbunds, 31. Aug. 1953, Typoskript, AFGO 036/482.

577 Alice Wiblé schreibt an Dora Rittmeyer von «évocation exceptionelle de la vie féminine saint-galloise», AFGO 036/483. – Der Ton des Artikels über die Ausstellung in *Femmes Suisses*, Genève, 19. Sept. 1953 ist geradezu euphorisch, AFGO 036/489.

578 *Schweizer Frauenblatt*, 21. Aug. 1953

579 *Schweizer Frauenblatt*, 21. Aug. 1953: 150 Jahre Frauenarbeit im Kanton St. Gallen, 1803 bis 1953, gez. G. B.

580 *Schweizer Frauenblatt*, 21. Aug. 1953, Hilde Custer-Oczeret: Auf den Spuren der politisch tätigen St. Galler Frauen.

581 *NZZ*, 24. Aug. 1953: 150 Jahre Kanton St. Gallen, Morgenausgabe, Cutting, AFGO 036/482.

582 Programm aus *St. Galler Tagblatt,* 18. Aug. 1953, Abendblatt.
583 Siehe das Unterkapitelchen «Lohngleichheit und Schulwesen», S. 143f.
584 Prot. Vorstand FZ 24. Okt. 1952, AFGO 036/033.
585 Jahresbericht FZ 1945, S. 4, AFGO 036/010.
586 Prot. Hauptversammlung FZ 27. März 1947, AFGO 036/054. Prot. Vorstand FZ 24. Okt. 1949, AFGO 036/033.
587 Prot. Monatsversammlung FZ 26. Okt. 1949, AFGO 036/085.
588 von Roten: Frauen im Laufgitter. Siehe dazu S. 142 und 164. – Prot. Vorstand FZ 14. Nov. 1958, AFGO 036/034.
589 Rogger: Gebt den Frauen ihre Geschichte, S. 54.
590 Siehe dazu S. 59f.
591 Gerhard: Die Lehrerinnenverhältnisse in der Schweiz. – Siehe auch: Schmidlin: «Die Ehre des weiblichen Lehrpersonals», S. 117ff.
592 Prot. Vorstand FZ 1. Sept. 1950, AFGO 036/033.
593 Prot. Vorstand FZ 12. Jan. 1951 und Jahresbericht 1950, S. 5, AFGO 036/012. Es gab damals erst eine einzige Kantonsschule und nur ein Lehrerseminar im Kanton St. Gallen.
594 Jahresbericht FZ 1951, S. 4f., AFGO 036/012.
595 Prot. Vorstand FZ 12. Sept. 1952 und 12. Jan. 1953, AFGO 036/033. – Zu Elsa Nüesch siehe S. 59, 62, 139f. und Anm. 229.
596 Prot. Vorstand FZ 8. Juli 1955 und 11. Nov. 1955, AFGO 036/033.
597 Prot. Monatsversammlung FZ 27. Mai 1953, AFGO 036/086 und Jahresbericht 1953, S. 7f. – Zu Heidi Seiler siehe Anm. 549.
598 Prot. Monatsversammlung FZ 31. Okt. 1945, AFGO 036/084.
599 Prot. Vorstand FZ 21. April 1947, AFGO 036/033.
600 Mitgeteilt vom Sohn von Heidy Peter, Februar 2018. – Prot. Vorstand FZ 21. Feb. 1947, AFGO 036/033 und Prot. Monatsversammlung 25. Feb. 1948, AFGO 036/085.
601 Typoskript 6. Juli 1950, 2 S., unter Monatsversammlung FZ, AFGO 036/085.
602 Prot. Monatsversamml FZ 27. Sept.1950, AFGO 036/085.
603 In: Frauen Macht Geschichte. Zur Geschichte der Gleichstellung in der Schweiz 1848–2000, 3.6 Die Stellung von Frau und Mann im Bürgerrecht, S. 6, in: www.ekf.admin.ch/dokumentation/geschichte-der-gleichstellung — frauen-macht-geschichte/frauen-macht-geschichte-18482000.html
604 «Wünsche der St. Galler Frauen zum Vorentwurf zu einem Bundesgesetz über die Kranken- und Mutterschaftsversicherung, wie sie sich aus den Besprechungen in den Frauenkreisen und mit den Delegierten der Frauenzentrale ergeben haben». Prot. Monatsversammlung FZ 24. Nov. 1954, 6-seitiges Typoskript «Wünsche», AFGO 036/086.
605 A. a. O, S. 4f.
606 Prot. Vorstand FZ 7. Jan. 1955, AFGO 036/033.
607 Prot. Hauptversammlung FZ 25. Jan. 1956, AFGO 036/054.
608 Prot. Monatsversammlung FZ 29. Feb. 1956, AFGO 036/087.

609 Jahresbericht FZ 1956, S. 6., AFGO 036/013.
610 Prot. Vorstand FZ 22. Feb. 1957, AFGO 036/034.
611 Prot. Vorstand FZ 17. Mai 1957, AFGO 036/034.
612 Rogger: Gebt den Frauen ihre Geschichte, S. 60. – Die revidierte Vorlage, die den Zivilschutzdienst für Frauen auf freiwilliger Basis vorsah, wurde mit 62 % Ja-Stimmen angenommen.
613 Schachtel «Union für Frauenbestrebungen», AFGO.086.
614 *Die Stimme der Frau*, 22. Nov. 1919, AFGO.086. Zu Imboden-Kaiser siehe Anm. 222.
615 Rogger: Gebt den Frauen ihre Geschichte, S. 20.
616 Studer: Das Frauenstimm- und wahlrecht in der Schweiz 1848–1971, in: Braunschweig: Als habe es die Frauen nicht gegeben, S. 183f.
617 1956 war sie eines von 66 Mitgliedern, AFGO.086. Vgl. Redolfi: Frauen bauen Staat, S. 238.
618 Lotti Ruckstuhl-Thalmessinger (1901–1988), Dr. iur., während einiger Jahre Präsidentin des St. Galler Frauenstimmrechtsverbands, präsidierte 1960–1968 den Schweizerischen Verband für das Frauenstimmrecht, siehe www.wilnat.ch/getAttachement.aspx?attaName=fc6545c4-dcO.
619 Referentin war Dr. iur. Eugénie Meyer-Perlmann vom Bund Schweizerischer Frauenvewreine. Prot. Monatsversammlung FZ 24. April 1957, AFGO 036/087. – Prof. Werner Kägi, Zürich, hielt eine Abstimmung für unumgänglich, da man mit BV Art. 4: «Alle Schweizer sind vor dem Gesetze gleich» bisher nur die Männer gemeint habe und dies nun nicht umdeuten könne.
620 Prot. Vorstand FZ 17. Jan. 1958 und 12. Sept. 1958, AFGO 036/034.
621 Jahresbericht FZ 1958, S. 8, AFGO 036/013.
622 *Schweizer Frauenblatt*, 30. Jan. 1959, Hilde Custer-Oczeret: Der 1. Februar 1959, ein Tag der Entscheidung für unsere Demokratie!
623 Typoskript in Schachtel «Union für Frauenbestrebungen» AFGO.086.
624 Hauptversammlung FZ 25. Feb. 1959, AFGO 036/055.
625 Marga Bührig (1915–2002), Dr. phil., Historikerin, Germanistin und evangelische Theologin, Feministin. An der SAFFA-Kirche 1958 beteiligt, ab 1958 Tätigkeit in der evangelischen Heimstätte Boldern, die sie ab 1971 leitete. Ab 1959 im Vorstand des BSF, gründete 1971 zusammen mit Katholikinnen die progressive Zeitschrift *Schritte ins Offene*. 1983 wurde sie ins Präsidium des Ökumenischen Rats gewählt, siehe www.anna-lux-evelyne.ch/marga-buehrig.
626 Prot. Monatsversammlung FZ 27. Mai 1959, AFGO 036/087.
627 *NZZ*, 27. Aug. 1974, Hilde Custer-Oczeret: Abschied von Dora Rittmeyer-Iselin, Cutting, Gosteli Archiv Mäppchen Dora Rittmeyer-Iselin 1943/BSF/5077, Disk. vr.: 115/Seite A/Tit. Nr. 62
628 Jahresbericht FZ 1959, S. 6, AFGO 036/013.
629 Prot. Hauptversammlung FZ 25. Feb. 1959, AFGO 036/055.
630 Prot. Hauptversammlung FZ 27. Jan. 1954, AFGO 036/053.

631 Mappe «Exponentinnen», Schachtel AFGO 036.
632 Prot. Hauptversammlung FZ 27. Jan. 1960, AFGO 036/056.
633 Jahresbericht FZ 1959, S. 3 und 9, AFGO 036/013. – Goethes Werke, hg. von Ernst Merian-Genast, Basel 1944, Bd. 2, Verse 1 und 2 unter «Gott, Gemüt, Welt», Verse 3 und 4 unter «Sprichwörtliches», S. 144 und 149.
634 Zu Berta Hohermuth (1903–1977) siehe Früh: Drei Schwestern, S. 192 f.

Ehrenvolles Präsidium: Der Bund Schweizerischer Frauenvereine (1959–1965)
(Seite 153–190)

635 **Seit 2001 allianceF. – Die Vorstandsprotokolle des BSF aus den Präsidialjahren Dora Rittmeyers und weiterer Jahre sind unauffindbar, weshalb sich die Schreibende vor allem auf die Jahresberichte und die Protkolle der Delegiertenversammlungen stützt.**
636 Johann Gottlieb Fichte (1762–1814), deutscher Philosoph. In: Fichte an Johanna Maria Rahn, 6. Dez. 1790. – Zitat, in: Jahresbericht FZ St. Gallen, 1955, S. 9, AFGO 036/013.
637 46. Jahresbericht FZ St. Gallen 1959, S. 5, AFGO 036/013.
638 Zu Marga Bührig siehe Anm. 625.
639 Berthoud, Jahresbericht BSF 1959, S. 3, Gosteli BSF (103), JS 53–59. – Rittmeyer-Iselin verantwortete die Jahresberichte des BSF von 1960 bis 1965. – Siehe dazu S. 155–157.
640 *Schweizer Frauenblatt*, 8. Mai 1959: Dr. phil. Dora Rittmeyer-Iselin, die neugewählte Präsidentin des Bundes schweizerischer Frauenvereine, gez. M. Hg.
641 Redolfi: Frauen bauen Staat, S. 225 ff.
642 Gertrud Haemmerli-Schindler (1898–1978), baute im Zweiten Weltkrieg den zivilen Frauenhilfsdienst Zürich auf, sorgte für Flüchtlingskinder, Präsidentin BSF 1949–1955, Frauenrechtlerin.
643 Henriette Cartier (1902–1994), Genferin, Studien in Zürich und New York, 1949–1969 Leiterin Geschäftsstelle BSF, Mitarbeit in Kommissionen des BSF und der Eidgenossenschaft. –Siehe Historisches Lexikon der Schweiz.
644 Fern blieben weiterhin der Schweizerische Gemeinnützige Frauenverein und der Schweizerische Katholische Frauenbund.
645 Redolfi: Frauen bauen Staat, S. 199.
646 A. a. O., S. 201 und 203 ff.
647 A. a. O., S. 206.
648 Dr. iur. Elisabeth Nägeli (1897–1988), seit 1939 im Vorstand des BSF, ab 1949 Vizepräsidentin, Vertreterin des BSF in der eidgenössischen AHV-Kommission und in der eidgenössischen Studienkommission für die Revision des Familienrechts. – Die grossen Verbände und die Frauenzentralen waren im BSF unter der Kategorie A zusammengefasst. Sie hatten gegenüber den kleinen Verbänden und Vereinen der Kategorie B den Stim-

menvorzug und konnten vom BSF bei wichtigen Fragen zur Beratung beigezogen werden.

649 Dora Rittmeyers Revision führte zu mehr Mitsprache der Kategorie A bei Stellungnahmen zu Gesetzen oder Sachthemen. Neu musste bei umstrittenen Punkten der Minderheitenstandpunkt genannt werden, womit man auch den Vereinen der Kategorie B entgegenkam. – Siehe Redolfi: Frauen bauen Staat, S. 196 ff. und 237 f.

650 Ziele des BSF: «Förderung der Persönlichkeit der Frau, indem er ihre Stellung im Gesetz, im Berufsleben, in der Volkswirtschaft [...] zu verbessern sucht, damit sie [...] in der Familie und im öffentlichen Leben ihm [dem Mann] gleichgestellt sei vor dem Gesetz und in der Meinung der Menschen. Mitwirkung an der Wohlfahrt des Schweizervolkes, wo diese durch Gesetzgebung oder Gesetzesrevision erstrebt wird, [...] wo der Sinn für Einordnung auf freiheitlicher Grundlage, für Einigkeit und Frieden gestärkt werden kann.» Siehe Paper: «Der Bund schweizerischer Frauenvereine» 1950, Gosteli BSF (103) Box 20.

651 Jahresbericht FZ St. Gallen 1947, AFGO 036/011.

652 Redolfi: Frauen bauen Staat, S. 238 ff.

653 Elisabeth Vischer-Alioth (1892–1963) gründete 1916 die Vereinigung für Frauenstimmrecht Basel, war 1918 beteiligt an der Gründung der Frauenzentrale Basel, präsidierte 1949–1952 den Schweizerischen Verband für das Frauenstimmrecht, 1949–1957 Vorstandsmitglied des BSF, engagierte sich in der ökumenischen europäischen Frauenbewegung. – Siehe auch S. 204 f.

654 Jahresbericht FZ St. Gallen 1956, S. 4, AFGO 036/013.

655 Auf Einladung Dora Rittmeyers anlässlich der Ausstellung «150 Jahre Frauenarbeit in St. Gallen».

656 Prot. Vorstand FZ St. Gallen 12. Feb. 1954, AFGO 036/033.

657 *National Zeitung Basel*, 26. April 1954, Gosteli, BSF (103) Box 20, Prot. DV 1953–1954.

658 Gertrud Haemmerli-Schindler und Elisabeth Nägeli an Dora Rittmeyer, 27. April 1954, Gosteli BSF (103) Box 20.

659 Prot. Monatsversammlung FZ St. Gallen 22. Mai 1946, AFGO 036/085.

660 Jahresbericht FZ St. Gallen 1948, S. 3 f., AFGO 036/011.

661 Michelle Cuénod-de Muralt (1894–1985), 2. Vizepräsidentin des BSF.

662 Prot. Monatsversammlung FZ St. Gallen 25. Jan. 1950, AFGO 036/085 und Prot. Vorstand FZ 16. Jan. 1950, AFGO 036/033.

663 Jahresbericht FZ St. Gallen 1952, S. 5, AFGO 036/012.

664 Zu Regina Kägi- Fuchsmann siehe Anm. 407 und 408.

665 Prot. Monatsversammlung FZ St. Gallen 30. März 1955, AFGO 036/086.

666 Referentin war Dr. Helene Stähelin. – Prot. Monatsversammlung FZ St. Gallen 26. März 1958, AFGO 036/087, sowie Jahresbericht FZ 1958, S. 5, AFGO 036/013.

667 *Basler Nachrichten*, 14. Mai 1962, gez. rhr., Prot. DV 1962, Gosteli BSF (103) Box 25.
668 Zum Zitat siehe Dora Rittmeyers Ausführungen zu «ihrer» Halle, S. 160 ff. – Zur SAFFA 28 siehe S. 56 f.
669 Annemarie Hubacher-Constam (1921–2012). – Siehe Historisches Lexikon der Schweiz sowie Vischer-Alioth: Chronik der Schweizerischen Frauenbewegung, S. 965–975, S. 965.
670 Voegeli: «Man legte dar, erzählte, pries», S. 125 f.
671 Die FZ St. Gallen stellte der SAFFA 58 aus dem verbliebenen Fonds von 1953 Fr. 4000.– zur Verfügung.
672 *Schweizer Frauenblatt*, 9. Sept. 1974, Elisabeth Nägeli: Zum Hinschied von Dr. Dora Rittmeyer-Iselin.
673 Rikli: Einführung, nicht paginiert.
674 Jahresbericht FZ St. Gallen 1958, S. 4, AFGO 036/013.
675 Es gab damals einen «Männnersong»:

SAFFA, SAFFA, Söpheli,
Zum Gäbeli passt es Löffeli
Jetzt blas mer is Pantöffeli.
Dänn gang ich usnahmswiis
Is Männerparadies.

(Mitgeteilt von Dorothe Rittmeyer-Homberger, 29. Mai 2015.)
676 Zu Marga Bührig siehe Anm. 625 und S. 160, 188 und 192. Die gemeinsamen Gebete an der SAFFA 58 gelten als Startsignal der ökumenischen Frauenbewegung.
677 Rittmeyer-Iselin: Jahresbericht BSF 1958, S. 6, Gosteli BSF (103), JS 53–59.
678 Saffa 1958. Schlussbericht, umfangreiches Buch, Typoskript, nicht paginiert, in: Gosteli auf Gestell.
679 Rittmeyer-Iselin: Die Frau im Dienste des Volkes.
680 Clara Ragaz-Nadig, Anm. 640.
681 Rittmeyer-Iselin: Die Frau im Dienste des Volkes.
682 A. a. O. (Kursivierungen durch die Autorin).
683 A. a. O. – Beim vierten Zitat fehlt der Nachweis.
684 Mesmer: Staatsbürgerinnen ohne Stimmrecht, S. 293.
685 Voegeli: «Man legte dar, erzählte, pries», S. 128ff, S. 130. Das Zitat stammt aus *Die Staatsbürgerin*, Nr. 1, 1. Jan. 1959, S. 5. – Vgl. Redolfi: Frauen bauen Staat, S. 229.
686 Naegeli: Himmelblau und Rosarot, S. 146.
687 Simon Gemperli: Kampfzone Gewerbeausstellung, *NZZ*, 13. Juli 2015, S. 7.
688 Mesmer: Staatsbürgerinnen ohne Stimmrecht, S. 303. – Es gibt Zweifel, ob von Rotens Buch die Abstimmung entscheidend beeinflusste.
689 Zur Abstimmung siehe S. 149. Vgl. Rogger: Gebt den Schweizerinnen ihre Geschichte, S. 63 f. und 75 f.

690 Redolfi: Frauen bauen Staat, S. 235.
691 Jahresbericht BSF 1959, S. 7, Gosteli BSF (103), JS 53–59, sowie Jahresbericht FZ 1959, S. 6, AFGO 036/613.
692 Jahresbericht BSF 1965 S. 16, Gosteli BSF (103), JS 60–66.
693 Siehe siehe S. 160 ff.
694 Mitgeteilt von Dorothe Rittmeyer-Homberger, 22. Jan. 2014.
695 Zu Henriette Cartier siehe Anm. 643.
696 Redolfi: Frauen bauen Staat, S. 193.
697 Margrith Bigler-Eggenberger, Gespräch 16. Sept. 2015. Zu Margrith Bigler-Eggenberger siehe Anm. 190.
698 Jahresbericht BSF 1960, S. 35, Gosteli BSF (103), JS 60–66.
699 Betriebsrechnung BSF 1960, in Jahresbericht BSF 1960, S. 36.
700 Die zwei Millionen Gewinn der SAFFA 58 gingen an Frauenprojekte: 60 % an Frauen, die wieder ins Berufsleben einsteigen wollten, 15 % an das Schweizerische Institut für Hauswirtschaft, 12½ % an Studien zur Frauenarbeit, speziell über Teilzeitarbeit, 12½ % an die staatsbürgerliche Schulung der Frauen.
701 Zu Elisabeth Nägeli siehe Anm. 648.
702 Zu Michelle Cuénod-de Muralt siehe Anm. 661.
703 Prot. DV BSF 22./23. Juni 1961, Gosteli BSF (103) Box 24.
704 Jahresbericht BSF 1960, S. 8, Gosteli BSF (103), JS 60–66.
705 *Der Bund*, 10. April 1960: Die neue Präsidentin des BSF im Amt, gez. mhb.
706 Zu den Vorlesungen siehe S. 45 ff.
707 Rittmeyer-Iselin: Kurzer Lebenslauf, 1. Mai 1959, Typoskript, Gosteli Mäppchen Dora Rittmeyer-Iselin, 1943/BSF/5077.
708 Jahresbericht BSF 1960, S. 13, Gosteli BSF (103), JS 60–66.
709 Noémi Bourcart leitete 1955–1979 die Kaderschule des Roten Kreuzes für die Krankenpflege in Zürich.
710 Margrith Bigler-Eggenberger, Gespräch 16. Sept. 2015. – Siehe Anm. 190.
711 Mathias Eggenberger, siehe Anm. 190.
712 Hedwig Leuenberger-Köhli (1907–1997), Gattin des Präsisdenten des Schweizerischen Gewerkschaftsbunds Hermann Leuenberger. Sie präsidierte 1953–1966 die sozialdemokratischen Frauengruppen der Schweiz und seit 1958 die Studienkommission für die Einführung des Frauenstimm- und wahlrechts des BSF. – Siehe Redolfi: Frauen bauen Staat, S. 240, und Hug: Hermann Leuenberger – 60 Jahre, in: *Gewerkschaftliche Rundschau*, Juli 1961.
713 Bei Margrith Bigler-Eggenbergers Anwaltsexamen war Heiner Rittmeyer als einziger ehemaliger Mitstudent zugegen.
714 Margrith Bigler-Eggenberger, Gespräch 16. Sept. 2015.
715 CIF = IFR (Internationaler Frauenrat). Rittmeyer-Iselin: Jahresbericht BSF 1960, S. 33 f., Gosteli BSF (103), JS 60–66.

716 Centre Européen du Conseil International des Femmes (CECIF), Unterorganisation des CIF.
717 Siehe Kap. 9.
718 Jahresbericht BSF 1961, S. 10, Gosteli BSF (103), JS 60–66.
719 Rittmeyer-Iselin: Jahresbericht 1961, S. 10 f., Gosteli BSF (103), JS 60–66.
720 Redolfi: Frauen bauen Staat, S. 238.
721 Rittmeyer-Iselin: Die Frau und die Probleme unserer Zeit, S. 25, Kopie, Gosteli Mäppchen Dora Rittmeyer-Iselin, 1943/BSF/5077.
722 Redolfi: Frauen bauen Staat, S. 239.
723 Prot. und Beilagen DV BSF 30. April/1. Mai 1960 Solothurn, Gosteli BSF (103) Box 20.
724 *Schweizer Frauenblatt*, 6. Mai 1960: Stark besuchte, trefflich präsentierte und sehr schön verlaufene Jubiläums-Delegiertenversammlung in Solothurn, gez. BWK.
725 Dr. h. c. August R. Lindt (1905–2000), Schweizer international hoch angesehener Diplomat.
726 Rittmeyer-Iselin an die Mitgliederverbände des BSF, Zürich, 15. Feb. 1960, Prot. und Beilagen DV BSF, 30. April/1. Mai 1960 Solothurn, Gosteli BSF (103) Box 20.
727 Resümee des Vortrags, Typoskript, Gosteli BSF (103) Box 20, sowie *Schweizer Frauenblatt*, 6. Mai 1960.
728 *Der Bund*, 2. Mai 1960: 60 Jahre «Bund Schweizerischer Frauenvereine», gez. dv. – Diese Summe wurde vom BSF bis Ende des Jahres verdoppelt.
729 Dr. phil. Nadja Jollos (1902–1966), «Die Schweiz und das Weltflüchtlingsjahr», Resümee, Gosteli BSF (103) Box 20, sowie *Schweizer Frauenblatt*, 6. Mai 1960. – 2017 sind es laut Schätzungen 60 Mio. Flüchtlinge.
730 Prot. DV BSF 22./23. Juni 1961 in Chur/Flims, Typoskript, Gosteli BSF (103) Box 24.
731 *NZZ*, 2. Juli 1961: Entwicklungshilfe der Frauen, gez. G. D., Blatt 8. – Vgl. Prot. DV 22./23. Juni 1961, S. 8 f., beide Dokumente Gosteli BSF (103) Box 24.
732 Prot. DV BSF, 22./23. Juni 1961, S. 10.
733 *Basler Nachrichten*, 14. Mai 1962: Frauen diskutieren über Gastarbeiter und Entwicklungshilfe, Bericht über DV BSF 11./12. Mai 1962, gez. ehr., Cutting, Gosteli BSF (103) Box 25.
734 Jahresbericht BSF 1963, S. 9 f., Gosteli BSF (103), JS 60–66.
735 Heute betreibt die Rescue Foundation in Mumbay (früher Bombay) mehrere Häuser für junge Frauen und für Kinder. Unter anderem geht es, wie schon zu Beginn, um die Rehabilitation junger, zur Prostitution gezwungener Frauen.
736 Jahresbericht BSF 1962, S. 5, Gosteli BSF (103), JS 60–66.
737 Interkantonale Lehrmittelzentrale: Das Werden der modernen Schweiz, S. 183. – Siehe auch Maissen: Geschichte der Schweiz, S. 292.

738 Interkantonale Lehrmittelzentrale: Das Werden der modernen Schweiz, S. 184.
739 Rittmeyer-Iselin an Bundesrat Wahlen, 16. Feb. 1962, in: Prot. DV 1962, Gosteli BSF (103) Box 25.
740 Jahresbericht BSF 1962, S. 6, Gosteli BSF (103), JS 60–66.
741 Gérard Bauer (1907–2000), Generaldirektor der Fédération Suisse des Associations de Fabricants Horlogerie, vgl. BAR 805.5. – Typoskript, Prot. DV 11./12., Mai 1962, Gosteli BSF (103) Box 25.
742 Dr. Iur. Nelli Jaussi (1900–1990) war die damals höchstgestellte Frau in der Bundesverwaltung. – Siehe Historisches Lexikon der Schweiz.
743 *Basler Nachrichten*, 14. Mai 1962: Frauen diskutieren über Gastarbeiter und Entwicklungshilfe, siehe Anm. 733.
744 Ebd.
745 Jahresbericht BSF 1963, S. 15, Gosteli BSF (103), JS 60–66.
746 Die 1. Überfremdungsinitiative 1965 wurde nach Verschärfung der Bestimmungen fallen gelassen, die 2. («Schwarzenbach-Initiative») 1970 mit 54 % Nein verworfen, die 3. 1974 mit 66 %, die 4. 1977 mit 70 %, die 5. 1977, mit 62 %, die 6. 1988 mit 67 % Neinstimmen, in: Interkantonale Lehrmittelzentrale: Das Werden der modernen Schweiz, S. 185.
747 Margrith Bigler-Eggenberger, Gespräch 16. Sept. 2015.
748 «Einige Angaben über Frau Dr. phil. Dora J. Rittmeyer-Iselin», Typoskript, Gosteli Mäppchen Dora Rittmeyer-Iselin, 1943/BSF/5077.
749 Jahresbericht BSF 1963, S. 5, Gosteli BSF (103), JS 60–66.
750 Johann Wolfgang von Goethe, 1. Strophe des Gedichtes «Symbolum», ca. 1815, aus dem Zyklus «1. Loge». Jahresbericht BSF 1963, S. 10, Gosteli BSF (103), JS 60–66.
751 Bernhard Christ, Sohn von Esther Christ-Iselin, der jüngsten Schwester Dora Rittmeyers. Gespräch 30. Aug. 2017. Zu «Onkel «Lütz» siehe S. 39 und Anm. 132.
752 Rittmeyer-Iselin: Lebenslauf, S. 12 ff.
753 Heiner Rittmeyer: Lebenslauf, S. 14.
754 Marcel Monnier (1901–1993).
755 *NZZ*, 26. Mai 1963, Bund schweizerischer Frauenvereine. Delegiertenversammlung in Interlaken, gez. G. D., Cutting, Gosteli BSF (103) Box 26.
756 Der Wunsch blieb bis zum heutigen Tag unerfüllt.
757 Dora Scheuner Dr. h. c. (1954), eine der ersten (evangelischen) Theologinnen der Schweiz, Lektorin für Hebräisch an der Universität Bern, wurde 1963 vom bernischen Regierungsrat zur Honorarprofessorin ernannt. – BSF Jahresbericht 1963, S. 74, Gosteli BSF (103), JS 60–66.
758 Jahresbericht BSF 1963, S. 73 ff., Gosteli BSF (103), JS 60–66.
759 Jahresbericht BSF 1961, S. 8, Gosteli BSF (103), JS 60–66.
760 Alle Vorstösse von 1960. Jahresbericht BSF 1960, S. 16 ff., Gosteli BSF (103), JS 60–66.

761 Zu dieser Fachkommission siehe Jahresbericht BSF 1960, S. 19 ff., Gosteli BSF (103), JS 60–66.
762 Gertrud Heinzelmann (1914–1999), engagierte Katholikin. Siehe Kopp: Wie Gertrud Heinzelmann den Papst und die Schweiz das Fürchten lehrte.
763 Vor der nationalrätlichen Kommission am 12. Feb. 1960, vor der ständerätlichen am 26. Feb.1960.
764 Jahresbericht BSF 1960, S. 21, Gosteli BSF (103), JS 60–66.
765 1981 wurde der Grundsatz der Gleichbehandlung von Mann und Frau (inklusive gleichem Lohn für gleichwertige Arbeit) in der Verfassung verankert.– *NZZ*, 5. Feb. 2016, Zimmermann: «Mehrheit der Betriebe für Lohnanalysen», S. 12: «Trotz besserer Ausbildung und einer höheren Erwerbsbeteiligung der Frauen hat sich sowohl der erklärte als auch der unerklärte Lohnunterschied zwischen den Geschlechtern in der Schweiz nur wenig verringert.»
766 Jahresbericht BSF 1964, S. 9 f., Gosteli BSF (103), JS 60–66. – Siehe S. 187 und Anm. 797.
767 Dr. Theodor Bovet (1900–1976), bekannter Arzt und Ehetherapeut, schrieb mehrere Bücher über Liebe in der Ehe, aber erst 1971 über «Junge Leute, Sex und Liebe».
768 Redolfi: Frauen bauen Staat, S. 243.
769 Zu Josephine Butler siehe S. 54.
770 Zum CIF in Istanbul siehe S. 168 f. – Jahresbericht BSF 1961, S. 22, Gosteli BSF (103), JS 60–66.
771 Margrith Bigler-Eggenberger, Gespräch 16. Sept. 2015, siehe auch S. 165.
772 Prot. DV BSF 14./15. Mai 1964 in Lausanne, Gosteli BSF (103) Box 27.
773 Bodil Begtrup (1903–1987), Politikwissenschaftlerin, vor ihrem Botschaftsmandat Präsidentin des dänischen Frauenverbands. Siehe S. 192 f.
774 So Redolfi: Frauen bauen Staat, S. 243 ff.
775 A.a.O., S. 244.
776 *Schweizer Frauenblatt*, 22. Mai 1964 (EXPO-Nummer), Gerda Stocker-Meyer: «Weg der Schweiz».
777 *Schweizer Frauenblatt*, 22. Mai 1964: Was verstehen die Hostessen der Expo unter schweizerischer Freiheit?, gez. A. V. T.
778 Dora Rittmeyer korrespondierte auch mit der Schweizerischen Zentralstelle gegen den Alkoholismus über die Schrift «Alkoholprobleme der Frau» von Ida Odermatt-Sury, die 1965 im Blaukreuzverlag, Bern, herauskam. Briefe, Gosteli BSF (103) 445-07-02 Box 159.
779 Einige Angaben über Frau Dr. phil. Dora J. Rittmeyer-Iselin, gez. hsg., Typoskript, Gosteli Mäppchen Dora Rittmeyer 1943/BSF/5077, sowie: Dörler: Konsumentenpolitik in der Schweiz, S. 302.
780 Siehe S. 132, Anm. 529 und 536.
781 Dörler: Konsumentenpolitik in der Schweiz, S. 1 ff.
782 A.a.O., S. 92 f.

783 Konsumentinnenforum Schweiz: 30 Jahre Konsumentinnenforum, S. 6 f. – Siehe den Vortrag über die Schädlingsbekämpfung im Lyceum Club, S. 62.

784 Emilie Lieberherr (1924–2011) zu: Problems of consumption, Typoskript, undatiert, Gosteli BSF (103) 68-03-09 Box 653. – Die Sozialdemokratin war 1970–1994 die erste Stadträtin von Zürich.

785 Monatsversammlung FZ St. Gallen 29. Sept. 1954, AFGO 036/086.

786 Monatsversammlung FZ St. Gallen 25. Mai 1955, AFGO 036/086.

787 So die Einschätzung von Irene Benz von der Schweizerischen Radio- und Fernsehgesellschaft nach Durchsicht der Vorstandsprotokolle, E-mail, 11. Jan. 2015. – Heiner Rittmeyer: Lebenslauf, S. 12.

788 Siehe DV des BSF 1964 in Lausanne, S. 182.

789 Zu Lotti Ruckstuhl-Thalmessinger siehe Anm. 618.

790 Jahresbericht BSF 1965, S. 5, Gosteli BSF (103), JS 60–66.

791 Prot. DV 1965, Typoskript, S. 3, Gosteli BSF (103) Box 28.

792 Dora Rittmeyer schrieb von «freundlichen Begegnungen mit lieben Mitarbeiterinnen» und von fröhlichem Beisammensein im Arbeitsausschuss und Vorstand, Jahresbericht BSF 1963, S. 9, Gosteli BSF (103), JS 60–66.

793 *Schweizer Frauenblatt*, 4. Juni 1965: Der Bund Schweizerischer Frauenvereine tagt in St. Gallen, gez. M. Hg.:

794 Prot. DV 1965, Gosteli BSF (103) Box 28.

795 Margrith Bigler-Eggenberger, Gespräch 16. Sept. 2015.

796 Redolfi: Frauen bauen Staat, S. 236, sowie Jahresberichte BSF 1964, S. 9 f. und 1965, S. 5, Gosteli BSF (103), JS 60–66. – Siehe S. 180.

797 Rolande Gaillard, Jahresbericht BSF 1965, S. 5, Gosteli BSF (103), JS 60–66.

798 *Schweizer Frauenblatt*, 4. Juni 1965: Der Bund Schweizerischer Frauenvereine tagt in St. Gallen, gez. M. Hg.

799 Widmer: Die Neue Frauenbewegung, S. 13–30, S. 13, schreibt, zwar habe ein Teil der Frauen nach dem Zweiten Weltkrieg dafür gesorgt, dass das Frauenstimmrecht und ein fortschrittliches Ehe- und Familienrecht nicht von der politischen Agenda verschwunden seien, doch schliesst sie: «Ein neuer Aufbruch zeichnete sich erst wieder durch die Neue Frauenbewegung ab.» Dora Rittmeyers Wirken widerspricht dieser Einschätzung.

800 *Schweizer Frauenblatt*, 25. Nov. und 2. Dez. 1969, Emilie Briguet-Rasins.

801 *Schweizer Frauenblatt*, 10. Juni 1960: Warum gibt es Schweizer und Schweizerinnen, die gegen das Frauenstimmrecht sind?, gez. A. V. T.

802 Rogger: Gebt den Schweizerinnen ihre Geschichte, S. 106 ff.

803 A. a. O., S. 110. – Die Tagung fand am 21. Oktober 1965 statt.

804 Rolande Gaillard, Jahresbericht BSF 1965, S. 16, Gosteli BSF (103), JS 60–66.

805 Rittmeyer-Iselin: Kurzer Lebenslauf, 1. Mai 1959, Typoskript, Gosteli Mäppchen Dora Rittmeyer-Iselin 1943/BSF/5077.

806 So der Titel ihres Artikels, in: *Der Bund*, 10. April 1960.

807 Rittmeyer-Iselin: Die Frau und die Probleme unserer Zeit, S. 27 f., Cutting, Gosteli Mäppchen Dora Rittmeyer-Iselin 1943/BSF/5077.
808 Siehe S. 106 und Anm. 407 und 408.
809 Marlies Lorenz, Kandidatin CVP für den Grossen Rat St. Gallen, *St. Galler Tagblatt*, 3. Feb. 2016, S. 29.
810 *NZZ*, 11. Feb. 2016, Thomas Noll: Gefängnisinsassen sollen auch von Frauen betreut werden, S. 19.
811 *Volksstimme*, 26. Okt. 1963.

Die Europäerin: Dora Rittmeyer und das Centre Européen du Conseil International des Femmes *(Seite 191–200)*

812 Jahresbericht BSF 1961, S. 8, Gosteli BSF (103), JS 60–66. – Der Axenstein befindet sich oberhalb Brunnen am Vierwaldstättersee.
813 = CECIF. Dora Rittmeyer schreibt konsequent **das** CECIF. – Conseil International des Femmes = CIF.
814 Siehe S. 168 f.
815 Briefwechsel Bodil Begtrup – Dora Rittmeyer, sowie Prot. CECIF 1. Mai 1971 Brüssel, Gosteli BSF (103) 68-02-03/68-02-02 Box 645 (Tagungen). Zu Bodil Begtrup siehe Anm. 773.
816 BSF Jahresbericht 1961, S. 11 ff., Gosteli BSF (103), JS 60–66.
817 A. a. O., S. 13.
818 Marguerite Jadot (1896–1977), Dr. phil. I, Belgierin, Mitglied der Résistance, Politikerin.
819 Die EWG = Europäische Wirtschaftsgemeinschaft, Vorläufer der EU, bestand aus Belgien, Niederlande, Luxemburg, Italien, Bundesrepublik Deutschland, Frankreich. Die Schweiz ist Mitglied der EFTA = European Free Trade Organisation, gegründet 1960.
820 Rittmeyer-Iselin: Zusammenarbeit der Frauen in Europäischer Sicht, Typoskript, Okt. 1965, Gosteli Mäppchen Dora Rittmeyer-Iselin 1943/BSF/5077.
821 Prot. Tagung 19. Mai 1962 Rom, Typoskript, S. 1, Gosteli BSF (103) 68-02-01 Box 645.
822 Procès-verbal CECIF Bruxelles, 27.–29. Nov. 1962, Gosteli BSF (103) 68-02-01 Box 645. Zu «Directeur» siehe auch Prot. CECIF 22./23. Okt. 1965 Zürich, Gosteli BSF (103) 68-02-01 Box 645.
823 Procès-verbal CECIF Bruxelles, S. 2.
824 Procès-verbal de la réunion tenue à Bruxelles, 15./16. Okt. 1964, S. 6, Gosteli BSF (103) 68-02-01 Box 645.– Zur DV des BSF 1962 siehe S. 173 ff.
825 Traditionelles Zürcher Restaurant an der Kirchgasse gegenüber dem Grossmünster, damals alkoholfrei und vom «Frauenverein für alkoholfreie Wirtschaften» geführt.
826 Rittmeyer-Iselin: Bericht Tagung 22./23. Okt. 1965 Zürich, Gosteli BSF (103) 68-02-07 Box 645, sowie Gosteli BSF (103) 68-02-07 Box 660.

827 Siehe S. 199.
828 Rittmeyer-Iselin: Bericht Tagung CECIF 22./23. Okt. 65 Zürich, Gosteli BSF (103) 68-02-07 Box 645, sowie: Gosteli BSF (103) 68-02-07 Box 660.
829 Tagung CECIF 22. Okt. 1965 Zürich: Beschluss «Adoption», Gosteli BSF (103) 68-01-07 Box 660.
830 Rittmeyer-Iselin: Bericht über Tagung CECIF 28./29. Okt. 1966 Brüssel, Gosteli BSF (103) 68-01-07 Box 660.
831 Ruckstuhl-Thalmessinger zu «parental rights» und Resolution, Gosteli BSF (103) 68-02-09 Box 645.
832 Resolution CECIF 3./4. Okt. 1968 Zürich, Gosteli BSF (103) 68-02-12 Box 647.
833 Rittmeyer-Iselin: CECIF 19./30. Mai 1970 Zürich, Gosteli BSF (103) 68-02-13 Box 648.
834 Dora Rittmeyer an Mrs. Mary Craig Schuller, Präsidentin des CIF, 1. Juli 1968, Gosteli BSF (103) 68-03-23 Box 660.
835 Rittmeyer-Iselin: CECIF-Tagung 23./24. Okt. 1970 Wien, S. 2, Gosteli BSF (103) 68-02-13 Box 648.
836 Die Siedlung Brahmshof in Zürich basiert auf einem ähnlichen Konzept, existiert aber erst seit 1991.
837 Rittmeyer-Iselin: CECIF-Treffen in Kopenhagen, 24.–26. Okt. 1969, Gosteli BSF (103) 68-06-11 Box 647.
838 Prot. CECIF Brüssel 1. Mai 1971 Brüssel, S. 3, Gosteli BSF (103) 68-02-02, Box 645. – Hervorhebung im Protokoll.
839 Jahresbericht BSF 1963, S. 9, Gosteli BSF (103), JS 60–66.
840 Ebd.
841 Themen des CECIF der neuesten Zeit sind: Armut, gerechter Handel, soziale Sicherheit, Umwelt, alte Menschen, Osteoporose, Gewalt gegen Frauen, Demokratie und das Wachstum der EU.

Zum Schluss *(Seite 201–206)*

842 Mitgeteilt von Dorothe Rittmeyer-Homberger, 14. Nov. 2014.
843 Heiner Rittmeyer: Lebenslauf, S. 12.
844 *St. Galler Tagblatt*, 16. Aug. 1974, Cutting, AFGO 044, Frauendossiers, unter F. Isel.
845 *Schweizer Frauenblatt*, 9. Sept. 1974, Elisabeth Nägeli: Zum Hinschied von Dr. Dora Rittmeyer-Iselin, Gosteli Mäppchen Dora Rittmeyer-Iselin 1943/BSF/5077.
846 Marthe Gosteli, Gespräch 4. Aug. 2015.
847 Margrith Bigler-Eggenberger, Gespräch 16. Sept. 2015. Zu ihren Erinnerungen siehe S. 167 f. und 175.
848 So Idel Heene-Rietmann, Gespräch 24. Jan. 2002.
849 Dr. med. Elisabeth Biaudet-Hedinger: Ansprache, S. 22.
850 Mitgeteilt von Magdalena Graf, 22. April 2015.
851 Pfr. Karl Graf: Predigt über Psalm 27,1, S. 28.

852 Heiner Rittmeyer: Lebenslauf, S. 15 f.
853 Heiner Rittmeyer: Nachruf auf Dora Rittmeyer, Typoskript, 1 Seite, zur Verfügung gestellt von Dora Rittmeyers Nichte Renate Meyer-Koprio.
854 Zu Elisabeth Vischer-Alioth siehe Anm. 653.
855 Jahresbericht BSF 1963, S. 8 f.
856 Ludwig Rittmeyer im Nationalrat, 22. Sept. 1942, BAR E 1303–1 V, Bd. 352, S. 89–97, Typoskript. – Rittmeyer schrieb die Rede nachts nieder, nachdem am Vortag Bundesrat Eduard von Steiger (Bauern-, Gewerbe-und Bürgerpartei BGB) gesprochen und die Flüchtlingspolitik des Bundesrats verteidigt hatte. Der Länge des Texts nach zu schliessen, dauerte die Rede Rittmeyers über eine halbe Stunde. – Siehe auch S. 93 ff.
857 Das heisst der FDP (Freisinnig-demokratische Partei).
858 Eduard von Steiger (1881–1962), Mitglied BGB, 1941–1951 Bundesrat, Vorsteher des Eidgenössischen Justiz- und Polizeidepartements (EJPD), prägte die Metapher vom «stark besetzten Rettungsboot», verschärfte die bundesrätliche Politik noch nach der Debatte im Nationalrat. – Siehe Historisches Lexikon der Schweiz und Anm. 370.
859 Bauernfraktion = BGB (heute SVP); konservative Fraktion = Katholisch-Konservative Partei KK (heute CVP).
860 Tatsächlich war der Erfolg der gesamtschweizerischen Sammlung für die Flüchtlinge kurz nach der Debatte im Nationalrat sehr gross, was Ausdruck der positiven Haltung vieler Schweizerinnen und Schweizer war. Siehe S. 95.
861 Max Huber (1874–1960), Jurist, wie Rittmeyer bürgerlich gesinnt, hoch geachtete Persönlichkeit. 1920–1932 Richter am Ständigen Internationalen Gerichtshof in Den Haag, 1930–1933 erster Präsident des Internaternationalen Nansenamtes für Flüchtlinge, 1928–1945 Präsident des IKRK. – Er wurde an der SAFFA 58 mit dem Leitspruch zitiert: «Die politische Zurücksetzung der Frau ist eine Verkennung ihrer menschlichen Würde», siehe S. 162.
862 Kursivierung durch die Autorin.
863 Ludwig Rittmeyer spielt auf Rückweisungen an der Grenze an.
864 Pierre Etienne Laval (1883–1945), Vizepräsident und Aussenminister der Regierung Pétain in der Vichy-Republik (unbesetztes Südfrankreich). 1945 unter der provisorischen Regierung de Gaulle in Frankreich hingerichtet.
865 Es sind offenbar bis heute keine eindeutigen Drohungen von Seiten Nazideutschlands hinsichtlich der Aufnahme von Juden durch die Schweiz nachgewiesen worden.
866 Laut Bergier-Bericht gab der Bund von 1939 bis 1945 83 Millionen Franken aus für die Kosten der Polizeiabteilung und für die Zentralleitung der Heime und der Lager, die von 1940 an eingerichtet worden waren (Bergier-Bericht, S. 212). Wie viel die Flüchtlinge durch ihre Arbeit, die sie in den Lagern leisten mussten, wieder einbrachten, wird nicht genannt. Zu beachten ist, dass der grosse Zustrom an Flüchtlingen erst bei Kriegsende

erfolgte. – Im Schlussbericht «Die Schweiz, der Nationalsozialismus und der Zweite Weltkrieg» heisst es: «Die Berechnung der volkswirtschaftlichen Gesamtkosten, die durch die Aufnahme von zivilen Flüchtlingen entstanden, ist unseres Erachtens nicht möglich.» (A. a. O., S. 151).

867 Ludwig Rittmeyer spielt auf die Kinderzüge von kriegsgeschädigten Kinder an, siehe S. 102.

868 Militärisches Réduit (Festung) im Gotthard und anderswo im Gebirge.

869 Das heisst die deutschfreundliche Vichy-Republik in Südfrankreich. Nordfrankreich war ohnehin von den Deutschen besetzt.

870 Die Zahl 9000 scheint im Widerspruch zu den 7000 Emigranten zu stehen, die Rittmeyer zuvor (siehe S. 214 und 217) genannt hat. Jetzt, am Schluss seiner Rede, hat er aber wohl die 2000, die noch nicht in der Schweiz sind, wohl aber Einlass begehren, hinzugezählt.